세상을 바꾸는 작은 예수들

ReJesus

**Rejesus : A Wild Messiah for a Missional Church**

Copyright © 2009 by Michael Frost and Alan Hirsch
Originally published in English under the title Rejesus: A Wild Messiah for a Missional Church by Hendrickson Publishers, Inc., P.O. Box 3473, Peabody, Massachusetts, U.S.A. All rights reserved.

Korean Edition Copyright © 2009 by Poiema,
an imprint of Gimm-Young Publishers, Inc., Seoul, Republic of Korea

Translated and used by permission of Hendrickson Publishers, Inc. through arrangement of rMaeng2, Seoul, Republic of Korea.

ReJesus
# 세상을 바꾸는 작은 예수들

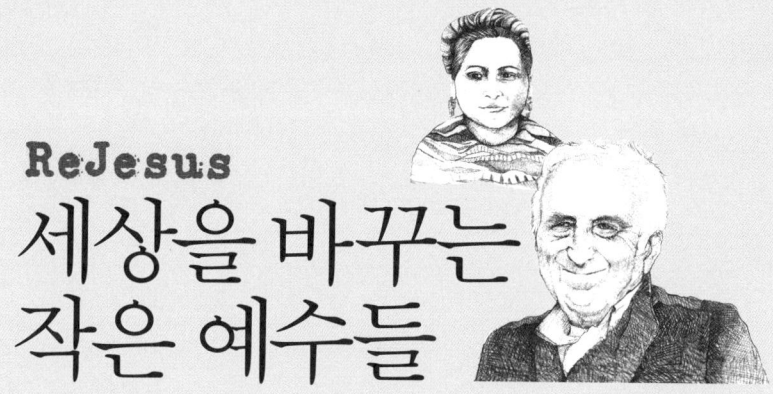

MICHAEL FROST
& ALAN HIRSCH
**마이클 프로스트, 앨런 허쉬**
홍병룡 옮김

포이에마

## 세상을 바꾸는 작은 예수들

마이클 프로스트·앨런 허쉬 지음 | 홍병룡 옮김

**1판 1쇄 발행** 2009. 12. 11 | **1판 2쇄 발행** 2020. 2. 10 | **발행처** 포이에마 | **발행인** 고세규 | **등록번호** 제 300-2006-190호 | **등록일자** 2006. 10. 16 | 서울특별시 종로구 북촌로 63-3 우편번호 03052 | 마케팅부 02)3668-3260, 편집부 02)730-8648, 팩스 02)745-4827

본 저작물의 한국어판 저작권은 알맹2 에이전시를 통하여 St. Hendrickson Publishers, Inc.와 독점 계약한 포이에마에 있습니다. 신 저작권법에 의해 한국 내에서 보호받는 저작물이므로 무단 전재와 무단 복제를 금합니다.

값은 뒤표지에 있습니다. ISBN 978-89-93474-21-3 03230 | **독자의견 전화** 02)730-8648 | **이메일** masterpiece@poiema.co.kr | 좋은 독자가 좋은 책을 만듭니다. | 포이에마는 독자 여러분의 의견에 항상 귀를 기울이고 있습니다.

예수와 제자들이 빌립보 가이사랴 여러 마을로 나가실새 길에서
제자들에게 물어 이르시되 사람들이 나를 누구라고 하느냐 제자들이 여짜와 이르되
세례 요한이라 하고 더러는 엘리야, 더러는 선지자 중의 하나라 하나이다.

마가복음 8:27-28

## 들어가는 말 · 9
우리의 표준은 오직 예수뿐 / 제자도에 주는 함의 / 교회에 주는 도전 / 영성 재정립을 위한 제안

## 1 | 어떻게 예수는 모든 것을 바꾸는가 · 35
예수에게 사로잡힌 삶 / 예수의 흔적을 지닌 사람

## 2 | 예수 되찾기와 개인적 갱신 · 75
예수로 재부팅하기 / 우리의 상상력을 사로잡는 것 / 작은 예수들의 음모
우리는 예수와 동시대인이다 / 누가 그리고 무엇을 / 선교적 예수를 좇는 삶

## 3 | 교회와 단체를 위한 예수 되찾기 · 113
우리 모임에 예수를 모시는 것 / 기독교-그리스도 = 종교 / 반종교로서의 기독교
창시자와 추종자 / 조직 내부의 목소리 듣기

## 4 | 우리가 상상하는 예수의 초상 · 149
왜곡된 예수 이미지 / 시대의 예수 / 예수는 과연 어떤 인물인가  야성적인 인간 해방시키기

## 5 | 그리스도 중심의 유일신 신앙 · 191

유일한 하나님, 온전한 사랑 / 먼저 그의 나라를 구하라
내가 거룩하니 너희도 거룩하라 / 우상숭배에 해당하는 예수관
여인을 떠나는 50가지 방법 / 그리스도 같은 하나님 / 삼위일체에 관한 첨언

## 6 | 예수를 새롭게 만나려면 · 233

히브리식 사고방식으로 전환하라 / 성경이 우리를 읽게 하라
히브리적 관점에서 본 앎 / 바른 교리를 잊지 마라 / 예수 되찾기

## 7 | 예수가 세운 교회 · 271

예수 공동체를 꿈꾸는 바울의 비전 / 작은 예수들의 공동체
예수의 공동체로 되돌아가기 / 복사판의 복사판의 복사판

## 나가는 말 · 313

여인숙에 들어간 두 남자 / 다시 예수를 붙들라

주 · 325
참고문헌 · 340
Illustration Credits · 345

# 들어가는 말

기독교 영성의 핵심은 창시자를 닮아가는 데 있다.
진정한 그리스도인은 예수를 모델로 삼는 사람이며,
우리를 자신의 아들과 더욱 닮게 하는 것이 하나님의 뜻이다.

## INTRODUCTION: READ THIS BIT FIRST

# Introduction: Read
# This Bit First

예수가 만물의 중심이요 만물의 목표이기에 예수를 모르는 자는 이 세상에 관해서든 자기 자신에 관해서든 어느 것도 올바로 알지 못한다. _블레즈 파스칼

그리스도를 따를 때에만 그리스도를 알 수 있고, 그리스도를 통해서만 하나님을 알 수 있다. _한스 뎅크

들어가는 / 말

    1964년 6월 7일 아침, 최근에 조직된 KKK단의 일파인 '백색 기사단'이 미시시피 롤리 인근 소나무 숲에 자리 잡은 보이킨 감리교회에 엄숙한 모습으로 집결했다. 당시 미시시피 거리에 넘실대던 흑인과 공산주의자의 물결에 자극을 받은 KKK단은 민권운동에 반격을 가하고자 병력을 소집했던 것이다. 그들은 장총, 권총, 엽총으로 무장한 채 옆으로는 말을 탄 기마병, 위로는 경비행기 두 대의 호위를 받으며 모두 고개를 숙이고, 그들의 위대한 사제가 강단에 서서 다음과 같은 기도문을 읽는 소리를 들었다.

    아, 우리의 천상의 안내자가 되신 하나님, 유한한 피조물이요 당신에게 의존된 피조물인 우리는 당신을, 우리를 다스리는 주로 고백하나이다. 우리 땅 곳곳에 자유와 그로 인한 기쁨이 영원히 넘치게 허락하소서.

KKK 단원인 우리가 언제나 당신과 위대한 우리 나라를 위해 굳게 설 수 있도록 확신과 용기를 갖게 하소서. 우리가 향기로운 형제애를 나누고 누리게 하시고, 우리를 하나로 묶어주는 강한 동지애를 우리 안에 심어주소서. 우리 마음이 명예로운 결정과 경건한 사역에 합당한 지혜를 얻게 하소서. 당신의 무한한 영과 그 속에 있는 미덕에 힘입어, 우리가 은밀히 맹세한 의로운 서약을 늘 지키게 하소서. 모든 일에서 당신을 영화롭게 하려 여기에 모인 우리를 축복하소서. 우리의 구원자 되신 그리스도의 이름으로 기도합니다. 아멘.[1]

회중은 작은 목소리로 '아멘' 하고 화답했다. 나중에는 미시시피 KKK단의 마왕Imperial Wizard이었던 샘 바우어스Sam Bowers가 강단에 올라가서 모든 KKK 단원에게 '미시시피를 침략한 니그로-공산주의자들'을 공격하라는 공식 의정서를 발표하는 등 노골적인 종교 언어를 사용하여 민권운동가들을 상대로 성전聖戰을 선포했다.[2] 그로부터 세 달도 채 안 되어 민권운동에 종사하던 세 사람이 네쇼바 카운티 근처에서 처형당했다.

이처럼 KKK단이 그 상징물과 언어에서 명시적으로 기독교 색채를 띤다는 사실에 모든 사람이 관심을 집중하는 것은 아니다. 아니, 누가 KKK단의 불타는 십자가를 잊을 수 있으랴? 하지만 그들의 철학이 그리스도 중심적인 특징을 갖고 있었다는 사실은 거의 반세기가 지난 지금도 우리에게 충격을 주고 있다. 인종차별적인 '죽음의 분대' 발단식에서 그리스도의 이름으로 기도한다는 사실이 여전히 충격으로 다가오지만, KKK단이 자기네 목표를 달성하기 위해 늘 예수에게 힘을 달라고 구했던 것은 부인할 수 없는 사실이다. 그들의 마왕인 샘 바우어스의, 예수에 대한 신앙은 이미 잘 알려져 있다. 1964년 당시 미시피의 '인간관계 위원회' 위원장이었던 켄 딘Ken Dean은 그를 가리켜 "최고로 급진적인 의미에서 이 마왕은 하나님의 주권을 믿는 신도이다"라고 말했다.³ 이뿐만이 아니다. 바우어스는 예수를 죽은 자 가운데서 살리신 사건에서 하나님의 주권이 가장 뚜렷하게 입증되었다고 믿었던 인물이다.

> 인간 역사에 명백히 나타난 한 가지 단순한 사실, 그 중심에 해당하는 '경험적 사실'이 있다. 물론 이 경험적 사실은 갈릴리 사람, 예수의 육체적인 부활이다. … 진정한 신앙은 그런 기적을 행할 수 있는 전능한 하나님의 권능을 믿는 것이다. 힙리직인 인간의 시식은 예수의 육체석 부활이 실제로 일어났다고 확신한다. 이 사건을 경험적으로 나타난 사실로서 믿는 것이다.⁴

미시시피에서 민권운동을 연구하던 중 바우어스의 말년에 그와 편지를 주고받았던 찰스 마시Charles Marsh는 그에 대해 이렇게 말했다. "바우어스는 가장 급진적이고 당혹스럽고 기괴한 신학자로서 만물을 그리스도 중심으로 이해하고 믿었던 신도였다."⁵

그와 마찬가지로 '만물을 그리스도 중심으로' 이해하고 믿는 우리가 샘 바우어스와 KKK단처럼 비난받아 마땅한 인물들과 같은 신앙을 갖고 있다는 것이 얼마나 당혹스러운지 모르겠다. 어떻게 해서 예수를 좇는 자들이 그분의 가르침과 삶에서 그토록 멀어질 수 있었을까? 나치 독일 당시 루터교회 교인들 같은 예수의 추종자들은 어떻게 한 입으로는 예수를 말하고, 다른 입으로는 인종차별적인 발언을 서슴없이 할 수 있었을까? 11세기에서 13세기에 걸친 십자군 전쟁의 주도자들, 16세기 멕시코와 페루를 정복했던 스페인 정복자들, 혹은 최근에 등장했던 르완다의 '죽음의 분대'에게도 똑같은 질문을 던질 수 있다.

물론 KKK단은 예수의 이미지를 내세우는 집단들 가운데서 무척 생소하고도 극단적인 실례임이 분명하다. 하지만 스스로 그리스도인이라 자처하는 우리 공동체에도 조금 덜하기는 하나 극단적인 집단들이 존재한다. 2005년, 강연 차 영국에 가는 길에 로마에 들른 적이 있다. 유서 깊은 도시를 방문하는 여느 여행객과 마찬가지로 우리도 바티칸과 성 베드로 성당을 찾았다. 모든 면에서 우리가 상상했던 만큼 아름다웠다. 성 베드로 성당을 보는 사람은 누구나 영적인 경외심을 불러일으키는 굉장한 규모와, 보배로운 예술품들에 자연광이 비치도록 고안된 놀라운 솜씨를 보고 감탄을 금하지 못한다. 다른 여행객들처럼 우리도 그 건물에 매료되어 고개를 쑥 내밀고 이리저리 돌아다니면서 성당의 장엄함에 흠뻑 취했다. 넋이 나가 앞을 보지도 않고 걷다가 오랜 세월 세계적 기독교를 상징했던 방 한복판에서 서로 부딪히기도 했다. 거기에서 우리는 각자 목격한 것에 관해 이야기를 나누었고, 이곳 어디에서 예수를 찾을 수 있는지 자문해보았다. 바실리카 양식의 건축물은 실로 경탄을 자아내기에 충분했고, 화려한 조각들과 유리창, 천장은 아름다움 자체였다. 그러나 우리 둘은 마음속에서 끓어오르는 이 성가신 의문을 뿌리칠 수 없었다. '나사렛 출신의 가난한 랍비는 어디에 있는가?'

마이클 프로스트는 최근 모스크바에 강연하러 갔다가 거기에서도 정교회의 '구세주 그리스도 성당'을 둘러볼 기회가 있었다. 1990년에 건립된 그 건물은 깜짝 놀랄 만큼 뛰어난 종교 건축물이다. 크렘린에서 몇 블록 떨어진, 모스크바 강변에 위치한 이 성당은 1931년에 스탈린이 파괴한 본래의 성당을 대신하여 건축한 것이다. 거의 대부분 대리석으로 지은 건물인데다가 황금빛이 나는 돔들은 아주 멋스러웠고 세계에서 가장 높은 정교회로서 조금도 손색이 없었다. 하얀 대리석 외벽은 양각으로 뜬 여러 성인들과 영웅들의 동상으로 둘러싸여 있었다. 내부를 보면 양측 모두 85미터 크기의 십자가 모양으로 예배당이 배치되어 있었고, 각 채플은 수백 개의 금박 아이콘들과 프레스코 벽화들로 가득 차 있었다. 만 명까지 수용할 수 있는 동굴 모양의 대예배당을 둘러보면서 그 아름다운 모습에 넋을 잃지 않을 수 없었다. 하지만 좀 더 자세히 살펴보니 무언가 불안정한 모습이 드러나기 시작했다.

본래 이 성당은 1812년 나폴레옹과의 전투에서 러시아에 승리를 안겨 준 이른바 '하나님의 중재'를 기념하는 건축물이었다. 1882년 차이코프스키는 이 구세주 그리스도 성당에서 〈1812 서곡〉을 처음으로 선보였다. 보리스 옐친이 성당 재건축을 승인하면서 애국적인 러시아 기풍을 포함하여 가능하면 원건물에 가깝게 재건하도록 설계되었다. 말하자면 종교적인 공간인 동시에 러시아의 군사력을 기념하는 역사적 기념관으로 설계된 것이다. 거기에는 역사적 인물들과 사건들을 성스럽게 표현한 벽화들이 있다. 대예배당을 둘러싼 이층짜리 갤러리는 러시아의 역사, 특별히 1812년에 일어난 전쟁에 헌정되었다. 1층에 있는 대리석판들은 처참했던 참전 용사들을 기리고 있다. 2층 갤러리에 있는 벽화들은 정교회나 러시아 역사에서 결정적인 역할을 했던 여러 역사적 사건과 인물들을 묘사한다. 건물 아래편에는 종교 집회를 위해 마련된 큰 방이 있는데, 거기서 러시아의 마지막 황제 차르와 그 가족이 2000년도에 성인으로 봉축되었다. 그 결과 비무장의 평화로운 시위대를 향해 대규모 학살을 감행했던 1905년, 그 피비린내나는 일요일의 비극을 무능하게 내려다보았던 차르 니콜라스 2세의 형상과 예수의 얼굴이 나란히 놓이게 되었다.

성당을 떠나 눈을 헤치며 근처 전철역으로 이동하는 동안 마이클은 가난한 할머니 한 분이 얼어붙은 도로에 꿇어앉아 행인에게 구걸하는 모습을 보았다. 성당의 벽화에서는 진짜 예수를 보기가 어려웠지만, 그 노파를 보는 순간 '이들 중 소자'에게 한 일이 곧 그에게 한 것이라는 예수의 말이 퍼뜩 떠올랐다. 성당 내의 화려한 금박 초상이 아니라 바깥에서 구걸하는 거지의 모습에서 예수를 발견했던 것이다.

우리는 현격하게 다른 세 가지 이야기, 네쇼바 카운티에서의 대학살과 바티칸 성당 방문, 러시아 정교회 성당 방문 이야기로 이 책의 문을 열었다. 이는 우리의 관심사가 '역사상 예수의 이름으로 행한 일들'에 있음을 밝힌 셈이다. 미시시피, 로마, 모스크바 등지에서 일어난 운동은 하나같이 예수라는 이름을 거론했지만, 우리가 복음서에서 발견하는 예수와는 부합되지 않는 것처럼 보인다. 가령 KKK단이 성경을 내걸고 미시시피를 공포의 도가니로 몰아넣는 현상을 보면서, 예수에게 드리는 기도를 통해 자기네 행위를 신성시하려는 모습에 우리는 깜짝 놀라게 된다. 또 바티칸의 성당, 즉 예수 그리스도에게 기초를 둔 종교에 헌정된 전형적인 건물에서 우리는 복음서에 강력한 필치로 묘사된 소박하고 혁명적인 목수 예수의 모습을 도무지 찾을 수 없었다. 구세주 그리스도 성당에서는 복음서의 예수가 충신의 사랑을 받으려고 러시아 황제들 혹은 장군들과 경쟁하는 모습을 보게 된다. 이런 모습에서 우리는 '과연 예수와 훗날 그분의 이름으로 자리잡은 종교 사이에 연속성이 있는가' 하는 의문을 품게 된다. 이런 점에서 우리는 앞서 소개한 이야기들을 통해 이 책의 목적과 관련한 하나의 통찰을 얻을 수 있다.

이렇게 말한다고 해서 우리가 가톨릭교회나 정교회를 KKK단과 동일시하는 것은 결코 아니다. 다만 예수라는 인물을 묘사하는 그들의 집단적 면모가 상당히 부조리해 보이기에 하나의 실례로서 제시했을 뿐이다. 우리가 로마와 모스크바에서 발견한, 예수의 이름을 내거는 종교와 예수라는 이름 사이의 불연속성은 특정 교회와 교단에만 국한된 현상이 아니다. 가톨릭과 개신교 모두 현재에 이르기까지 그래왔고, 비교적 최근에 일어난 여러 기독교 운동마저도 예수가 걸었던 급진적인 길을 외견상 더 화려한 종교적 현상으로 대치해버렸다.

이런 실례들로 보건대, 우리는 시대와 장소를 막론하고 신자와 교회와 교단에 대해 이런 질문을 던질 수 있으며 또한 던져야 마땅하다.

- 메시아 예수는 수많은 예수 운동의 풍조와 자기 이해에 어떤 역할을 하는가?
- 우리가 합당하게 그리스도의 종교라고 부를 수 있는 그런 기독교는 복음서에 나오는 예수와 어떤 관계가 있는가?
- 예수의 생애와 본보기, 그리고 그 후에 등장한 기독교 간의 연속성을 어떻게 평가할 수 있는가?
- 우리의 종교와 종교성을 유지하기 위해 우리는 얼마나 다양한 방법으로 급진적인 혁명가 예수를 희석시키는가?
- 어쩌면 가장 중요한 질문은 이것일 것이다. 예수를 재발견하는 일

이 어떻게 우리의 제자도, 기독교 공동체, 교회 선교를 새롭게 할 수 있는가?

이런 질문들은 결국 '교회란 무엇인가?' 하는 핵심 이슈로 연결되기 때문에 결코 하찮은 것이 아니다. 이런 물음을 통하여 우리는 예수의 이름을 내건 여러 운동들의 핵심으로 들어갈 수 있다. 이 작업은 교회의 진정한 창시자 내지는 교회의 토대에 관한 문제를 제기하는 만큼, 우리는 이것을 개혁이라고 부르지 않고 교회 '재창립refounding'이라고 부르려 한다. 그리고 우리는 이 시대에 교회와 관련한 이슈 중 기독교의 재창립보다 더 중요한 것은 없다고 생각한다. 특히 서구 기독교 특유의 장기 침체 문제를 다뤄야 할 21세기에 이것은 매우 절박한 문제가 아닐 수 없다. 솔직히 말해서 우리는 어느 정도 길을 잃은 상태이고, 교회 성장을 위한 임시방편으로는 도저히 현재의 출혈을 막을 수 없는 실정이다. 서구 세계가 지금 영적이고 신학적인 위기와 선교적이고 실존적인 위기에 직면해 있음은 부인할 수 없는 사실이다.

우리 두 사람은 사실 선교와 '선교적 백성missional people'의 의미에 대해 골몰하고 있다. 그러면서도 기독론이 더 근본적인 문제이고 따라서 일차적인 이슈라는 확신에는 변함이 없다. 우리는 다른 책에서 교회론(교회의 형태와 기능)을 좌우하는 것이 선교론(세상에서 우리의 목적과 기능)이고, 선교론을 좌우하는 것이 기독론(예수 그리스도의 인격과 가르침과 영향에 대한 탐구)이라고 주장한 바 있다.[6] 이제까지 우리는 이 견해를 바꿀 이유를 찾지 못했으며, 오히려 시간이 흐를수록 이 공식이 우선적으로 필요하다는 확신이 더욱더 굳어졌다. 우리 둘은 (함께 그리고 제각기)

선교적 제자도와 교회론에 관해 책을 쓴 적이 있다.[7] 이 책을 쓰면서 우리는 그 골자에 더욱 가까워지고 있다고 느낀다. 그래서 이제 그 창시자에게로 돌아가서 기독론의 노선을 따라 전반적인 프로젝트를 재조정하려고 한다.

그러므로 이 책의 핵심 과제는 예수의 길과 기독교의 연관성을 탐구하는 일이다. 기독교 운동을 성경적인 예수의 모습에 비추어 평가하고, 나사렛 출신의 급진적인 랍비의 가르침과 삶을 중심으로 교회가 자신을 재구성하고 사명을 재조정할 수 있도록 새로운 길을 모색하고자 한다. 이 둘 사이의 연속성은 어디에 있는가? 왜 우리가 경험하는 기독교는 예수의 길과 연속선 상에 있지 못하는가? 우리의 증거사역은 그분의 삶이나 가르침과 얼마나 일치하는가? 우리가 예수 영성의 원형에서 멀어지면 결국 신앙의 본질이 손상되지 않을까? 거기에서 얼마나 멀어져야 지나치다고 할 수 있을까?

이와 비슷한 어조로 프랑스 신학자이자 철학자인 자크 엘륄Jacques Ellul은 우리에게 불편한 역사 문제를 제기한 바 있다. 자크 엘륄은 이것을 '기독교의 전복 현상'이라고 부른다.

> 내 마음을 가장 괴롭히는 문제를 이 책에서 개관하고 싶다. 내가 보기에 그 문제는 해결이 불가능하고 역사적으로 기묘한 특성을 갖고 있다. 아주 간단하게 표현하면 이렇다. 기독교와 교회의 발전이 어떻게 해서 우리가 성경에서 읽는 것, 곧 율법과 선지자, 예수와 바울의 텍스트가 말하는 것과 정반대되는 사회와 문명, 문화를 낳았는가 하는 것이다. 여기서 '정반대'라는 말은 내가 고심한 끝에 고르고 고른 표현이다. 어느 한

★★★
# 나를 따르라
작은 예수가 되는 길

예수를 따른다는 것은 헌신을 다짐하는 기도를 통해 그분을 당신의 구원자로 모시는 것 이상을 의미한다. (아무리 성실한 기도라 할지라도 마찬가지이다.) 예수를 따르려면 그분의 삶을 당신의 삶의 패턴으로 삼아 반드시 그분을 본받아야 한다. 이렇게 본받는 삶을 우리는 '작은 예수'가 되는 것이라고 부른다.

우리가 자신을 작은 예수라고 부른다고 해서 우리 역시 물 위를 걸을 수 있다거나 세상의 죄를 위해 죽을 수 있다고 주장하는 것은 아니다. 작은 예수라는 말에 담긴 뜻은 우리가 예수의 삶과 가르침에 구현된 가치관을 수용한다는 것이다. 몇 개의 떡과 생선으로 수천 명을 먹일 수 있는 능력은 예수에게만 있다. 하지만 우리는 작은 예수로서 손 대접과 관대함의 가치를 기꺼이 받아들일 수 있다. 많은 대중에게 복음을 전할 능력은 없을지 몰라도 거짓에 대항해 진실을 말하겠다고 다짐할 수는 있다. 다른 사람의 죄를 위해 죽을 수는 없어도 이타심과 희생과 고난을 끌어안을 수는 있다.

예수가 그의 공동체를 변혁시켰듯이, 작은 예수들이 온 세상에 침투하여 자기가 속한 공동체를 변혁시키는 모습을 우리는 보고 싶다. 예수를 본받는 것이 무엇인지를 구체적으로 보여주기 위해, 이 책 중간 중간에 우리에게 영감을 준 여러 작은 예수들을 간략하게 소개하려 한다.

면만 모순된 것이 아니라 모든 면에서 모순된다는 뜻이다. 그동안 기독교는 본래 텍스트와 영감에서는 도무지 찾을 수 없는 온갖 오류와 범죄와 기만을 범했다는 비난을 받아왔다. 또한 기독교와 교회의 관행에 따라 점차적으로 계시의 모양이 만들어지고 재해석되어왔다. … 이것은 단순히 일탈한 정도가 아니라 근본적이고 본질적인 모순 내지는 완전한 전복에 해당한다.[8]

이 말이 과장된 것처럼 보일지 모르지만, 엘륄은 방대한 지식을 동원하여 이 주장을 뒷받침한다. 우리 생각에는 이제껏 아무도 엘륄의 질문에 만족스러운 답변을 내놓지 못한 것 같다. 하지만 우리가 21세기에 진정한 교회를 재창립하려면 이 질문들을 피할 수 없다. 그래서 우리는 무엇보다도 엘륄의 관심사를 더욱 발전시키고, 그가 맨 처음 제기한 물음들을 계속 제기하는 것을 과제로 삼았다.

하지만 이 문제는 학문과 철학의 영역에만 국한되지 않는다. 예를 들어 좀 더 대중적인 차원에서 어윈 맥매너스Erwin McManus는 《코뿔소 교회가 온다 The Barbarian Way》라는 책에서 비슷한 주제를 다루면서, 기독교가 위험하고 혁명적인 영적 세력에서 '종교적 문명'으로 변형되었다고 신랄하게 비난한다. 올바른 지적이다. 예수가 새로운 운동을 시작할 때 과연 시민 종교와 연루된 문명을 염두에 두었을까? 예수가 주변 사회 및 문화와 모호한 관계를 맺으면서 자격을 갖춘 사제, 귀찮은 의례, 난해한 신학, 그리고 그 밖의 온갖 장식품을 갖춘 온순한 종교를 만들고 싶어 했을까? 하나님의 나라가 도래했다고 선포할 때, 그리고 자신의 죽음으로 성전의 휘장이 찢어졌을 때 기대했던 것이 과연 이런 것이었을까?[9]

이 책의 주제가 무엇이냐고 묻는다면 이렇게 대답하겠다. 이 책은 예수에 관한 책이라고. 그리고 예수가 직접 우리의 제자도에 주는 함의, 우리 교회에 주는 근본적인 도전, 우리의 영성에 주는 처방을 다루는 책이라고. 요컨대 이 책은 교회가 예수에게로 돌아가는 문제를 다루는 책이다.[10]

## / 우리의 표준은 오직 예수뿐 /

스스로 진정한 그리스도인인지 아닌지 확인하려면, 자신을 우리 주 예수 그리스도의 삶과 가르침에 빗대어보는 수밖에 없다. 이 점을 처음부터 분명히 하고 싶다. 예수에게 돌아가지 않고서 21세기가 주는 중요한 도전에 믿음으로 대처하는 것은 불가능하다. 이렇게 말하면 혹자는 교회가 모든 시대와 상황에서 바로 그 일을 위해 애쓰고 있는 것 아니냐고 반문할 수도 있다. 사실 기독교를 표방하는 모든 교회는 예수를 주님이라 부르고, 그들의 삶과 신학에서 예수에게 특별한 자리를 마련해주려고 노력한다. 그러나 입으로는 이렇게 고백하지만, 역사 내내 교회는 예수의 급진적인 삶과 가르침에 자신을 맞춰보려고 허우적거려왔을 뿐이라는 것이 우리의 생각이다. 하지만 우리는 완전히 예수에 근거하여 사는 것이 얼마나 어려운지 잘 알기 때문에, 판단하고 정죄하는 어조로 이 말을 하는 것은 절대 아니다. 예수가 우리에게 보여준 길은 본래 그분이 보여준 계시를 통제하고 제도화하려는 모든 시도를 뒤집어엎는 길이기 때문에 따르기가 쉽지 않다. 달리 말해서 '예수의 길'로부터 종교를 만들어내기란 지극히 어렵다는 뜻이다.

그래서 이 책은 우리가 하는 일뿐 아니라 우리가 누구인지를 정의할 때도 오로지 예수가 논의의 중심이 되어야 한다고 주장한다. 참으로 예수를 좇는 일이 힘들거니와 우리 자신을 그분의 백성으로 확증하는 일도 그분께 돌아가야만 가능하다고 확신한다. 오직 예수만이 우리의 좌표를 맞출 '아르키메데스의 점'이며, 우리 신앙의 견고성을 평가하고 우리가 진정한 그리스도인인지 아닌지 확인할 수 있는 유일한 시금석이다. 영적 갱신 수단을 제공하는 신학과 경험의 중심에 있는 영적 메커니즘은 바로 예수를 사랑하는 것과 그분과 일치되려 하는 몸부림이다. 따라서 끊임없이 예수에게 돌아가는 일은 예수의 이름을 표방하는 모든 운동에 설대적으로 필요하다.

그런데 우리를 둘러싼 문화는 예수의 길에서 너무 벗어나 있으므로 그 길을 뚜렷이 보는 일은 결코 쉽지 않다. 선교학자 데이비드 보슈David Bosch는 남아프리카 공화국 쿠루만 근처에서, 자만심이 강하고 인종차별이 몸에 밴 아프리카너로 자라났다. 부끄러웠던 과거를 돌아보며 그는 자기가 교육대학에 입학했던 1948년에 인종차별 정책을 지지하던 국민당이 권력을 장악한 경위를 들려주며 이렇게 이야기했다. "국민당이 승리를 거두자 우리의 꿈이 실현된 것 같았다. 우리에게는 거리끼는 것이 하나도 없었다."[11] 이것이 당시 보슈와 같은 아프리카너들이 지니고 있던 생각이었다. 젊은 데이비드 보슈는 인종차별을 지지하고 예수의 가르침을 믿는 것 사이에서 아무런 갈등을 느끼지 않으면서도, 기독교 사역으로의 소명을 강하게 느끼고 있었다.

그런 불협화음에 대해 뒤늦게 죄책감을 느낀 신학자는 보슈 말고도 더 있었다. 20세기 초에 유명한 역사가 아돌프 폰 하르나크Adolf von

Harnack는 이렇게 말한 바 있다. "한 인간이 자신의 성격적 특성과 개인적인 관심으로 예수 그리스도에게 접근했다가 그분 안에서 자기 자신만 발견하고 말거나 그분의 지극히 작은 부분만 받아들이는 것을 보면 가슴에 와 닿는 것이 있다."[12] 여기에서 '가슴에 와 닿는다'라는 말은 무언가 슬프고 애처롭고 딱한 마음이 든다는 이야기이다. 교의dogma를 연구하는 역사학자 하르나크는 너무도 많은 의제가 예수를 포로로 삼는 것을 목격했다. 그리고 온갖 신념과 관행을 정당화하는 데 예수의 이름을 끌어다 쓰는 것을 보았다. 그래서 복음의 핵심이 예수의 가르침과는 질적으로 다른 형이상학적 개념들에 압도당하고 있다고 확신하게 되었다. 예수에 관한 원초적 이야기들이 공식적인 교회의 교의에 의해 오염되었다는 것이 하르나크의 주장이다.

하르나크의 견해를 뒷받침하는 실례를 찾는 건 그리 어렵지 않다. 예수에게서 유대교 개혁가의 모습이나 마지막 선지자의 모습을 찾고 싶어 하는 이들은 아주 쉽게 찾아내곤 했다. 폭력을 지지하는 이들은 예수를 혁명가로 그린 반면, 톨스토이와 그 제자들은 예수를 무저항無抵抗의 선생으로 보았다. 그런가 하면 뉴에이지 학자들에게는 예수가 비법을 전수하는 인물이다. 전통적인 사회질서를 반대하는 이들에게 예수는 일상에 대항하는 전사였다. 인종주의자에게는 아리아 인종에 속한 갈릴리 사람이었다. 샘 바우어스는 민권운동가 세 사람의 죽음과 연루된 죄로 십 년을 복역한 뒤에 미시시피로 돌아와서 그리스도의 생애를 연구하는 데 사십 년을 쏟아 부었다. 그렇지만 자기가 1964년에 KKK단 강단에 올라갔을 때 믿었던 그 인물이 바로 예수라는 확신은 조금도 흔들리지 않았다.

하르나크는 이질적인 관념에 의해 복음의 핵심이 실종되는 문제를 풀려면 원초적 형태로 돌아가서, 수세기에 걸쳐 형성된 미신적 가톨릭주의에서 복음을 해방시키는 길밖에 없다고 믿었다. 옳은 말이다. 이처럼 예수를 나치, 인종차별주의자 아프리카너, KKK단, 교회의 교의 등으로부터 해방시키는 일은 반드시 필요했다. 하지만 하르나크에게도 예수를 진정한 예수로 만들 능력은 없었다. 그는 대표적인 개신교 자유주의자로서 훗날 '역사적 예수 탐구' 운동을 전개한 인물이다. 그 배후에는 진정한 예수만 되찾을 수 있다면 새로운 기독교를 출범시킬 수 있으리라는 믿음이 있었다. 그러나 지금, 하르나크와 같은 20세기 독일 자유주의자들은 자기네가 비난했던 대상들이 빠진 함정에 자기들도 빠져버렸다는 비판을 받는다. 당시의 개방된 휴머니즘에 도취된 나머지 신新과학과 역사의 손아귀에서 벗어나지 못하고 예수의 모습을 순전히 인간적인 인물의 초상으로 제한했던 것이다. 하르나크는 해방된 예수에 대해 탐구하면서 예수에게서 (하르나크가 비과학적인 것으로 여긴) 계시, 성육신, 기적, 부활 등의 개념을 배제시키고 말았다. 가톨릭의 조지 티렐George Tyrrell의 판단에 따르면, "하르나크가 9세기에 걸친 어두운 가톨릭 시대를 가로질러 뒤돌아본 그리스도는 깊은 우물의 밑바닥에 비치는 자유주의 개신교도의 얼굴이었을 뿐이다."[13]

오늘날의 교회에 주어진 도전은 예수를 우리의 의제에 맞추는 것이 아니라 교회가 예수의 의제에 사로잡히는 일이다. 물론 우리가 그분을 완벽하게 아는 것은 불가능하다. 우리는 모두 제 나름대로 편견을 가지고 있기 때문이다. 그럼에도 신앙인 본연의 자세는 이 거룩한 탐구를 포기하지 않고 끝까지 해내는 것이다. 우리가 받는 도전은 예수를 진정한

―고난 받는 선지자―

# 마틴 루터 킹
## Martin Luther King

예수가 하나님의 나라를 선포한 것처럼 마틴 루터 킹은 새로운 미국 사회, 곧 인종차별과 억압과 폭력이 없는 사회의 가능성을 설파했던 선지자였다. 마틴 루터 킹의 아이콘으로 통하는 "나에게는 꿈이 있습니다"라는 연설은 미국의 장래에 대한 희망을 노래한 것으로서 이사야 40장 4절(골짜기마다 돋우어지며)과 아모스 5장 24절(오직 정의를 물같이, 공의를 마르지 않는 강같이 흐르게 할지어다)의 메시지를 반영하였다. 극단적인 도발 앞에서도 비폭력의 입장을 굽히지 않은 마틴 루터 킹의 자세는 마하트마 간디의 비폭력 행동주의로부터 영향을 받은 것이었고, 한쪽 뺨을 맞으면 다른 쪽 뺨을 돌려대고 원수를 사랑하라는 예수의 가르침을 구현한 것이었다. 희망과 정의를 이야기하는 킹의 메시지는 아프리카계 미국인들에게 영감을 주어 그들이 미국에서 자신들의 권리를 주장하게 하였다. 이는 예수의 메시지가 당시 가난한 자들에게 희망을 주었던 것과 일맥상통한다. 작은 예수로서 킹은 사회를 변혁시켰다. 1968년 그의 암살은 예수의 희생적인 죽음을 반영하는 사건이었다. 킹은 런던 웨스트민스터 사원의 서문 위쪽 동상에 그려진 '20세기 세계 10대 순교자' 가운데 한 명이다.

예수가 되게 하고, 이 세상을 향한 그분의 놀라운 사명에 우리가 사로잡히는 것이다.

    바티칸의 휘황찬란한 모습으로 대변되는 웅대한 제도적 교회의 프로젝트이든, 번영을 추구하는 오순절파가 중산층의 마음과 생각을 장악하려고 시도하는 싸구려 복음 운동이든, 기독교 운동이 본디 모양에서 거꾸로 뒤집혔다는 것만은 틀림없는 사실이다. 마치 산타클로스와 꽃사슴, 꼬마 요정, 디즈니 캐릭터, 장식품, 장난감, 가짜 눈 등으로 장식된 쇼핑몰에서 마구간의 본래 모습이 실종되고 없는 것처럼, 오늘날 성경적인 예수의 모습을 찾는 것은 너무나 어려운 일이 되었다. 그러나 예수는 지금도 우리를 부르면서 단순한 교회 출석을 뛰어넘는, 아주 무모하고 신나는 모험에 합류하라고 손짓한다. 성경에 나타난 예수의 모습을 따라가면 우리는 결코 미움, 폭력, 탐욕, 과도함, 지상의 권력, 혹은 물질적인 부 등에 도달하지 않을 것이다. 그 대신 예수는 복음주의에서 흔히 볼 수 있듯이, '믿음'을 믿는 것이 아니라 예수를 믿는, 진정으로 성경적이고 실존적인 신앙으로 이끌어줄 것이다. 그러기 위해서는 예수와의 지속적인 만남이 필요하다. 이는 진정한 영적 변화를 가져오는 방법에서 다룰 문제이다. 후에 이 책에서 이 문제를 탐구해보자.

    그런즉 이 논의는 우리를 위한 예수, 바로 그분에 관한 것이며 거기에는 예수를 좇는 우리의 삶에 주는 함의도 포함되어 있다.

## / 제자도에 주는 함의 /

    이 책이 예수에 관한 것이기에 당연히 우리와 그분의 살아 있는 관계도 탐구할 수밖에 없다. 따라서 이 책은 제자도를 다루는 책이기도 하다. 즉 예수가 주는 구속을 경험하고, 그분의 몸에 편입되고, 그분의 길을 따르고, 그분을 닮아가고, 그분의 대의를 취하는 것에 대해 논의할 것이다. 어떤 의미로든 교회가 예수를 되찾으려면, 오늘날의 서구적 맥락에서 예수를 따른다는 말에 담긴 그 급진적이고 혁명적인 성격을 회복하지 않으면 안 된다. 예수 안에서 자유롭게 된다는 것은 우리 시대의 우상들에 대해 심각한 의문을 제기하는 것을 뜻한다. 이를테면, 예수 안에서 자유롭게 되는 것은 우리를 짓누르고 있는 중산층 소비주의의 족쇄에서 해방되는 것을 뜻할 것이다. 예수 안에서 자유하다는 것은 예수를 예수 되게 하는 것이며, 그럼으로써 예수가 우리의 종교성이나 독선이나 탐욕 등에 도전하도록 허용하는 것을 뜻한다.

/ 교회에 주는 도전 /

예수를 따른다는 것은 또한 오늘처럼 제도적인 형식과 표현이 열악한 종교에 주는 함의도 분명 있을 것이다. 따라서 이 책은 선교적 교회론(교회에 대한 우리의 이해와 관행)에 대한 함의를 다루는 책이기도 하다. 우리는 역사상 선교의 측면에서 가장 도전적인 시대에 접어들었다. 이에 예수를 사랑하고 좇는다는 것이 선교적 교회에서 어떤 함의를 갖는지 살펴볼 생각이다. 그리고 우리의 주된 관심사가, 예수가 우리의 선교와 교회 생활에 미치는 영향에 있음을 감안하면 기독론을 다루지 않을 수 없다. 만일 이 주제를 다루지 않는다면, 어떻게 선교가 가능하고 또 올바른 교회론이 있을 수 있겠는가? 최근에 새로운 운동들이 개신교회 내에서 얼마나 많이 일어났는가? 오순절 운동, 교회성장론, 제3의 물결 은사주의 운동, 교회 병행 단체parachurch 운동, 급속한 교회 배가 운동, 이머징 처치emerging church, 단순한 교회, 열정 운동 등 수많은 운동들이 새로운 방식의 교회 운영을 표방하고 나타났다. 하지만 우리 눈에 이런 운동들은 모두 말 앞에 마차를 두는 것과 다르지 않아 보인다. 그러니 먼저 기독론을 올바로 정립한 다음에 교회를 운영하는 법을 논하기로 하자. 순서가 뒤집히면 곤란하다.

우리는 기본적으로 이 땅에서 자기 공동체를 세우려는 예수의 목적과 뜻에 초점을 맞추고 있는 것일까? 이는 역사상 지금과 같은 중대한 시점에 꼭 물어야 할 질문이다. 이 질문을 우리의 창시자에게 던지면 다소 불편한 응답을 얻게 된다. 이에 실질적인 응답을 할 수 있는 유일한 방법은 예수의 '종교'를 기독교라는 종교와 비교해서 서로 일치하는지를 살펴보는 것이다. 이것 말고 우리의 진정성을 평가할 수 있는 다른 방법이 있을까? 우리가 예수를 원형적인 그리스도인으로 간주한다면, 그리고 예수의 메시아사역을 제외한 모든 언행을 그분을 좇는 모든 추종자에게 적용되는 권위 있는 본보기로 취급한다면, 이 위험천만한 비교를 하는 것 말고는 다른 대안이 없다. 그럴 경우에 교회가 예수의 야성적인 영성과 종교의 반대편에 있음이 드러날 것이기 때문에 이는 위험천만한 비교이다. 그분의 영성은 결코 교양 있는 것으로 간주할 수 없기 때문에 그렇다. 그분의 영성은 문명화된 사람들이 이른바 전복적이라고 부르는 것이다. 이는 바로 엘륄이 '반종교antireligion'라고 불렀던 그것이다. 예수의 나라는 모든 것을 그분의 주권 아래 둘 것을 요구하고 예수는 그런 요구 조건 위에 세워지지 않은 현 상태에 도전하는 분이기에, 우리의 종교적 규율과 기관과 관행의 많은 부분이 의문시될 수밖에 없다.

## / 영성 재정립을 위한 제안 /

이 책은 예수에 관한 논의인 만큼 기독교적 영성과 예배의 성격을 탐구하는 책이기도 하다. 예수가 우리의 중심점이요 우리의 안내자요 인간과 하나님 간의 중보자라면, 이러한 사실이 우리의 영성에 대해 갖는 함의를 간과할 수는 없기 때문이다.

예수가 하나님과 비슷한 건 사실이지만, 예수가 보여준 하나님의 계시에 더 가까운 진리는 하나님이 예수와 비슷하다는 것이다. 성공회 대주교였던 마이클 램지Michael Ramsey가 말했듯이 "하나님은 그리스도와 비슷하고, 그분 안에는 그리스도를 닮지 않은 면모가 전혀 없다."[14] 혹은 예수의 말씀과 같다. "나를 본 자는 아버지를 보았고 나와 아버지는 하나니라"(요 14:9, 1:14, 18 참조). 이 사실은 특히 하나님을 아는 지식과 관련하여 엄청난 함의를 갖는다. 예수가 하나님의 개념을 재정의해줄 뿐 아니라 하나님의 의도에 따른 완벽한 인간의 모습을 보여주기 때문이다. 달리 말하면, 예수는 참된 인간이 어떤 모습이어야 하는지를 우리에게 친히 보여준 모델이었다. 그렇기 때문에 우리가 제자도의 초점을 예수에게 맞추면, 그분을 따른다는 것과 그분을 닮는다는 것이 무슨 의미인지 진지하게 생각하지 않을 수 없게 된다. 이는 곧 영성에 관한 문제이다. 예수를 우리의 모델, 우리의 선생, 우리의 안내자로 모시는 일이 그리스도인의 삶의 규범임을 인정하는 것이다. 그분은 우리 자신과 제자도의 질, 그리고 우리의 영성을 가늠할 표준이 되는 셈이다.

기독교 영성의 핵심이 우리의 창시자를 점점 닮아가는 데 있다면, 예수를 올바로 이해하는 일은 결정적으로 중요하다. 공동체와 개인의 삶이 예수에게 집중되지 않았기 때문에 우리의 영성이 변칙적으로 나가는 일이 비일비재하다. 진정한 그리스도인은 예수를 모델로 삼는 사람이며, 우리를 자신의 아들과 더욱 닮게 하는 것은 하나님의 분명한 뜻이다. 실은 '그 아들의 형상을 본받는 것'(롬 8:29)이 우리의 영원한 운명이다. 앨런 허쉬는 《잊혀진 길 The Forgotten Ways》에서 이것을 '작은 예수들의 음모'라고 부르고 있으며, 이는 이 세상을 향한 하나님의 계획과 목적의 기본 요소임에 틀림없다.

이러한 접근이 정교하게 짜인 우리의 영성을 흔들어놓을지 모른다는 생각에 걱정이 된다면, 당신은 이런 걱정을 하는 것과 같다. "만일 예수가 완성된 인간(하나님의 형상을 지닌 인간)이라면, 우리가 그분을 더욱 닮을 때 우리는 여기에서 얼마나 더 나빠지게 될까?" 그러나 이 세상에 작은 예수들이 더 많아진다면 이곳이 더 살기 좋은 장소가 되지 않겠는가? 이렇게 생각하면, 이 문제야말로 우리의 인간성과 영성과 증거사역에 근본적으로 중요한 것이며, 우리 신앙의 초점과 중심점을 뚜렷이 볼 수 있게 해주는 것임을 알게 된다.

끝으로, 이 작업을 통하여 우리는 교회 전체, 하나님의 온 백성이 기독론을 회복하게 되기를 바란다. 기독론은 이제까지 너무나 오랫동안 학문과 전문가의 영역에 갇혀 있는 신세였다. 그래서 학자들이 예수라는 인물 안에서 신성과 인성이 어떤 관계를 맺고 있는지는 논했어도, 상대적으로 예수의 생애나 가르침과 비전에 대해서는 자세히 연구하지 않았다. 신학자들은 그리스도의 두 본성을 탐구하려고 사변적인 철학과

| 의로운 용서 |

# 패니 루 해머
## Fannie Lou Hamer

미시시피 농촌의 소작인 가정에서 태어난 패니 루 해머는 아프리카계 미국인으로서 1960년대 민권운동 시기에 유명해진 사람이다. 깊은 영성을 가진 해머는 작은 예수로서 민권을 박탈당한 사람들을 위해 분연히 일어섰고 자기를 핍박하는 이들을 용서했다. 1962년 당시 44세였던 해머는 학생 비폭력 조정 위원회(SNCC, 시민 불복종 운동을 하며 민권을 위해 싸웠던 단체)가 주최한 집회에 참가했고, 거기서 감동을 받아 남편과 함께 선거인 등록을 하러 갔다. 가는 길에 해머는 〈산 위에 올라가서 Go Tell It on the Mountain〉와 〈이 작은 나의 빛 This Little Light of Mine〉과 같은 찬송을 불렀다. 이 때문에 이들 부부는 집에서 쫓겨났고 해머는 직업까지 잃었다. 그러나 해머의 완강한 태도는 SNCC의 주목을 끌어 이 단체의 현장 담당 총무로 임명되었다. 다음 해에는 민권운동가 세 사람과 함께 날조된 혐의로 체포되어 경찰의 손에 거의 죽을 정도로 맞고 간신히 목숨만 건졌다. 그럼에도 해머는 흑인영가를 부르며 자기를 고문한 고문관들을 미워하지 않기로 결심했다. "백인들이 나를 미워한다고 나도 그들을 미워하면 아무 문제도 해결되지 않을 것이다." 그 후 죽을 때까지 15년 동안 민권운동에 헌신하면서 '1964 미시시피 자유 여름'을 조직했고, 1964년과 1968년 민주당 전당 대회에서 대의원으로 활약하는 등 성경적 정의를 믿는 신앙을 실천해나갔다. 해머는 "나는 아프고 피곤한 것에 질리고 지쳤다"라는 말을 한 것으로 유명하다. 누구든지 그리스도인이라고 선언하는 것만으로는 충분하지 않다고 말하기도 했다. "당신이 이 선언을 실제 상황에서 시험하지 않는다면 그리스도인 운운하는 소리를 그만두어야 한다."

존재론을 이용하였다. 그래서 기독론은 하나의 복잡한 학문적 주제가 되어 신학 훈련을 받지 않은 사람은 거기서 배제되고 말았다. 예수의 놀라운 생애와 가르침에 관한 연구가 신학자와 종교 전문가만 다루는 영역이 될 때, 그리고 우리의 일상이나 교회의 선교와는 동떨어진 추상적인 학문이 될 때 기독교는 활력을 잃을 소지가 많다. 우리가 그리스도의 본성을 조사하려고 역사적으로 쌓아올린 시스템은 영지주의의 규모와 맞먹으며, 그것을 제대로 이해하려면 오랜 세월이 필요할 정도다. 더군다나 아주 극소수의 똑똑한 사람만 이해할 수 있기 때문에, 이는 그리스도의 나라를 전하는 교회에 치명적인 영향을 미치게 된다. 우리는 바로 이 점을 우려하고 있다. 예수와 그의 백성 간의 생생한 연결고리가 일반 그리스도인이 닿을 수 없는 곳에 있어서는 안 되기 때문이다. 그것은 교회를 그 생명의 원천으로부터 단절시키는 행위이다(요 7:38 참조). 사실 모든 시대와 장소를 통틀어 기독교가 쇠퇴하게 된 원인을 살펴보면, 이처럼 풀뿌리 인생이 예수를 직접 알 수 있는 길이 실종되었기 때문임을 알 수 있다.

그러므로 우리는 예수의 제자들을 뒤따르기 위해서, 예수의 본보기와 가르침을 중심으로 하는 기독론을 재발견해야 한다고 제안하는 바이다. 어떤 이들은 예수를 본받는 일이 전반적으로 힘들 뿐 아니라, 그분의 구속적 죽음과 부활, 기적, 불의한 자에 대한 심판과 같은 구체적인 사안을 따르는 것은 아예 불가능하다고 대꾸할 것이다. 그리고 인간인 우리는 남의 죄를 위해 죽는다거나 남의 행위를 심판할 수 없다고 주장할 것이다. 그건 사실이지만 우리가 이제까지 물려받은 기독론보다 훨씬 더 풍성한 기독론이 필요한 이유는 다음과 같다. 우리가 생각하는 기독론은 예수의 인격과 사역과 가르침을 모두 포괄하는 것으로서, 그 목적은 그분의 삶과 활동의 여러 요소를 죄인인 우리가 어떻게 본받을 수 있는지를 살펴보는 데 있다. 예컨대, 우리가 예수처럼 남을 위해 죽을 수는 없어도 남을 희생적으로 섬기는 일에 우리 자신을 바칠 수는 있다. 바울은 남편이 아내를 사랑하는 것을 예수가 우리 죄를 위해 죽은 것과 비교하였다. 실천적인 기독론은 예수를 더 잘 이해하도록 돕고, 또 그분의 본을 우리의 삶에 적용하는 데 필요한 도구를 제공해줄 것이다.

그러니까 원래 이 책은 영적인 갱신 자체를 다루는 책도 아니고, 기독론을 신학적으로 연구하는 책도 아니다. 오히려 영적인 삶과 하나님의 백성된 삶과 선교에 있어서 예수의 중심 역할을 재정립하려는 책이다. 좀 더 구체적으로 말하면, 교회 선교를 예수의 인격과 사역을 중심으로 재조정하려는 시도이다. 그래서 선교적 기독론(이런 게 있다면)을 다루는 글이라고 할 수 있다. 이는 역사의 주인으로서, 음부의 권세가 이기지 못할 것이라고 했던 교회의 주인으로서 예수를 새롭게 바라보고 그 의미를 되살리려는 시도인 것이다. 요컨대, 이 책은 교회가 예수를 되찾게 하려는 노력이나 다름없다.

# 1

## 어떻게 예수는 모든 것을 바꾸는가

우리는 예수 그리스도를
관념적인 신학 안에 가두어 온순하게 길들였고,
그 결과 우리 스스로 제자도를 따르려는
동기를 잃어버리고 말았다.

## HOW JESUS CHANGES EVERYTHING

# How Jesus Changes
# Everything

'예수는 주'라는 주장은 충성의 문제, 궁극적 권위의 문제, 삶의 궁극적인 규범과 표준의 문제에 뿌리를 박고 있는 급진적인 주장이다. 하지만 기독교는 정치적이든, 경제적이든, 문화적이든, 인종적이든, 다른 권위에 편하게 충성하는 쪽을 택한 적이 많았다. _리 캠프

교회는 오로지 사람들을 그리스도에게 인도하고 작은 예수로 만들기 위해 존재한다. 만일 이 일을 하지 않는다면, 모든 교회와 성직자, 선교활동과 설교, 심지어는 성경까지도 시간 낭비에 불과하다. 하나님이 사람이 된 것은 오직 이 목적을 이루기 위한 것이었다. 아니, 온 우주가 이것 말고 다른 목적을 위해 창조되었을까 의심스러울 정도이다. 성경은 온 우주가 그리스도를 위해 창조되었고, 만물이 그분 안에서 다함께 모이게 되어 있다고 말한다. _C. S. 루이스

어떻게
/
예수는
/
모든 것을
/
바꾸는가

**1**

성경적 예수와 조우할 수 있는 열쇠는 바로 예수를 본받기 위해 복음서를 읽겠다는 마음가짐이다. 이는 많은 그리스도인이 힘겹게 발견하는 방법이다. 좋은 교회에서 자라면 많은 혜택을 누리는 것이 사실이지만, 한 가지 문제점이 있다면 예수를 좇을 대상이 아니라 경배의 대상으로만 보게 된다는 것이다. 마이클은 이미 《위험한 교회Exiles》라는 책에서 완벽한 미남형으로 생긴 전통적인 예수의 모습은 사실 그분을 닮을 수 있는 우리의 능력과 열망을 저해한다고 주장했다.[1] 우리는 우리 가운데 누구도 예수와 같은 강인함과 은혜와 용기와 상상력을 갖지 못한다고 쉽게 체념해버린다. 그래서 아예 예수와 같이 되는 것을 단념하고 만다. 단지 우리를 대신한 예수의 죽음이 보여주는 용서와 은혜 덕분에 그나마 그것을 가치 있게 여길 뿐이다. 그분은 우리를 죄의 형벌에서 해방시키기 위해 죽음으로써 선한 일과 경건한 삶을 무가치하게 여기지 않는다는 것을 보여주었다. 오히려 예수는 하나님에게 좋은 인상을 주려는 무익한 노력을 그리스도를 닮음으로써 하나님의 임재를 즐기는 기쁜 모험으로 격상시켜준다. 예수를 본받으려는 것은 결코 어리석은 짓이 아니다. 설사 실수를 해도 용서받을 수 있다는 것을 알면서 그 길을 걷는 사람에게는 대담한 모험거리가 아닐 수 없다!

스캇 펙Scott Peck은 《끝나지 않은 여행 Further Along the Road Less Traveled》에서 자기가 참석했던 기독교 치유자(목사, 치료사, 간호사, 의사) 대회에서 침례교 신학자 하비 콕스Harvey Cox가 강연할 때 있었던 에피소드를 들려줌으로써 이것을 지적하고 있다. 강연을 하다가 콕스는 누가복음 8장에서 예수가 야이로의 딸을 살리는 이야기를 다시 들려주었다. 이 이야기에는 예수와 예수의 동료들이 죽어가는 야이로의 딸을 만나러 야이로의 집으로 가는데, 몇 년간 혈우병으로 고생하던 여인이 군중의 대열에서 뛰쳐나와 자기도 나을 것을 바라고 예수의 옷을 만지는 장면이 나온다. 그때 예수가 가던 길을 멈추고 뒤돌아보며 누가 자기를 만졌느냐고 묻는다. 겁먹은 여인은 수줍어하며 스스로 자백하고, 예수는 수년간 말할 수 없는 고통을 견딘 그 여인을 불쌍히 여기고 병을 고쳐준 다음 그 어간에 죽은 야이로의 딸을 만나러 계속 발걸음을 옮긴다. 그리고 집에 도착한 즉시 그 아이를 살린다.

콕스는 이 이야기를 들려주고(물론 우리가 방금 이야기한 것보다 훨씬 더 자세하게) 그리스도인 치유자와 치료사로 구성된 600명의 청중에게 이 이야기에 나오는 등장인물 중 누구와 가장 동질감을 느끼는지 물어보았다. 혈우병을 앓는 여인? 염려에 휩싸인 아버지? 호기심 어린 군중? 예수? 콕스는 백 명가량은 절박한 여인, 수백 명은 죽어가는 딸을 가진 야이로, 그리고 대다수는 곁에서 방관하는 당혹스러운 집단과 동질감을 느끼고 있다는 사실을 발견하였다. 예수에게 동질감을 느꼈다고 답한 사람은 여섯 명에 불과했다.

  펙이 그 경험을 이야기한 목적은 백 명 중 단 한 명의 그리스도인만 예수와 동질감을 느낀다면, 기독교에 뭔가 심각한 문제가 있다는 사실을 지적하려는 것이었다. 치유자 예수에 관한 이야기가 있었고, 그 이야기를 치유자들에게 들려주었더니 그들 중 아무도 예수와 동질감을 느끼지 못했다. 혹시 우리가 그분을 너무 신성시하고, 너무 딴 세상에 속한 인물로 만든 나머지, 더 이상 연결점을 찾지 못하고 있는 것은 아닐까? 펙의 주장인즉, 우리는 이 낮은 곳에 있고 예수는 저 높은 곳에 있다는 생각이 예수를 좇을 수 없다는 변명으로 이어진다는 것이다. "이것이 바로 우리가 행하게끔 되어 있는 것이다! 우리는 예수와 동일시되고 예수처럼 행하고 예수를 닮아가도록 되어 있다. 이것이 바로 기독교가 지향하는 길이 아닌가? 그리스도를 본받는 것 말이다."[2]

  교회는 그리스도를 딴 세상 인물처럼, 심지어는 천상의 존재처럼 보이게 하였다. 그 결과 뜻하지 않게 그리스도는 더 이상 우리의 본보기나 안내자의 역할을 하지 못하게 되었다. 예수는 사람들에게 자기를 좇으라고 자주 말했음에도, 교회는 그를 따르는 것을 순전히 형이상학적인 견지나 신비적인 견지로 해석하고 말았다. '마음속으로는' 예수를 따를 수 있으나 반드시 행동으로 좇아야 하는 것은 아니라는 식으로 말이다. WWJD(What would Jesus do?, 예수라면 어떻게 할 것인가?) 캠페인, 즉 그리스도인이 어떤 행동을 하기 전에 이 질문을 스스로 해봐야 한다는 이 운동이 획기적인 성공을 거두기는 했으나, 그들은 예수가 했을 법한 행동을 하는 것보다는 그 질문을 던지는 것 자체에 더 관심이 있는 것 같다. 우리는 예수를 관념적 신학에 가두어 온순하게 길들였고, 그래서 스스로 제자도를 향한 동기를 잃어버리고 말았다. 예수가 혈과 육을 가진 존재가 아니라 단지 참 빛 중의 참 빛에 불과한 존재가 될 때, 우리는 그분을 좇는 것이 아니라 경배하는 일만 하게 된다.

찰스 셸던Charles Sheldon의 인기 있는 소설《예수라면 어떻게 할 것인가 In His Steps》에 등장하는 헨리 맥스웰 목사는 노숙자를 만난다. 소설에서 이 노숙자는 맥스웰 목사에게 그리스도를 본받는 것을 진지하게 생각하도록 도전한다. 노숙자는 왜 그토록 많은 그리스도인이 가난한 사람을 소홀히 여기는지 이해하기 어려워한다.

어느 날 밤, 한 교회의 기도회에서 이런 노래가 들려왔다.

> 모든 걸 예수를 위해, 모든 걸 예수를 위해
> 속죄 받은 내 존재의 모든 능력도
> 내 모든 생각도, 내 모든 행위도
> 내 모든 날도, 내 모든 시간도.

바깥 계단에 앉아서 노래를 부르는 이들이 그 가사를 어떻게 이해할지 계속 의아했다. 세상에는 엄청나게 많은 문제가 있는데, 그런 노래를 부르는 사람이 모두 나가서 노래한 대로만 실천한다면 그 많은 문제가 사라질 것이라는 생각이 들었다. 나도 이해하기가 어려웠다. 그런데 예수라면 어떻게 하겠는가? 그것이 예수의 발자취를 좇는다는 의미인가? 큰 교회에 다니는 사람들은 좋은 옷과 멋진 집을 가졌고 사치품을 살 돈이 있으며 멀리 여름휴가를 떠날 능력이 있는 반면, 교회 바깥에 있는 수많은 사람은 오두막에서 죽고 일거리를 찾아 길거리를 헤매고 피아노나 그림을 소유한 적이 없으며 술과 죄악이 판치는 불우한 환경에서 자라는 것처럼 보인다.[3]

이를 계기로 소설 속 등장인물들은 중요한 결정을 해야 할 때마다 "예수라면 어떻게 하겠는가?"하고 묻기 시작한다. 이로 말미암아 그들은 예수가 바로 기독교적 의식意識의 중심에 있다는 사실을 진지하게 받아들이게 된다.

그러나 오늘날의 교회가 안고 있는 어려움은 사람들에게 예수라면 어떻게 하겠는지를 물어보도록 하는 데 있지 않고, 그들이 가진 예수에 대한 선입견을 깨뜨려서 그 질문에 응답할 수 있도록 만드는 데에 있다. 예수는 흔히들 생각하듯 길들여진 인물이 아니라 야성적인 사람이었다. 당시의 종교적 기득권층을 위협하는 위험한 인물이었다. 예수는 야성적인 사람에게 세례를 받았다. 자기 사역을 시작할 때도 광야의 야생동물들과 함께 시간을 보냈다. 호수를 건널 때 몰아치던 거친 폭풍이나 거라사의 귀신들린 자를 보고도 당황하지 않았다. 이 두 상황에서 예수는 결국 평화를 가져왔다. 어느 경우에도 문제에 압도당하거나 두려움에 사로잡히지 않았던 것으로 보인다. 예수의 내면에는 길들지 않은 능력이 있었다. 요즈음 교회가 따스한 도덕적 일화로 치장하는 예수의 이야기마저도 위험하고 전복적이고 신비로운 성격을 지니고 있다. "예수라면 어떻게 하겠는가?"라는 질문에 예수는 전통적이고 무난하고 점잖고 세

―위험한 자비를 실천한 인물―

## 쉴라 캐시디
### Sheila Cassidy

단 한 번의 연민의 손길이 쉴라 캐시디의 생애를 바꾸어놓았다. 이 젊은 호주 의사는 피노체트 정권의 압제 아래 있던 칠레에서 의술을 베풀던 중 1975년에 독재자의 정적을 치료하게 되었다. 이 때문에 칠레 비밀경찰은 캐시디를 체포하고 반정부 세력에 대한 정보를 내놓으라고 심한 고문을 가했다. 그러나 그런 끔찍한 경험에도 굴하지 않고 이 로마 가톨릭교도는 평생 인권운동가의 길을 걸었다. 석방된 뒤에는 영국으로 건너가 《담대한 신앙 Audacity to Believe》이라는 책을 통해 칠레의 인권 유린을 고발하였다. 1980년에 의료직으로 돌아가기 전에는 한동안 수도원과 수녀원에서 시간을 보내기도 했다. 캐시디는 정치범에게 가하는 고문 행위에 국제적인 압박을 주기 위해 인권운동을 계속했으며, 15년 동안 잉글랜드 플리머스에 있는 성누가병원의 의료 팀장으로 일하는 동안 호스피스 운동도 활발히 추진했다. 쉴라 캐시디는 실로 작은 예수로서 고문과 감금을 극복하고 생명과 평화를 위한 사역에 헌신한 인물이다.

련된 모습으로 행동할 것이라고 응답한다면, 그건 복음서에서 찾은 답변이 아닐 것이다.

테리 이글턴Terry Eagleton은 이렇게 말한다. "복음서에 묘사된 예수는 집도 재산도 없는 자, 여기저기 돌아다니는 자, 사회적 주변인, 친척에게 무시당하는 자, 직업이 없는 자, 버림받은 자와 천민의 친구, 물질소유를 반대하는 자, 자신의 안전을 걱정하지 않는 자, 기득권층에 가시 같은 존재, 부자와 권력자에게 채찍을 드는 자이다."[4]

교회가 예수를 되찾는 과정은 맹렬하고 엉뚱한 예수의 삶을 재발견하는 데서 시작해야 한다. 우리가 신봉하는 믿음의 대상이 너무 재미없고 싱겁게 보이기 때문에 많은 사람들이 교회에 흥미를 잃어버렸다. 어떤 대주교가 말했다던 "예수가 가는 곳마다 폭동이 일어났다. 내가 가는 곳마다 사람들은 내게 차를 대접한다!"라는 경구가 생각난다.

펑크록 연주자요 시나리오 작가요 소설가인 닉 케이브Nick Cave가 바로 그런 경험을 했다. 케이브는 마가복음 해설을 쓰면서 젊은 시절에 교회에서 소개받은 예수는 활기가 없고 재미없는 인물이었다고 회상했다. 성경에 흥미를 느끼면서부터는 폭력과 복수심으로 점철된 구약에만 주목하게 되었다고 하는데, 펑크족은 충분히 그럴 만하다는 생각이 든다. 훗날 런던의 한 성공회 목사가 그에게 마가복음을 읽으라고 권했고, 케이브는 거기서 발견한 예수 때문에 깜짝 놀랐다고 한다.

교회가 우리에게 제시하는 그리스도는 창백하고 조용한 '구세주'(어린아이들에게 다정스레 미소 짓는 남자 혹은 침착하게 십자가에 매달린 남자)이지, 마가복음을 읽을 때 우리 가슴에 강하게 와 닿는, 원초적인 슬픔이나 끓어오르는 분노를 가진 그리스도가 아니다. 이런 식으로 교회는 그리스도의 인성을 부정하고, '찬양'은 할 수 있으나 친근감은 느껴지지 않는 그런 인물로 제시한다.[5]

케이브의 마가복음 해설은 아름다운 필치로 쓴 감동적인 글이다. '세상을 욕하고 야유하고 침 뱉었던 자기의 일부'가 처음에는 그 '멋지고 끔찍한 책'인 구약성경에서 즐거움을 찾았으나, 훗날에는 점차 성격이 원만해져갔다고 쓰고 있다. "당신은 당신 자신과 세상을 용서하는 법을 배워감에 따라, 지친 하나님이 형편없는 인간을 괴롭히는 모습을 보는 데서 더 이상 위안을 찾지 못한다"라고 구약에 대해 다소 불공평한 어조로 말한다. 그러나 이 모든 소름끼치는 이야기에도 불구하고 케이브는 잘 살아남아 예수를 만날 준비가 되어 있었다. 그래서 실제로 예수를 만났고 노련한 그리스도인들이 종종 놓치는 참신한 관점으로 마가복음에 나오는 예수를 보고 있다.

마가복음에 나타난 그리스도가 지닌 인간다움은 우리 인생을 위한 청사진을 제공해준다. 그래서 우리가 경외하기보다는 열망할 수 있는 무언가를 갖게 하고, 우리를 비천하고 무가치하다고 여기게 하기보다는 우리를 현세에서 자유롭게 끌어올려주는 그 무엇을 얻게 한다. 그저 완벽한 예수를 찬양하려면 늘 무릎을 꿇고 고개를 숙이고 있어야 한다. 하지만 그리스도는 이런 모습을 염두에 두지 않았다. 그리스도는 해방자로 오신 분이다. 그리스도는 우리 인간이 중력으로 영원히 땅에 묶인 존재(평범하고 현세적인 존재)라는 것을 아셨다. 우리가 상상력을 동원해 일어서서 날 수 있는 자유를 갖게 된 것은 예수의 본보기 덕분이었다. 요컨대, 그리스도와 같이 되는 것 말이다.[6]

케이브는 신학자도 아니고 그런 척도 하지 않지만, 무언가 중요한 것을 포착하고 있다. 복음서에서 예수가 만난 이들에게 무슨 일이 일어났는지를 보라. 혈루병을 앓던 여인, 야이로, 우물가의 여인, 막달라 마리아, 베드로, 도마. 이들은 모두 그분에 의해 고양되어 변화되고 힘을 얻고 새롭게 되었다. 예수는 그들에게 예배하는 법만 가르친 게 아니라 사는 법을 가르친다. 오늘 우리도 예수를 우리의 구원자로 모실 뿐만 아니라 우리의 안내자로 모실 필요가 있다. 그리고 복음서에 묘사된 것처럼 인간적인 구원자만이 우리의 안내자가 될 자격이 있다.

케이브가 이 글을 쓰기 오래 전에 또 다른 소설가가 예수의 인간성을 탐구하고 있었다. 도로시 세이어즈Dorothy L. Sayers는 그리스도의 이야기에서 주목을 끄는 무언가를 발견했다. 참으로 비범한 재능을 지닌 셈이다. 본래 광고회사 간부였던 세이어즈는 양차 세계대전 사이를 배경으로 잉글랜드의 귀족이자 아마추어 탐정인 피터 램지 경이 주인공으로 나오는 탐정소설을 쓴 작가로 가장 잘 알려져 있다. 어쩌면 본인은 단테의 《신곡La Divina Commedia》을 번역한 권위 있는 번역가로 알려지길 바랐을지도 모르지만 말이다. 하지만 그리스도인들은 세이어즈가 1941년에 예수의 생애를 극화한 작품, 〈왕으로 태어난 남자The Man Born to Be King〉라는 라디오 극본의 작가로만 알고 있는 듯하다. 그렇다고 세이어즈가 그 극본을 쓸 때에만 예수에게 주목했던 것은 아니다. 세이어즈의 개인적인 편지는 온통 예수에 대한 언급으로 이어져 있어서 가히 예수에게 사로잡혀 있었다고 해도 과언이 아닐 정도이다. 세이어즈는 예수의 본질과 성품과 사명을 깊게 그리고 올바로 이해하는 것이 목표라고 말했다. 그리고 그런 이해야말로 '사이비 기독교와 참 기독교의 차이'라고 주장했다.

세이어즈는 스테인드글라스로 치장한 예수에게 만족할 수 없었다. 진짜 예수를 만나고 싶었다. 닉 케이브가 거부 반응을 보였던 '창백하고 조용한 구세주'는 그녀에게도 혐오감을 주었다. 나중에 책으로 출판된 《왕으로 태어난 남자》의 서문에서 세이어즈는 혈과 육을 가진 메시아와의 연결이 얼마나 중요한지를 역설한다.

> 현실주의적인 복음극 작가는 … '특수성의 스캔들'과 얼굴을 맞대고 있다. 이 사람을 보라. 일반적인 사람과 전형적인 하나님뿐 아니라 개성 있는 하나님과 이 사람, 곧 분별력 있는 영혼과 인간의 육신을 갖고, 전형적인 인간들이 아니라 그런 독특한 인간들에게 둘러싸여, 그때 거기에서 걷기도 하고 말하기도 했던 이 사람을 보라는 것이다. '사람이 되신 하나님'의 삶과 죽임당함과 부활의 이야기는 모든 시대에 걸친 하나님과 인간의 관계를 보여주는 상징이자 축도일 뿐 아니라, 특정 시점에 발생한 일련의 사건이기도 하다.[8]

부활절마다 《왕으로 태어난 남자》를 읽는 C. S. 루이스와 같은 사람들은 하나님을 '그저 그런 모습'이 아닌 '개성 있는 모습'으로 묘사한 세이어즈의 시도를 높이 평가했지만, 많은 교인들은 이 묘사가 무척 통속적이고 격에 맞지 않는다고 비평했다. 세이어즈의 1939년 강림절 극본 〈와

야만 했던 그 사람He That Should Come〉이 방송되고 나서 전화로 세이어즈를 비난한 사람에게 세이어즈가 보였던 반응은 그녀의 접근방식을 잘 요약해준다.

> 당신도 나처럼 복음서 이야기를 예쁜 요정 이야기 정도로 보는 사람들과 어울린다면, 그들의 엄청나게 무례한 무관심이 한 가지 사실에서 기인한 것을 알게 되리라. 그것은 단 한 순간도 복음서 이야기를 살아 있는 사람들에게 일어나는 진짜 이야기로 본 적이 없다는 사실이다. 뿐만 아니라 그들은 그리스도인이 복음서 이야기를 사실로 믿는다는 것도 완전히 확신하지 못하고 있다.[9]

세이어즈의 생각은 확실히 이치에 맞는다. 마틴 스콜세지Martin Scorsese의 〈그리스도 최후의 유혹The Last Temptation of Christ〉과 멜 깁슨Mel Gibson의 처참한 영화 〈패션 오브 크라이스트Passion of Christ〉가 나오기 전까지만 해도, 예수의 생애를 그린 영화는 모두 그를 침착하고 품위 있는 인물로 묘사했다. 십자가에 못 박힌 그리스도는 이마에 피 몇 방울을 흘리고, 겨드랑이는 말끔히 면도하고, 허리에 두른 옷은 제자리에 고정되어 있는 그런 모습이었다. 교회가 이런 모습을 좋아했던 것 같다. 세이어즈의 주장인즉, 세상은 교회가 깔끔한 구세주를 선호하는 모습을 보아왔기 때문에 교회로서는 예수에 관한 이야기를 인간들 가운데 오신 하나님의 역사적 성육신 사건이 아니라 신화와 전설로 볼 수밖에 없었다는 것이다. 그리고 기독교의 중심 이야기는 한갓 신화에 불과했으므로 신자와 불신자 모두에게 아무런 요구도 하지 않았다. 마치 로빈 후드나 원탁의 기사들과 같은 전설처럼, 복음서는 도덕적인 강령을 가르쳤지 우리에게 인생의 안내자가 되겠다고 하는 이 사람을 소개해주지 않았다. 세이어즈는 이를 '특수성의 스캔들'이라고 불렀으며 그것은 오늘까지 스캔들로 남아있다.

그런데 오늘 우리 교회에는 그런 스캔들을 일으키는 예수가 어디에 있는가? 종교적 엘리트층을 모욕하고(눅 20:32-36 참조), 가나안 여자를 놀리고(마 15:21-28 참조), 체포의 손길을 따돌리고(요 7:32-36 참조), 이방인의 믿음을 칭찬하고(마 8:5 이하 참조), 나사로를 살리려고 나흘이나 기다리고(요 9장 참조), 평화가 아니라 칼을 약속했던(마 10:34 이하 참조) 그 예수는 어디에 있는가? 교회가 예수에게 돌아가려면, 재발견의 여정 곧 예수를 향한 순례의 길을 걸으며 예수가 본 것처럼 보아야 한다. 여기에는 이 특수성의 스캔들을 끌어안는 것도 포함된다.

## / 예수에게 사로잡힌 삶 /

그러면 혈과 육을 가진 예수의 의제에 사로잡힌다는 것은 무슨 뜻인가? 우리는 성경적 예수의 재발견이 하나님, 교회, 세상을 보는 우리의 시각을 근본적으로 바꿀 것이라고 주장하는 바이다. 더 나아가, 예수가 이 세 영역에서 우리의 시각을 바꿀 때에야 비로소 우리가 속한 교회 공동체가 예수를 재발견할 준비를 갖추게 되리라고 믿는다. 물론 우리 편에서는 예수를 우리의 목적을 위해 우리 손아귀에 넣거나, 우리의 신학적, 정치적 의제에 끼워 맞추지 않도록 애쓸 필요가 있다.

먼저, 우리는 예수의 눈을 통해 하나님을 달리 보게 될 것이다. 이제는 저 멀리 있는 아버지 같은 존재가 아니라 미시오 데이(*missio Dei*, 하나님의 선교) 패러다임을 통해 보냄 받은 하나님과 보내는 하나님을 발견하게 되리라. 둘째, 우리는 교회를 달리 보게 될 것이다. 이제는 종교 기관으로서가 아니라 예수의 선교에 참여하기로 헌신한 제자들의 공동체로 교회를 보게 될 것이다. 이것을 우리는 파르티시파티오 크리스티(*participatio Christi*, 그리스도에의 참여)라고 부른다. 셋째, 예수의 눈을 통해 우리는 세상을 새롭게 보게 될 것이다. 단지 타락하거나 부패한 곳으로만 보지 않고 이마고 데이(*imago Dei*, 하나님의 형상)의 흔적을 가진 곳으로 보게 될 것이다.

그리스도의 비전에 매혹된 이들은 하나님의 선교, 그리스도에의 참여, 그리고 하나님의 형상과 같은 신학적 개념들을 다시 통합시킬 준비를 해야 한다. 이 세 개념은 우리 시대의 선교 활동을 재발견하는 토대가 된다. 아울러 서구 교회가 예수를 되찾는 일의 토대이기도 하다.

**우리는 하나님을 달리 보게 될 것이다** 우리의 상상력이 예수에게 사로잡히게 되면 하나님을 달리 보게 될 것이다. 우리를 사랑하되 저 멀리서 우리를 부르고 높은 곳에서 역사를 주관하는 그런 아버지로 보는 것이 아니라, 우리의 삶에 깊이 개입하시는 가까운 하나님으로 보게 되리라. 우리가 자기에게 오기를 기다리는 분이 아니라 자신을 우리에게 보내는 하나님으로 보게 되리라. 미시오 데이 *missio Dei*라는 라틴어 어구는 기독교 선교의 실제 성격보다 하나님의 신적 본성을 묘사하는 데 더 많이 사용하는 말이다. 따라서 '하나님의 선교'보다는 '선교의 하나님'으로 번역하는 편이 낫다. 1950년대에 칼 하르텐슈타인 Karl Hartenstein이 처음으로 이 용어를 창안한 이래 이것이 널리 통용된 것은 선교의 개념을 교회론이 아니라 하나님의 교리와 함께 두었기 때문이었다. 우리는 흔히 선교를 이 세상에서 하는 교회의 역할로 규정하지만, 하르텐슈타인은 선교가 하나님의 사역에 속한 일이고 하나님의 사역을 설명하는 것임을 교회가 깨닫기를 바랐다. 교회가 하나님이 하시는 일의 동반자가 될 수는 있어도, 우리 홀로 주도적으로 그 일을 할 수는 없다. 예수에게 사로잡힌 사람은 선교를 하나님이 좋아하는 활동으로만 보지 않고 하나님의 성품의 한 측면으로 본다. 하나님이 곧 선교다. 하나님의 본성을 이해하는 첩경은 하나님이 선교사역을 하지 않을 수 없는 분임을 깨닫는 것이다. 그분은 선교를 자기 존재의 일부로 삼고 있다. 사실 그분은 보냄 받은 하나님이신 동시에 보내는 하나님이시다.

요한복음 5장에서 예수는 안식일에 앉은뱅이를 치료하는 바람에 모세의 율법을 모욕한다는 이유로 유대 지도자들의 분노를 불러일으킨다. 예수는 스스로 자신을 변호하면서 모세의 율법보다 더 높은 법에 호소한다. 그가 "내 아버지께서 이제까지 일하시니 나도 일한다"(요 5:17)라고 말한 것은 바로 '하나님의 선교' 교리(물론 이 용어를 사용한 적은 없지만)에 호소하는 목소리였다. 달리 말하면, 너희 바리새인들은 안식일에 일하기를 거부할지 모르지만, 하나님은 무슨 날이든 상관없이 구속 사역을 계속하신다는 지적이었다. 이에 바리새인들은 당연히 분개했는데, 이유인즉 안식일을 무시할 뿐 아니라 자기의 일을 여호와의 선교사역과 동일시했기 때문이었다. 그런데도 예수는 계속 밀어붙이면서 더욱 도발적인 주장을 한다. "내가 진실로 진실로 너희에게 이르노니 아들이 아버지께서 하시는 일을 보지 않고는 아무것도 스스로 할 수 없나니 아버지께서 행하시는 그것을 아들도 그와 같이 행하느니라"(요 5:19).

이보다 더 큰 스캔들은 있을 수 없었다! 말하자면, 예수는 히브리 율법의 좁은 해석과는 상관없이 자기 아버지의 선교 활동에만 주목하는, 이른바 '하나님의 선교'에 사로잡혀 있다고 주장하는 셈이다. 이 놀라운 주장, 곧 자신의 힘이나 자신의 전략에 기초하여 활동하는 것이 아니라 전적으로 보냄 받고 보내는 아버지의 요구에 따라 움직이고 있다는 주장은 우리에게 상당한 도전을 준다. 만일 우리가 예수의 추종자라면, 예수와 (불완전하겠지만) 비슷하게나마 '하나님의 선교'에 헌신하는 게 마땅하다.

요한복음 8장에 이르면 예수는 자기가 아버지와 하나라는 것과 자기가 죽는 의미에 관해 긴 담화를 한 뒤에 이런 결론을 내린다. "나를 보내신 이가 나와 함께하시도다. 나는 항상 그가 기뻐하시는 일을 행하므로 나를 혼자 두지 아니하셨느니라"(요 8:29). 앞서 예수는 자기가 아버지의 보냄을 받았다고 말한 바 있었는데(요 8:16 참조), 이는 사람들을 다루는 자신의 방식이 아버지의 지지를 받는 것이라는 주장으로 해석될 소지가 있었다. 하지만 29절에 이르면 자기가 홀로 있지 않다는 말을 되풀이하면서, 이번에는 예수가 죽는 순간까지 포함하여 언제나 아버지가 자기와 함께한다는 뜻을 분명히 밝히고 있다. 자기를 따르는 자들이 자기를 버릴지라도(요한복음 6장을 보면 실제로 다수가 떠나갔다) 아버지는 자기를 결코 버리지 않을 것이라고 주장한다. 여기서 우리는 아버지와 아들 간의 신비로운 관계를 얼핏 들여다보게 된다. 아버지가 아들을 보내지만 동시에 아들과 함께하는 관계이기에 신비하다. 여기서 보낸다는 것은 성육신을, 그리고 함께한다는 것은 영원한 관계를 가리킨다. 달리

말해서, 아버지는 보내는 분인 동시에 보냄을 받는 분이라는 뜻이다.[10]

그런데 아버지의 함께하심은 아들이 언제나 아버지를 기쁘게 하는 일에 헌신하는 것에 달렸다고 지적하는 점에 주목하라. 이런 식으로 예수는 '하나님의 선교', 아니 선교의 하나님이 우선한다는 점을 밝히고 있다. 존재하는 모든 것, 심지어는 피조물이 아닌 아들과 성령까지도 모든 생명의 원천이신 아버지에게 의존하고 있다. 모든 생명은 아버지의 생명이 표현된 것이다. 하나님이 기뻐하는 일을 한다는 것은 단지 도덕의 문제가 아니고 하나님의 생명과 선교에 동참하는 문제이다. 이는 그리스도가 아버지가 하시는 일을 보고 그대로 행하고, 아버지에게 들은 것을 그대로 말한다고 하는 것과 다를 바가 없다. 예수는 하나님의 선교에 헌신되어 있는 것이다. 이런 면에서 예수는 모든 제자도의 모델이 된다. 예수가 생명을 바친다는 것은 아버지의 선교에 온전히 헌신한다는 의미이다.

우리를 위해 이 개념을 가장 훌륭하게 설명해준 인물은 선교학자였던 데이비드 보슈이다. 그는 1940년대 말 남아프리카공화국 의회에 인종차별 정책 입안자들이 대거 당선된 것을 축하했던 사람인데, 나중에는 세계에서 가장 뛰어난 선교학자 중 한 사람이 되었다. 그 어간에 그는 일련의 경험을 거치면서 편협한 아프리카너에서 연민이 많은 선교사로 변신하여 남아프리카공화국 트란스케이 지방의 가난한 흑인 공동체에서 일했다. 가난한 이들과 함께 고된 노동을 하다가 탈진한 그는 마침내 1975년에 남아프리카공화국 대학교UNISA의 선교학 교수직을 받아들였고, 1992년 불의의 자동차 사고로 숨질 때까지 그 대학에서 섬겼다. 그가 예수의 선교에 관해 깨달은 바는 다음 단락에 잘 요약되어 있다.

선교는 하나님의 본성에서 나오는 것으로 이해할 수 있다. 따라서 선교는 교회론이나 구원론이 아니라 삼위일체 교리의 맥락에 둘 필요가 있다. 고전적인 '하나님의 선교' 교리, 곧 아버지 하나님이 아들을 보내고, 아버지 하나님과 아들이 성령을 보낸다는 이 교리는 또 다른 '움직임'을 포함하기까지 확장될 수 있다. 아버지와 아들과 성령이 교회를 세상 속으로 보내는 움직임이 그것이다.[11]

'하나님의 선교'를 삼위일체적으로 접근하는 것은 보슈의 독창적인 생각은 아니다. 이미 1930년대에 칼 바르트와 칼 하르텐슈타인 같은 사상가들이 하나님의 선교론이 삼위일체에 토대를 두고 있다고 주장했다. 예수가 하나님을 이해한 것처럼 하나님을 보게 되면, 이 깨어진 별에 마음을 쏟는 하나님이 이 별을 구속하려고 스스로 나타나는 모습을 목격할 수 있다. 예수의 성육신 사건에서 우리는 '하나님의 선교'가 예수의 가르침과 육신을 통해 구현되는 모습을 보게 된다. 더 나아가, 성령의 사역은 계속해서 하나님의 성품과 선교 지향적 성격을 증언하고 있다. 자크 매티Jacques Matthey는 '하나님의 선교'에 헌신한 이들의 생각을 이렇게 요약해준다. "우리는 아버지 하나님을 아들 및 성령으로부터 분리시키지 않았다. 따라서 우리는 그리스도나 성령의 범위를 교회 내로 제한할 수 없는 것이다."[12] 사실 당신은 삼위일체를 교회 속에 가두어둘 수 없다. 성부, 성자, 성령 하나님은 스테인드글라스 예배당을 탈출하여 자신을 세계 곳곳으로 내보내는 분이시다.

그렇다고 교회를 배제시키자는 말은 아니다. 전혀 그렇지 않은 것이, 앞서 인용한 보슈의 말처럼 이 순환작용은 삼위일체 하나님이 교회를 세

그리스도를 본받아

# 자나니 루움
Janani Luwum

자나니 루움은 죽음을 불사하고 주님을 본받기로 헌신한 작은 예수였다. 성공회 교단은 우간다에서 이디 아민 정권이 철권을 휘두르던 1974년에 그를 우간다, 르완다, 브룬디, 보가자이르 등지를 총괄하는 대주교로 임명했다. 1971년 쿠데타로 정권을 잡은 아민과 그 일당은 30만 명이 넘는 생명을 앗아갔다. 아민은 경제를 망쳤을뿐더러 동지들과 더불어 부를 독차지했다. 1976년에 루움은 가톨릭 그리고 무슬림 지도자들과 함께 회의를 열어 아민의 잔학 행위를 규탄하는 결의안을 통과시켰다. 이 일을 하면서 자기가 죽음을 앞두고 있다는 것을 직감했다. 루움은 의식적으로 '그리스도를 본받는' 행위를 해왔던 터였다. 체포되기 나흘 전, 루움은 마지막으로 주교들과 만나 예수가 폭풍을 잠재우는 대목을 그들과 나누면서 폭풍을 당시 정치적 폭풍에 비유하고, 예수의 잠잠케 하는 은혜에 의지하라고 그들을 권면했다. 그러고는 "그들은 저를 죽일 것입니다. 저는 두렵지 않습니다"라고 속마음을 털어놓았다. 대주교는 강간을 포함하여 잔혹한 구타를 당한 뒤에 총에 맞아 숨졌다. 소문에 따르면 치명상을 입힌 인물이 아민이었다고 한다. 루움은 자동차 사고로 죽었다고 세상에 보도되었다. 루움이 겪은 치욕과 고난은 예수의 수난을 구현하는 것이다. 마틴 루터 킹과 같이 루움도 웨스트민스터 사원의 20세기 순교자 대열에 포함되었다.

상 속으로 보내는 일과 함께 계속 진행된다. 우리는 예전의 교회 중심적 접근으로 돌아가지 않으면서, '하나님의 선교'의 틀 안에서 교회의 중요성과 역할을 다시 포착해야 한다. 이 문제는 잠시 뒤에 다룰 예정이다.

그렇지만 교회가 예수를 되찾는 과정에는 그동안 많은 사랑을 받아온 성전신학을 깨는 일도 포함된다. 예수 자신이 삼위일체는 보냄을 받는 동시에 보내는 분이라는 진리를 구현하고 있음에도 불구하고, 제자들은 종종 신성한 건물과 의례와 성례를 통해 하나님이 나타나시는 것을 좋아하는 것 같다. 소위 성전신학이 생각하는 그 하나님은 저 뒤로 물러선 채 반항적인 인간들에게 자기 성전, 교회, 성당으로 돌아와 자신과 다시 연합하라고 부르는 그런 신이다. 그러나 복음서에 나오는 예수는 이런 생각과 정면으로 배치되는 분이다. 물론 예수가 예루살렘 성전을 '내 아버지의 집'으로 받들고 있는 모습이 복음서에 있지만(눅 2:49 참조), 이 말씀은 아버지가 그 건물 속에 살고 있다는 뜻이 아니라고 우리는 생각한다. 오히려 당시의 유대교가 성전을 생각할 때, 이스라엘과 함께하는 하나님의 현존을 구현하는 물체로 본 점을 인정하고 있는 대목이다. 이어서 그는 자기 자신을 그런 구현체와 동일시하고 있다. "내가 하나님의 성전을 헐고 사흘 동안에 지을 수 있다"(마 26:61). 우리는 예수가 자신의 몸과, 임박한 죽음 그리고 부활에 관해 얘기하고 있음을 알고 있다. 하지만 이 언급은 부활의 확실성에 대한 것만은 아니다. 이 말은 하나님의 물리적 현존이 어디에 있는지를 지적한다. 그것을 성전에서 찾는 게 아니라 예수 자신 속에서 찾고 있다. 예수가 바로 하나님의 신체적인 구현체인 셈이다.

예수의 신체적 죽음의 경우도 굉장히 야성적인 순간으로 그려진다.

마태는 그것을 예수가 순순히 자포자기하는 엄숙한 순간이 아니라, 굉장한 공포의 순간으로 묘사한다! 도시 전체에 지진이 일어나고, 성전의 휘장이 하나님의 손에 의해 파괴되어 위에서 아래로 두 쪽이 났다. 장차 일어날 마지막 부활의 맛보기로서 무덤들이 활짝 열리고 죽은 자들이 일어나서 도시를 돌아다녔다. 마치 〈살아 있는 사자의 밤The Night of the Living Dead〉에 나오는 장면 같았다! 예수는 온통 야성적인 인물이며 죽음마저 그런 색채를 띠었다. 여기에 나오는 상징주의는 오해의 소지가 없었다. 영적인 영역에서 큰 변동이 일어난 것이다. 우주적인 쓰나미 현상이 휩쓸고 지나간 것이다. 예수의 죽음을 통해 하나님이 영원히 우리 세계 속으로 들어오신 것이다. 이제는 하나님이 성전 속에 거하지 않고 자기를 섬기는 이들의 마음속에 살아 계시는 것이다.

바울이 훗날 교회를 그리스도의 몸으로 언급할 때 이 점을 다시 상기시킨다. 삼위일체 하나님은 성전이나 어떤 건물 속에 살지 않는다. 오히려 삼위의 물리적 구현체는 하나님의 백성, 그리스도를 따르는 자들 속에 있다. '하나님의 선교'는 아버지가 자기를 몸으로 구현하도록 아들을 세상에 보내는 모습을 그리고 있다. 하나님의 선교는 또한 아버지와 아들과 성령이 우리를 하나님의 대사로서, 하나님의 대변인으로서 하나님을 구현하도록 이 땅에 보내는 모습도 다룬다. 이는 예수의 눈을 통해 달리 보게 될 두 번째 측면으로 이어진다.

**우리는 교회를 달리 보게 될 것이다**   예수의 눈으로 보면 교회는 하나님의 보냄을 받은 백성이다. 교회는 어떤 건물이나 조직이 아니다. 오히려 예수를 중심으로 한 신자들의 유기적 집합으로서 예수의 이름으로 남을 섬기도록 세상에 파송된 공동체이다. 일단 우리가 그 나사렛 목수에게 사로잡히면, 더 이상 우리 자신을 예수가 뒤집으려 한 그 체제의 일원으로 볼 수 없다. 예수는 스스로 성전이 되어 성전신학을 무너뜨릴 뿐 아니라, 의식적인 씻음, 의례, 전례와 상관없이 죄를 없애줌으로써 제사제도를 무너뜨리기도 한다("평안히 가라, 네 죄가 용서받았느니라"). 앞서 언급한 것처럼, 그는 안식일 준수라는 율법주의도 쥐락펴락하신다. 사실 그는 종교 시스템 전체를 뒤집어엎는다. 그런데 예수가 무슨 이유로 종교 시스템 전체를 기독교의 종교 시스템으로 대치하려고 했겠는가? 결코 그렇지 않다! 그는 실로 반종교적인 인물로서, 자기를 좇는 자들에게 아버지에게 직접 나아가는 길, 자기 이름으로 용서받는 길, 성령의 내주를 경험하는 길 등을 안내한다. 그러므로 예수를 재발견한다는 것은 신약성경의 가르침에 따라 교회를 종교 기관으로 보지 않고, 예수의 길과 사역에 참여하는 신자들로 구성된 역동적 공동체로 보는 것이다.

앞서 말했듯이 이 세상에서 하나님의 선교는 그분의 것, 오로지 그분만의 것이다. 교회의 영광이 아닌 하나님의 영광이 선교의 궁극적 목표이다. 교회로서 우리가 맡은 역할은 하나님의 웅대한 계획(하나님의 나라)에 겸손히 참여하는 일이다. 우리는 우리 나름의 의제를 정한다거나 하나님의 의제를 모방하는 것이 아니라, 오히려 하나님의 부르심과 인도를 따라 하나님의 놀라운 계획에 참여할 뿐이다. 보슈가 이점을 훌륭하게 표현하고 있다.

교회가 세상과 총체적인 관계를 맺으면서 종의 모습으로 불신, 착취, 차별, 폭력에 대해 증언할 뿐 아니라 구원, 치유, 해방, 화해, 정의에 대해 증언할 때, 선교는 일어난다. … 이런 관점에서 보면, 선교란 한 마디로, 해방을 가져오는 예수의 선교에 그리스도인이 참여하는 것이며, 그 증언의 경험이 가리고 있는 장래에 내기를 거는 것이다. 그것은 곧 공동체의 증언으로 성육신되는, 세상을 구원하려는 하나님의 사랑에 관한 좋은 소식이다.[13]

해방을 가져오는 예수의 선교에 그리스도인이 동참하는 것을 라틴어로는 '파르티시파티오 크리스티*participatio Christi*'라고 부른다. 보슈가 주장하듯이, 이것은 단순히 복음전도용 설교나 사회정의로 축약될 수 없는 것이다. 누군가 당신에게 예수의 선교에 참여하기 위해 마땅히 할 일 한 가지를 일러준다면, 그 순간 당신은 그것이 일부에 불과하다는 것을 확신해도 좋다. 선교는 예수가 이 세상에서 하는 모든 일을 포괄한다. 그리고 그것은 종교적인 사안에만 국한될 수 없다. 예수의 해방 선교는 우리를 둘러싼 사방에서 펼쳐지고 있다. 로버트 맥아피 브라운Robert McAfee Brown이 언젠가 말했듯이 인생의 의미는 다음과 같다. "우리의 과제는 이 땅에서 하나님 나라의 맛보기를 창조하는 일이다. 즉 미술, 음악, 시, 함께 웃기, 소풍, 정치, 도덕적 분노, 어린이만 누리는 특권, 경이감, 유머, 한없는 사랑 등을 모두 포함하여 인생이 본래 무엇인지를 얼핏 보여주는 산 본보기가 되는 것이다."[14]

누가복음과 마가복음에는 요한이 예수에게 그의 이름으로 귀신을 내쫓는 낯선 사람에 대해 일러주는 장면이 기록되어 있다. "주여 어떤 사람이 주의 이름으로 귀신을 내쫓는 것을 우리가 보고 우리와 함께 따르지 아니하므로 금하였나이다"(눅 9:49). 당시에는 많은 돌팔이 의사와 마술사들이 돈을 벌려고 여러 가지 마술을 행하곤 했다. 예를 들면, 빌립과 베드로와 요한이 사마리아를 방문할 때(행 8장 참조) 성경에 나오는 가장 교묘한 사기꾼 중에 한 사람인 마술사 시몬을 만나는데, 그는 마술의 힘으로 사마리아 전역을 손아귀에 넣었던 인물이다. 시몬은 회심하고 세례를 받은 뒤에도 제자들이 행하는 더 큰 마술을 보고 보답으로 현금을 내놓았다. 다시 누가복음 9장으로 돌아가면, 요한은 예수의 이름을 이용해 기적을 행하는 낯선 사람을 발견하고는 그에게 그만두라고 요구했다. 그런데 예수의 반응은 참으로 충격적이다. "금하지 말라. 너희를 반대하지 않는 자는 너희를 위하는 자니라"(눅 9:50). 예수의 말씀인즉, 그리스도의 공동체 안에 있는 자들과 그렇지 않은 자들 사이에 경계선을 그으면서 돌아다니지 말고, 우리와 함께 예수의 사역에 동참하는 자를 모두 축복하라는 것이다. 하나님의 나라에 대한 예수의 견해는 이처럼 감칠맛이 났다. 일정 구역에 가둘 수 없는 것이었다. 살아 있는 것이요 야성적인 것이라서 곳곳에서 터져나왔다. 교회와 하나님의 나라를 동일시하는 것은 우리가 범하는 가장 큰 잘못 중에 하나이다. 하나님의 나라는 교회보다 훨씬 더 범위가 넓다. 그 범위는 가히 우주적인 것이다. 교회는 아마 하나님 나라의 전령쯤 될 것이다. 그러니 이 둘을 완전히 동일시하면 안 된다. 우리는 그 나라의 활동이 표출되는 곳이면 어디든지 하나님과 함께 거기에 합류할 필요가 있다. 예수는 전혀 뜻밖의 장소에서 하나님이 일하시는 장면을 목격하는 법을 우리에게 보여준다.

   마태복음 13장 24절부터 30절에서 예수는 예화 혹은 은유를 통해 이 점을 잘 가르쳐준다.

천국은 좋은 씨를 제 밭에 뿌린 사람과 같으니 사람들이 잘 때에 그 원수가 와서 곡식 가운데 가라지를 덧뿌리고 갔더니 싹이 나고 결실할 때에 가라지도 보이거늘 집 주인의 종들이 와서 말하되 주여 밭에 좋은 씨를 뿌리지 아니하였나이까. 그런데 가라지가 어디서 생겼나이까 하니 주인이 이르되 원수가 이렇게 하였구나. 종들이 말하되 그러면 우리가 가서 이것을 뽑기를 원하시나이까. 주인이 이르되 가만 두라. 가라지를 뽑다가 곡식까지 뽑을까 염려하노라. 둘 다 추수 때까지 함께 자라게 두라. 추수 때에 내가 추수꾼들에게 말하기를 가라지는 먼저 거두어 불사르게 단으로 묶고 곡식은 모아 내 곳간에 넣으라 하리라(마 13:24-30).

곡식과 가라지를 나누는 것이 불가능하므로 함께 자라도록 두었다가 마지막에 하나님이 솎아내게 하라는 것이다. 달리 말하면, '요한아, 네가 모르는 누가 내 이름으로 귀신을 쫓아내더라도 그를 막지 말라'라는 말씀이다. 하나님의 나라는 자의적인 경계선을 그어 사람을 차별하지 않는다.

이 점을 충분히 이해하기 위해 오늘날 얼마나 많은 교회가 예수를 되찾아야 하는 걸까! 보수적인 그리스도인은 록 스타인 보노가 세계적인 가난과 싸울 때, 그가 천사 편에 있다는 것조차 인정하지 않으려 한다. 어떤 교단들은 다른 교단을 악마화한다. 어떤 교회들은 원칙의 문제를 내세우며 다른 교회들과 함께 일하지 않는다. 그러나 누구든지 우리를 반대하지 않는 자는 우리를 위하는 자라고 예수는 말한다. 예수는 그리스도의 이름으로 섬기는 다른 모든 이들을 감사히 여기라고 요한을 가르친다. 사실 그는 가라지를 하나하나 손으로 뽑는 수고를 그만두라고 요구한다. 그 대신 곡식을 돌보라고 말씀하신다. 하나님의 나라를 성장시키는 일(곡식)에 참여하고 가라지를 거두는 일은 하나님과 천사들에게 맡기라는 뜻이다.

이렇게 말한다고 해서 그 나라에 홀로 참여하라는 뜻은 아니다. 오히려 그것은 공동의 헌신임을 알아야 한다. 이런 면에서 코르푸스 크리스티(*corpus Christi*, 그리스도의 몸)의 교리를 인정할 필요가 있다. 하나님은 신자의 공동체를 불러 그분의 선교에 참여하게 하신다. 이를 존 엘드리지John Eldridge는 이렇게 표현한다.

> 하나님은 작은 마음의 공동체들을 불러 모아 서로를 위해 그리고 아직도 자유롭게 되지 못한 이들의 마음을 위해 싸우도록 하신다. 동지애, 친밀감, 소수의 대담한 영혼이 끼친 믿기 어려운 영향력, 이것이 예수가 우리에게 주신 그리스도인의 삶이다. 이것은 지극히 정상적인 삶이다.[15]

흥미로운 점은 예수가 그리스도인의 모임(당시에는 그런 집합체를 일컫는 명사가 없었으므로)을 묘사할 때 사용한 단어가 그리스어인 에클레시아*ecclesia*였다는 사실이다(바울은 더 자주 사용했다). 우리는 그것을 옛 영어 단어인 '교회church'로 번역하고 있다. 그런데 이 단어는 오늘날 예배 장소나 기독교 공동체의 제도적 측면을 가리키는 말로 더 많이 사용된다. 이는 바울이 사용했던 본래의 용법에서 한참 멀어진 것이다. 바울이 에클레시아라는 단어를 창안한 게 아니다. 그것은 이미 당시에 사용되던 일상용어였다. 이 기존의 용어를 취해서 새로이 기독교적인 의미를 덧입힌 것이다. 여기서 바울과 동시대 사람이 에클레시아를 어떤 식으로 사용했는지를 살펴보면, 바울이 나름의 독특한 교회론을 개발할 때 원재료로 사용한 그 단어를 좀 더 잘 알 수 있을 것이다.

대다수의 사전은 에클레시아가 '불러내어진 자들의 모임'을 의미한다고 일러줄 것이다. 이 단어는 '나오다'를 뜻하는 'ek'와 '부르다'를 의미하는 'kaleo'의 합성어이다. 하지만 에클레시아는 본래 흔히들 생각하듯이 단순한 집회나 모임만을 가리키는 단어가 아니었다. 이런 뜻만 전달하려고 했다면 바울은 아고라 *agora*, 파네기리스 *panegyris*, 헤오르테 *heorte*, 코이논 *koinon*, 티아소스 *thiasos*, 시나고 *synago* 등과 같은 단어를 사용할 수도 있었을 것이다. 에클레시아는 정치적인 측면을 갖고 있는 단어이다. 이는 사실 종교적인 용어가 아니었고 그 용례가 종교적 모임에만 국한되지 않았다. 바울의 시대에는 에클레시아가 공동체 원로들의 모임을 뜻했다. 유대 전역에 있는 소규모 마을과 도시에서는 그 지역의 원로들이 정기적으로 모여 공동체가 직면한 여러 사회적, 정치적 딜레마를 토론하고 협의하곤 했다. 동네의 분쟁거리, 죽은 사람의 재산을 둘러싼 논쟁, 자연재해에 대한 공동의 대처 등이 원로회의에서 논의하는 사안들이었다. 오늘날로 치면, 지역 공동체 지도자들이 시청에 모여 개최하는 회의와 비슷한 것이다. 달리 말해서, 에클레시아란 지혜로운 공동체 지도자들이 더 널리 공동체의 조화와 안녕을 도모하려는 공동의 비전을 품고 다함께 모이는 모임이었다.

에클레시아는 눈에 보이지는 않지만 권위를 갖고 방대한 관료조직을 통해 정부 기관들을 움직이는 입법자들의 집단 이상의 것이었다. 공동체 내의 공동체로서 그 공동체에 가치를 더해주는 역할을 했다. 마을을 도와 더 나은 마을이 되게 하는 역할 말이다. 물론 마을의 원로가 된다는 것은 그들도 자기네가 내린 결정에 영향을 받는다는 것을 의미했다. 에클레시아는 마을 속에 몸담고 있었기에 그들의 운명도 다른 구성원들과 마찬가지로 공동체의 번영, 그리고 평화와 연결되어 있었다. 바울이 갓 태어난 기독교 공동체를 위해 이 용어를 취하여 기독교화시켰다는 것은 참 흥미로운 사실이다. 물론 그는 기존의 에클레시아 개념에다가 통일성과 다양성을 견지하려고 노력하는 공동체의 의미를 덧붙인다(고전 12:12-31 참조). 바울은 우리를 옛 히브리 가족에게 기대되는 모든 요소인 헌신, 충성, 애정을 지닌 한 가족 혹은 한 집안이라고 부른다(갈 6:9-11 참조). 또 에클레시아를 신부로 언급함으로써 거룩함과 정절을 지킬 의무를 강조하고 있으며(엡 5:22-32 참조), 훈련과 집중이 요구되는 군대라고 부르기도 한다(엡 6:10-13 참조). 그러니까 바울이 생각하는 교회에는 모임 이상의 요소가 있는 셈이다. 그런데 바울이 우리를 향한 비전을 제시할 때 사용하는 원재료가 원로들의 그룹, 곧 마을에 가치를 더해주고, 지혜를 제공하고, 우리의 운명을 공동체의 그것과 연결시켜주는 그룹이라는 게 무척 흥미롭지 않은가? 따라서 하나님의 보냄 받은 백성이 된다는 것은 이웃의 최상의 유익을 염두에 두는 것을 뜻한다고 우리는 생각한다. 그리스도인은 예수로부터 보냄을 받아 자기가 속한 마을로 들어가서, 가치를 더해주고, 지혜를 제공하고, 더 나은 마을이 되도록 기여하는 사람이라는 말이다. 요컨대, 우리 사방에서 일어나는 그리스도의 일에 동참하는 것이 우리의 본분이라는 뜻이다.

　마이클은 자기가 현재 몸담고 있는 신앙공동체를 개척하면서 어느 집회에 참석하던 중에 한 여인으로부터 예언의 말씀을 받은 적이 있다. 이 여인은 이 공동체가 지역에서 사라지게 되어 지역 전체가 슬퍼할 날이

올 것이라고 일러주었다. 마이클에게는 참으로 소중한 말씀이었다. 그 옛날 유대 땅의 여러 마을도 지혜롭고 경건한 원로들이 갑자기 사라졌다면 깊은 슬픔에 잠겼을 것이다. 그들은 원로들의 도움이 없이는 선하고 참되고 고상하고 평화롭게 되는 법을 알 수 없었을 것이다. 바울도 자기가 개척한 교회들에 대해 비슷한 생각을 품지 않았을까? 많은 용어들 중에서 굳이 에클레시아를 택한 것은 이처럼 공동체에 대한 봉사 및 가치 부여의 요소가 에클레시아라는 단어에 담겨 있었기 때문이 아니었을까? 만일 그렇다면, 지역 공동체에서 펼쳐지는 하나님 나라의 일에 참여하도록 보냄 받는다는 것은 거기에 지혜와 평화와 은혜를 가져오는 것을 의미할 것이다.

**우리는 세상을 달리 보게 될 것이다** 각 사람이 하나님의 형상으로 창조되었으므로 본유의 존엄성과 가치를 갖는다는 것을 우리는 알고 있다. 아울러 하나님이 이제까지 각 사람들 안에서 일해 왔으며 지금도 각 사람의 거룩한 여정을 이끌어 가신다고 생각한다. 우리는 앞서 공저한 책,《새로운 교회가 온다 *The Shaping of Things to Come*》에서 선행적 은혜의 중요성을 얘기했다. 선행적 은혜란 하나님이 우리보다 앞서 가셔서 그분의 일에 참여하도록 준비해놓으신다는 확신이다. 뿐만 아니라 이미 하나님은 친히 각 사람을 만지셨고 영혼에 독특한 지문을 남겨놓으셨다. 이를 라틴어로는 이마고 데이 *imago Dei*라고 부른다.

우리 모두가 하나님의 형상으로 만들어졌다는 말은 우리 속에 하나님을 나타내는 특별한 인간 본성이 있다는 뜻이다. 이것은 인간을 향한 하나님의 사랑을 표현할 뿐 아니라, 인간의 독특성과 아름다움을 가리키는 진술이기도 하다. 하지만 인간을 '하나님의 형상'으로 믿는다고 해서 모든 인간이 갖고 있는 죄성을 부인할 수는 없다. 이걸 부인하는 것은 이단적인 태도일뿐더러 아주 무식한 처사이다. 인류는 예나 지금이나 수많은 방식으로 타락한 모습을 보여주었다. 또한 악을 행할 잠재력도 충분히 가지고 있다. 그러므로 하나님의 형상이 지울 수 없을 만큼 우리의 본성에 분명하게 찍혀 있어서 타락조차 그것을 완전히 지울 수 없다고 보는 편이 오히려 나을 것이다. 하나님의 계획과 목적은 모든 피조물 중에 유독 우리 인간을 통해 널리 알려지게끔 되어 있다. 달리 말해서, 우리가 우리 속에 있는 하나님의 형상을 인정할 때에야 비로소 우리 자신을 하나님의 일에 농참하는 자로 혹은 그분의 동반자로 볼 수 있게 된다는 말이다.

한 걸음 더 나아가, 우리는 불신자 또한 하나님의 흔적을 지니고 있음을 볼 수 있다. 가장 비천한 사람도 그 흔적 때문에 마땅히 존중을 받아야 한다. 다시 말해, 모든 사람이 하나님의 형상을 지니고 있으므로, 인간이 하나님을 사랑하고자 한다면 다른 인간을 사랑하지 않으면 안 된다는 뜻이다. 예수는 양과 염소의 비유를 들어 이 점을 지적했다(마 25:31-46 참조). 이 이야기에서 임금이 반복해서 하는 말, 곧 "너희가 여기 내 형제 중에 지극히 작은 자 하나에게 한(혹은 하지 아니한) 것이 곧 내게 한(혹은 하지 아니한) 것이니라"라는 말은 이 '하나님의 형상' 교리를 강력하게 보여준다. 도대체 왜 굶주린 자를 먹이거나 헐벗은 자를 입히거나 옥에 갇힌 자를 돌아보거나 병든 자를 보살펴야 하는가? 이처럼 지극히 작은 자도 임금의 형상을 지니고 있기 때문이다.

물론 하나님은 동물들도 창조하셨다. 하지만 성경은 동물도 인간과 마찬가지로 하나님의 형상을 지니고 있다고 말하지 않는다. 인간은 영적, 도덕적 성찰과 성장의 역량을 지닌 자의식적인 존재이다. 우리는 이성적인 구조(심사숙고해서 자유로운 결정을 내릴 수 있는 역량)를 갖고 있기에 다른 모든 피조물과 구별된다. 이 자유로 말미암아 인간은 집중력을 발휘하여 자기실현에 이를 수 있고 거룩한 현실에도 참여할 수 있다. 그런데 앞서 언급했듯이, 인간 본성 속에서 '하나님의 형상'을 특징짓는 이 자유는 타락 이야기가 보여주듯 스스로를 하나님에게서 소외시키는 자유와 같은 것이다. 이 이야기에 따르면, 인간은 자유를 갖고 하나님을 닮은 영적, 도덕적 형상을 부인하거나 억누르기로 선택할 수도 있는 것이다. 이럴 경우에 자기 자신과 타인, 결국은 하나님을 사랑하는 능력과 욕구가 무시되거나 저지될 소지가 많다.

예수가 주는 안목은 다른 사람 속에 있는 하나님의 형상을 발견하고 끌어내게끔 도와준다. 예수가 이방인인 백부장의 차분한 믿음(마 8:10 참조), 가나안 여인의 끈질긴 믿음(마 15:28 참조), 그리고 십자가상 강도의 절박한 믿음(눅 23:43 참조)을 칭찬하셨던 것은 믿음이 가장 없을 법한 이방인과 죄수 속에서 '하나님의 형상'을 발견했기에 가능했다. 당시의 유대인 권력층은 로마인, 가나안 사람, 강도, 간음한 여인(요 8장 참조), 사마리아인(요 4장 참조) 등을 개들과 동격으로 간주했다. 앞서 언급했듯이, 성경은 동물이 하나님의 형상을 지닌 것으로 보지 않기 때문에, 특정 인간들 속에 있는 하나님의 형상을 인정하지 않을 때에 그들을 동물과 같이 취급하는 태도를 보였다. 그런데 예수가 사람을 그런 식으로 대하는 경우는 도무지 찾아볼 수 없다. 오히려 나병환자, 창녀, 세리, 어린이, 귀신들린 자 등 모든 부류에게 예우를 갖추었고, 그들을 존중해주었다. 심지어 예수는, 영구히 불결한 인간으로 남을 운명에 처했던 혈우병 앓는 여인을 군중에게 소개하였다. 모두가 보는 앞에서 이 세상 구원자가 이 여인의 믿음을 인정했다. 이는 스캔들로 유명한 예수의 가장 야성적인 모습을 보여준다.

교회가 예수를 닮아 가면, 모든 사람이 하나님의 형상을 지니고 있다는 이유로 교회는 불신자를 지금보다 더 존중하고 예배에 참석하지 않는 자들도 더욱 예우하는 방향으로 나가게 될 것이다. 모든 사람을 더욱 존경하려 할 것이다. 이를 잘 보여주는 책은 기독교 선교에 관한 훌륭한 소설, 윌라 캐더Willa Cather의 《대주교에게 죽음이 찾아오다Death Come for the Archbishop》이다. 20세기가 시작될 무렵, 애리조나 광야를 배경으로 한 이 소설은 미개척지에 사는 가정들, 멕시코인 정착민, 미국 원주민 등 다양한 그룹에게 복음을 들고 오는 두 명의 가톨릭 선교사의 생애를 그렸다. 어느 지점에 이르면, 주인공 바양 신부는 자신이 품은 선교의 소명을 보여주는 한 가지 경험을 묘사한다. 이는 선교의 소명을 묘사하는 가장 훌륭한 대목 중 하나이다.

투손 근처에서 한 피마 인디언 개종자가 내게 보여줄 것이 있다고 자기와 함께 사막지대로 들어가자고 한 적이 있었다. 나를 데리고 간 곳은 너무나 거친 지대라서 황량한 환경에 익숙하지 않은 사람은 인도한 사람을 의심하거나 생명의 위협을 느낄 수도 있을 정도였다. 우리는 검은 바위로 된 무서운 협곡으로 내려갔고, 동굴 깊숙한 곳에서 금으로 만든 성배, 제의, 주수병 등 미사에 필요한 모든 기구를 내게 보여주었다. 얼마나 오래 전인지는 모르지만, 선교 본부가 아파치에게 약탈당했을 때

이들의 조상들이 이 거룩한 물건들을 숨겨놓았던 것이다. 이 비밀은 가족 대대로 전수되었다. 이제, 내가 하나님께 속한 것을 그분께 되돌려주는 첫 사제가 된 것이다. 내게는 이 상황이 일종의 비유처럼 보였다. 거친 변경에 있는 믿음은 마치 묻힌 보배와 같다. 보배를 지키고 있는 자들이 영혼 구원을 위해 이 보배를 어떻게 사용해야 하는지 모르는 것이다. 한 마디의 말과 기도와 예배가 그들의 영혼을 해방시키는 데 필요한 전부이다. 고백하건대, 내가 갈망하는 선교가 바로 이런 선교이다. 잃어버린 자녀들을 하나님께 돌려주는 사람이 되고픈 마음이 간절하다. 이것이야말로 내 생애 최대의 행복이 될 것이다.[16]

바양 신부의 간증은 '하나님의 형상'에 대한 믿음에 닻을 내린다. 땅에 묻힌 교회의 기구들은 모든 사람의 영혼 속에 깊이 묻힌 하나님의 형상을 상징한다. 선교사의 과업은 하나님을 사람들에게 데려가는 일이 아니라, 사람들 안에 있는 하나님의 형상을 발굴하고 사람들이 이 지식을 자신의 영혼 구원에 사용하도록 돕는 일이다. 바양은 복음이 모든 사람의 영혼 속에 깊이 묻혀 있으므로 자기의 일은 '한 마디의 말과 기도와 예배'를 통해 이 보배를 발굴해서 '하나님께 속한 것을 그분께 되돌려주는' 것이라고 생각한다.

/ 예수의 흔적을 지닌 사람 /

간단히 말해서, 예수 되찾기 프로젝트를 시작하려면 먼저 예수의 흔적을 지니겠다는 다짐, 갈수록 더 많이 예수의 생활방식과 가르침을 반영하는 방향으로 변화하는 헌신이 필요하다. 이런 개념은 많은 사랑을 받는 소설가인 플래너리 오코너Flannery O'Connor가 멋지게 묘사했다. 이 독실한 그리스도인은, 세속적 독자들의 눈에서 영적인 백내장을 걷어내어 그들의 눈으로 성육신적 믿음을 보게 하고 일상 세계에서 역사하는 은혜를 인식하도록 돕는 것을 자신의 역할로 보았다. 오코너가 쓴 모든 이야기에는 등장인물들과 독자들의 수용이나 배척을 기다리는 은혜가 깊이 새겨져 있다. 사십도 되기 전에 사망한 오코너는 생애 마지막 십 년을 결핵성 피부병으로 고생하면서 보냈다. 최후의 작품 중 하나는, 병원 침상에서 더 이상 몸을 괴롭히지 말라는 의사의 명령을 무시하고 완성한 것이다. 〈파커의 등Parker's Back〉이란 작품은 오코너가 작가로서 품었던 기독교적 비전을 가장 훌륭하게 표현한 걸작으로 인정받고 있다. 이 작품은 인생에서 최고의 성취를 이룩한 사람이 바로 예수의 화신과 같이 사는 자라는 사실을 훌륭하게 그리고 있기 때문이다. 오코너가 이 작품을 쓰면서 죽음을 맞았다는 사실은 이 작품에 잘 어울리는 듯하다.

오바댜 엘리후 파커(이름 자체가 불길한 예감을 준다)는 이 직장에서 저 직장으로, 이곳에서 저곳으로 떠돌아다니는 쓸모없는, 희비극적인 촌놈이다. 그를 사로잡는 유일한 관심사는 등만 빼놓고 몸의 구석구석까지 문신을 새겨넣는 일이었다. 열네 살 때 시골 장터에서 보았던 어떤 남자의 문신에 감동을 받아, 다채로운 형상들이 조화롭게 새겨진 그 문신을 따라하려고 자기 몸 전면에 다양한 형상을 새겨넣었다. 그런데 새로운 문신을 새길 때마다 만족감이 떨어졌다. 그 영웅의 그림들은 조화를 이룬 모습이었는데, 자기의 디자인은 되는 대로 만들어진 지저분한 것으로 보였기 때문이다. 오코너는 파커를 통해, 구속救贖을 갈망하고 아름다운 존재가 되기를 열망하는 전형적인 인간상을 보여주고 있다. 문신이 주는 전체 분위기를 바로잡아 보려고 새로운 시도를 할 때마다 불만만 더 커져가는 것이 우리 인간의 모습이다.

파커는 근본주의적인 목사의 딸과 결혼하였는데, 그녀는 교회 건물이 우상숭배적이라는 신념 때문에 군郡서기 사무실에서만 결혼하겠다고 고집하던 사라 루스라는 젊은 여자였다. 겉으로는 종교적이고 무척 경건한 사라는 아이러니하게도 구속을 추구하는 이교도 남편과 아주 대조적인 인물로 등장한다. 루스는, 도로시 세이어즈가 예수를 복음서에 나타난 인물로 보기보다는 요정이야기에 나오는 인물로 보기를 더 좋아한다고 말했던 그런 부류의 신자이다. 또 모든 것에 대한 규율을 갖고 있고, 모든 경험과 사람을 판단해서 부족한 면을 찾아내는 법을 평생 익혀왔던 사람이다.

쉽게 상상할 수 있듯이 사라 루스는 파커의 문신을 경멸한다. 뿐만 아니라 그가 하는 모든 것이 마음에 걸리는 모양이다. 자신의 불만을 자주, 분명히 토로함에 따라 파커도 스스로에 대한 실망이 커진다. 그래서 파커는 무엇보다도 아내를 기쁘게 할 일을 단 하나라도 하길 원한다. 어떤 의미에서 파커가 구속을 열망하는 것은 불쾌한 사라 루스를 기쁘게 하는 일로 집약된다. 늘 육체적인 노동을 해왔고 돈도 없고 앞날에 대한 전망도 없는 한 남자로서는, 아내를 기쁘게 할 수 있는 단 한 가지 일이 바로 자기의 등 한복판에 올바른 문신을 새기는 일이라고 생각하는 것은 무리가 아니다.

파커는 사라 루스가 도무지 반발할 수 없는 종교적인 문신을 거기에 새겨넣은 모습을 상상해보았다. 그래서 펼쳐진 책 그림과 아래편에

'Holy Bible'을, 그리고 성경구절 하나를 책 그림 안에 실제로 새겨넣는 것을 생각해냈다. 이 작업은 한동안 효과를 보는 듯했다. 그러나 시간이 좀 흐르자 아내는 "내게 진짜 성경이 있잖아요. 아니, 당신은 내가 모든 성경 내용을 읽을 수 있는데도 한 구절만 반복해서 읽기를 바라는 거예요?" 하고 불평하는 소리를 듣기 시작했다. 무언가 더 나은 것이 필요했다.[17]

잘못 선택한 것을 심히 자책하면서 마침내 타투 숍에서 카탈로그를 뒤지다가 비잔틴식 아이콘인, 뚫어지듯 쳐다보는 그리스도의 얼굴에서 손을 멈추었다. 예수의 형상이 파커를 사로잡는 바람에 '신비한 힘에 의해 생명을 되찾은 듯한' 느낌을 받았다고 오코너는 묘사한다. 파커는 그때 그 자리에서 자기가 상대를 가장 기쁘게 할 수 있는 일은 자신의 등 전체에 그리스도의 얼굴을 새겨 넣는 일이라고 마음을 먹게 된다. '파커의 등'이 상징하는 바는 아주 분명하다. 오코너는 이 작품에서 하나님의 명백한 형상이 새겨진, 예수의 흔적을 지닌 한 사람을 묘사한다. 비록 세속적인 방식이긴 해도 오코너는 파커가 예수의 가족으로 영입되는 세례를 그리는 것이다. 입교자가 세례를 받을 때 그에게 예수의 흔적이 새겨지는 것처럼, 파커도 예수에게 속해 있다는 표시를 갖고 있다. 되는대로 새겨넣은 다른 문신은 파커를 만족시킬 수 없었지만, 파커의 등은 이제 단 하나로 통일된 하나님의 형상을 지니고 있다.

그러나 당신이 예상했듯이 이처럼 고된 희생적 행위조차도 사라 루스의 호응을 얻어내지 못한다. 집에 돌아와서 자기 등에 새겨진 비잔틴식 그리스도를 보여주자, 루스는 헷갈리는 듯한 반응을 보인다. "아니, 내가 모르는 사람이잖아요" 하고 단호히 말한다. 너무나 쓰라린 역설이 아닐 수 없다. 이 반항적인 이교도가 자신의 등에 예수의 얼굴을 아로새겼는데도, 그 독실한 그리스도인 여성은 예수의 얼굴을 알아보지 못한다.

"그 사람이오." 하고 파커가 말했다.
"그가 누구죠?"
"하나님 말이오!" 하고 파커가 소리쳤다.
"하나님이라고요? 하나님은 그렇게 안 생겼어요!"
"하나님의 생김새를 당신이 어떻게 아시오? 본 적이 없잖소." 하고 파커는 신음하듯 내뱉었다.
"하나님은 보이지 않아요. 그분은 영이에요. 아무도 그분의 얼굴을 볼 수 없어요…" 하고 사라 루스가 대답했다.
"우상숭배예요" 하고 사라 루스가 날카롭게 비명을 질렀다. "우상숭배예요. … 난 이 집에 우상숭배자가 있는 걸 원치 않아요!" 그러고는 빗자루를 쥐더니 파커의 어깨를 두들겨 패기 시작했고 … 문신으로 새겨진 그리스도의 얼굴 위에 큰 채찍 자국이 생겼다. 그 후 파커는 비틀거리며 문을 향해 나아갔다…[18]

사라 루스는 성육신을 깨닫지도 못하고 이해하지도 못한다. 하나님은 영이기에 아무도 그분의 얼굴을 볼 수 없다고 생각한다. 하나님이 사람의 몸을 입고 우리 가운데 사셨다는 것은 루스의 이해력과 영성을 뛰어넘는 것이다. 루스는 저 멀리 계시는 신을 좋아한다. 자기 남편이 자신의 몸에 하나님의 화신을 새기기로 했다는 것을 이해하기란 더 어려운 일이다. 루스가 문신으로 새긴 예수의 얼굴에 남긴 채찍 자국은 진짜 예수가 수난을 당할 때 맞은 흔적을 반영한다. 이 이야기는 대단히 통렬하게 끝을 맺는다. 사라 루스는 여전히 씩씩거리며 빗자루를 손에 잡은 채 마당에 있는 호두나무를 향해 시선을 돌린다. "그녀의 눈은 더욱더 굳어졌다. 거기에 스스로를 오바댜 엘리후라고 부르는 이 사람은 아기처럼 울면서 나무에 기대어 있었다."[19]

이 이야기의 마지막 줄에서 오코너는 파커의 성명을 상기시켜준다. 오바댜는 '여호와의 종', 엘리후는 '그는 하나님이다'라는 뜻을 밝힌다. 자기를 쳐다보는 여인의 미움과 정죄를 짊어진 채, 자기를 알아보지 못하는 자에게 매를 맞고 나무에 매달린 파커는 실로 성육신의 구현체이다. 그는 고난 받는 종이요 십자가에 달린 자이다. 어쩌면 오코너는 태어날 때 하나님께 받은 소명대로 살아낸, 자기 이름 속으로 걸어 들어간 인물을 암시하고 있는지도 모른다.

우리 역시 이런 소명을 받았다고 고백하겠다. 《대주교에게 죽음이 찾아오다》에 나오는 바양 신부나 파커와 같이 우리도 예수의 흔적을 지닌 자들인 만큼, 우리는 하나님과 교회와 세상을 달리 보게 된다. 하나님을 '선교의 하나님'으로, 교회를 '그리스도에의 참여'로, 그리고 세상을 '하나님의 형상'으로 보는 자들이다. 그리고 우리도 바양 신부의 말을 그대로 되풀이하련다. "나는 바로 그런 선교를 갈망합니다. 잃어버린 자녀들을 하나님께 돌려주는 사람이 되고 싶은 마음이 간절합니다. 이것이야말로 내 생애 최대의 행복이 될 것입니다"라고.

# 2

## 예수 되찾기와 개인적 갱신

대체로 기독교는 심히 열정적이고, 위험하고,
파격적으로 자비롭고, 사랑이 많고,
언제나 우리를 놀라게 하는 구속주와의 접촉을 끊었다.

# REJESUS AND PERSONAL RENEWAL

# ReJesus and Personal ReNewal

내 사명은 기독교를 기독교 세계에 소개하는 일이다.
_쇠렌 키르케고르

우리가 성경에서 읽는 내용과 교회 및 그리스도인의 행습 사이에 헤아릴 수 없는 거리가 있다는 것을 우리는 인정해야 한다. 내가 보기에 이제까지의 행습은 우리에게 요구되는 것과 정반대 방향으로 나갔다. 이것이 곡해나 전복에 대해 타당하게 얘기할 수 있는 이유이다. _자크 엘륄

예수
/
되찾기와
/
개인적
/
갱신

**2**

　　우리가 성경적 예수를 좇으려면 반드시 '하나님의 선교'와 '그리스도에의 참여'와 '하나님의 형상'이라는 개념을 중심으로 사고할 수밖에 없다. 일단 예수에게 사로잡히면 하나님과 교회와 세상을 아주 다르게 보게 된다. 이 세 가지 개념은 예수로 빚어진 백성의 기본 요소들이다. 이를 시발점으로 삼아, 이제는 예수가 가르치고 본을 보인 그 생활방식과 믿음의 본질과 역동성을 좀 더 깊이 들여다보도록 하자. 여기서 예수의 가르침을 개관하려는 것은 아니다. 이에 관한 책은 이미 많이 있으니 우리가 굳이 다룰 필요가 없다. 예수가 가르치고 본을 보인 것들의 영적인 중심을 발견하여 예수에게서 뿜어 나오는 야성적이고 원초적인 에너지에 접근하고자 한다. 이 작업을 통해 왜 그분의 백성이 역사적으로 그의 메시지의 역동성을 가리게 되었는지 이해할 수 있을 것이다. 그런즉 이제까지 살펴본 넓은 틀을 바탕으로, 이제 예수와 제자와 제자들의 공동체(교회) 간 상호관계에 주목하도록 하자. 여기서 우리는 일부러 '제자'라는 용어를 쓰는데, 이 단어야말로 예수와 살아 있는 연계성을 유지하는 데 꼭 필요한 관계를 부각시키기 때문이다. 교회가 예수를 좇기로 헌신한 제자들의 공동체가 아니라면 도대체 무엇이겠는가? 이와 관련하여 신약성경이 우리의 지침이 된다면, 제자도야말로 그리스도인의 삶을 규정짓는 특징이 되어야 할 것이다. 이게 사실이라면, 애초에 우리가 예수의 제자가 될 때 헌신한 그 지점에서 결코 물러날 수 없을 것이다.

그런데도 우리 시대의 교회와 기독교를 생각하면 이 제자도의 정신과 야성적인 메시아의 존재가 금방 떠오르지 않는다. 오늘날의 교회를 구성하는 다양한 부류(예수를 우주의 저편 어느 곳에 추방시킨 소위 고교회파에서부터, 예수의 급진적인 메시지를 소비주의 낙원의 영적 장식물 정도로 취급하는 구도자 중심 모델에 이르기까지)는 '제자도'나 '야성적인 메시아'와는 거리가 멀다. 예수를 광적인 종교인으로 취급하는 근본주의로부터 시작해서 그를 매우 감상적인 도덕주의자로 환원시킨 자유주의에 이르기까지, 대체로 기독교는 심히 열정적이고, 위험하고, 파격적으로 자비롭고, 사랑이 많고, 언제나 우리를 놀라게 하는 구속주와의 접촉을 끊었다고 해도 과언이 아닐 것이다. 복음서에 인상적으로 묘사되어 있는 예수는 바로 이런 인물이다. 이처럼 혁명적인 예수의 현존과 능력을 상실했기 때문에 오늘날 서구 교회가 영적인 파탄에 직면한 것이 분명하다. 그러므로 영성과 선교를 회복하는 데도 예수 되찾기 프로젝트가 얼마나 중요한지 모른다.

## / 예수로 재부팅하기 /

아직 불분명한 면이 있을까봐, 기독론이야말로 어느 시대 어떤 상황을 막론하고 교회 갱신의 열쇠가 된다고 다시 한 번 분명히 역설하고 싶다. 교회가 스스로 새로워지려면 반드시 예수에게로 돌아가야 한다. 어떤 이유로든지 교회가 세상에서 길을 잃으면 원초적인 정체성을 창시자에게서 되찾을 필요가 있다. 물론 우리가 속한 교단이나 단체의 창설자에게로 돌아가는 것도 어느 정도의 효과는 있지만, 그것만으로는 충분치 않다. 가령, 구세군이 윌리엄 부스의 열정과 투지를 재발견하거나, 감리교도가 존 웨슬리의 열정이나 신학과 재회하는 것은 물론 가치 있는 움직임이다. 그러니 신앙의 기본 방정식에 근본적인 문제가 있을 때는 예수에 대한 생생한 의식을 되찾는 일이 필요하다. 즉 그가 누구이고 우리를 위해 무엇을 했는지, 그리고 우리가 좇아가도록 그가 마련해놓은 생명의 길을 되새겨야 하는 것이다. 예수의 열정과 관심이 우리의 것이 되어야 한다. 앞서 언급했듯이, 기독론이 선교론(이 세상에서 우리가 이뤄야 할 목적과 역할)을 좌우하고 선교론이 교회론(교회의 문화적 형태와 모습)을 좌우해야 한다.

선교론이 어떻게 교회론을 좌우해야 할지의 문제는 제쳐놓더라도(이에 대해서는 우리가 앞서 집필한 책들 가운데 《새로운 교회가 온다》와 《잊혀진 길》을 참고하라), 기독론이야말로 우리가 이 세상에서 수행하는 선교, 그리고 그로 말미암는 에클레시아와 사역의 형태에 결정적으로 중요한 요인이라고 믿는다. 선교활동을 수행하면서 우리가 그 길을 올바로 걷고 있는지를 확인하려면 계속해서 예수에게로 돌아가야 한다. 우리가 선교론을 수정하거나 새로운 형태의 교회를 창안할 때에도 무엇보다 먼저 기독론과 연관 짓지 않으면 안 된다. 그런데 요즘 유행하는 이른바 교회 갱신 프로젝트들은 이 점에서 실패하고 있다. 어떤 프로젝트들은 신학과 설교를 똑바로 정립하면 그로부터 갱신이 따라올 것처럼 주장한다. 또 다른 프로젝트들은 성령 충만한 예배나 대안적 예배, 교회 개척이나 신앙에 대한 포스트모던식 접근을 강조한다. 하지만 이런 전략들이 성경적인 기독론에 닻을 내리고 있지 않으면 별 효과를 기대할 수 없다.

이제 이것을 도표로 그려보자.

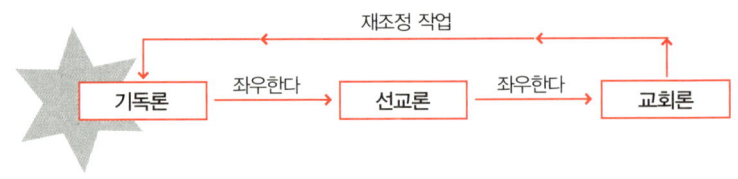

우리가 교회와 관련된 어떤 측면(가령, 리더십이나 복음전도나 예배)을 고려하기에 앞서, 무엇보다 교회 자체를 예수와 다시 연결시키려는 노력이 있어야 한다. 말하자면, 교회가 예수를 되찾는 일이 급선무라는 뜻이다. 신약성경에 나타난 혁명적인 기독론을 회복하는 일에 너무도 많은 것이 걸려 있기 때문이다. 교회의 공동체성과 선교는 주 예수와 새롭게 만날 때에만 활성화될 수 있다. 그리고 이것은 일시적으로나 간헐적으로 수행할 일이 아니다. 교회는 언제나 교회의 주인에게 주목해야 한다. 빌헬름 비세르 토프트Wilhelm Visser T'Hooft의 말을 들어보라. "하나님의 백성이 주님과 그분의 거룩한 뜻을 새롭게 대면함으로써 나날이 생명이 새롭게 되는 일은 하나님 백성의 생명 자체가 걸려 있는 문제이다."[1]

이는 일종의 재조정 작업이라고 할 수 있다. 어떤 기계가 움직이지 않을 때 그것을 시동하려면 본래 설치된 상태로 재설정하는 수밖에 없다. 가령, 컴퓨터를 생각해보라. 문제가 생겨서 이런저런 시도를 하다가 실패하면 다시 부팅을 하기 마련이다. 재부팅함으로써 처음 설정된 상태를 회복해서 다시 제대로 작동하도록 하는 것이다. 그러면 소프트웨어와 하드웨어가 서로 조화롭게 작동하기 시작한다. 이것이 바로 우리가 전달하고자 하는 이미지다. 즉 교회를 예수로 재부팅함으로써 교회 자체를 회복하고 교회의 작동 능력을 되찾는 것이다.

성경은 예수를 알파요 오메가로 묘사한다(계 1:8, 21:6, 22:13 참조). 또한 믿음이 창시자요 완성자로도 그린다(히 12:2 참조). 이러한 신적인 호칭들(기능들)은 제자의 삶과 기독교 공동체의 삶 속에서 지속적으로 역할을 담당하는 예수에 관해 틀림없이 시사하는 바가 있다. 만일 예수가 스스로 주장하듯이 정말로 처음이요 마지막이라면, 우리는 기독론을 중심으로 우리 자신을 이해해야 마땅할 것이다. 예수가 믿음의 창시자요 완성자라면, 그분은 진정한 믿음의 원초적 모형으로서 우리가 믿음에서 자라도록 돕고 있을 것이다.

우리는 이것을 두 가지 차원에서 다루고자 한다. 첫째, 예수를 개인적으로 따르는 자를 위한 예수 되찾기 프로젝트는 개인적 제자도에서 예수를 중심에 두는 일이다. 둘째, 다음 장에서 우리는 예수 되찾기 프로젝트가 조직으로서 교회의 갱신에 미치는 영향을 탐구할 것이다. 이번 장은 개인에게 초점을 맞추고 다음 장은 공동체에 집중할 예정이다.

―악에 저항하는 삶―

# 디트리히 본회퍼
Dietrich Bonhoeffer

작은 예수 디트리히 본회퍼는 그의 제국, 나치에게 굴복하기를 거부한 인물이다. 1933년 모든 개신교회를 '친나치 제국 교회'에 합병시키려는 히틀러의 정책에 공개적으로 저항함으로써 처음부터 요주의 인물로 찍혔다. 본회퍼는, 교회는 국가에 속한 기관이 아니고 예수와 그분의 선교에만 종속된다고 주장하며 반기를 들었다. 1939년 독일 군대에 징병될 즈음에 뉴욕의 유니언 신학교는 본회퍼를 교수로 초빙하고자 하였고 그는 초빙을 수락했다. 하지만 한 달도 채 안 되어 집으로 돌아왔다. 전쟁 중에 자기 민족과 함께하지 않으면 전후에 아무 할 말이 없을 거라고 확신했기 때문이었다. 본회퍼는 당시 군 정보기관의 장교로 있으면서 은밀히 저항운동을 전개하던 처남, 한스 폰 도흐나니 Hans von Dohnanyi를 통해 히틀러에 저항할 수 있는 기회를 찾았다. 처남의 도움을 받아 본회퍼는 바티칸과 스위스로 여행하면서 유대인들이 국경을 넘도록 도와주었고, 스웨덴으로 넘어가 영국인 주교 조지 벨을 만나서 전부터 자신이 계획하고 있던 반히틀러 쿠데타를 위해 연합군 지원을 확보해달라고 부탁했다. 유대인이 몰래 국경을 넘어 스위스로 도망하도록 지원하는 후원금의 출처가 본회퍼라는 사실이 밝혀지면서 본회퍼는 1943년 나치에게 체포되었다. 그가 감옥에 있는 동안, 한스 폰 도흐나니를 비롯한 일단의 장교들이 히틀러를 암살하려다 실패하고 말았다. 나치는 본회퍼를 이 음모에도 연루시켜서 1945년 독일이 항복하기 한 달 전에 교수형에 처했다. 본회퍼의 글은 이제까지 수많은 사람을 감동시켰다. 하지만 악에 저항하고 복음에 충실한 대가로 자기 생명을 바친 그의 용기야말로 영원히 빛날 최고의 유산이다.

## / 우리의 상상력을 사로잡는 것 /

예수회(가톨릭 선교 수도회 가운데 가장 중요한 분파의 하나)의 창시자인 이그나티우스 로욜라Ignatius of Loyola는 예수회 입교자를 위한 영적 훈련 방법을 개발했다. 그 가운데 가장 참신한(그리고 어쩌면 가장 중요한) 방법은 기존 회원과 더불어 신입 회원도 예수와 직접 대면할 수 있도록 상상력을 동원하게 해주는 것이다. 이 훈련의 의미에 대해서는 나중에 다룰 예정이다. 여기서는 왜 상상력을 동원하여 예수와 관계 맺는 것이 중요한지 그 이유만 밝히려 한다.

당신 자신에게 하루를 지내는 동안 당신의 상상력을 자극하는 것이 무엇인지 물어보라. 다시 말해, 세상으로부터 나오는 것 가운데 무엇이 당신과 당신의 세계관을 가장 고무시키고 자극하는가? 텔레비전? 영화? 비디오 게임, 스포츠, 소설, 사업, 인터넷? 이런 것들은 불건전하거나 무가치한 오락거리일 뿐이다. 이것들은 우리 사회의 어떤 강력한 세력들에 의해 통제되고 있다. 그리고 집단적 상상력을 창조하여 우리 모두에게 영향을 미친다. 소비주의, 물질주의, 개인주의가 그런 것들이다. 마이클은 《위험한 교회》에서, 우리가 몸담은 후기 기독교 문화가 구약시대에 다니엘, 에스더, 요셉 등이 망명했던 제국들과 그리 다르지 않다는 점을 살펴보았다. 가령, 오늘날의 제국은 다니엘 당시의 바벨론만큼이나 기독교 신앙에 우호적이지 않다. 여느 제국과 마찬가지로 우리 사회도 다양한 방식으로 우리에게 통제권을 행사하려고 한다. 몇 가지 예를 들어보자.

- 폭력의 위협(강력한 군대를 갖는 것이 유리하다)

- 경제 체제의 군림
- 다양한 수단으로 사람들의 상상력을 사로잡기(가령, 로마제국 전역에서 동전이나 인공물 혹은 동상에 시저의 형상을 사용하기)

세 번째 예를 생각해보자. 당시에 널리 퍼져 있던 시저의 형상은 오늘날의 제국이 우리의 상상력을 조작하려고 도처에서 이용하는 도구들과 과연 다를 바가 있는가? 모든 것을 장악하는 시스템이 그렇듯이 오늘의 제국도 우리의 상상력을 지배함으로써 우리에게 완전한 충성을 요구한다. 브라이언 월시Brian Walsh와 그의 아내 실비아 키스맛Sylvia Keesmaat은 바울의 골로새서를 주해하면서 이 문제를 다룬다. 당시 전적인 충성을 요구하는 로마제국의 압제에서 벗어나기 위해 골로새 교인들은 그리스도를 중심으로 삶과 사상을 조직해야 했다고 브라이언 월시 부부는 주장한다. 골로새 교인들은 자기네를 둘러싼 지배적인 상상에 대항하는 대안적인 상상을 개발했고, 그럼으로써 예수를 중심으로 삶을 재편했다고 한다.[2] 1장에서 살펴본 것처럼 이런 방향 조정은 모든 것을 바꾸어놓는다.

우리가 예수를 중심으로 삶을 재편해야 할 시급한 이유 중 하나는 우리 상상력이 문화를 지배하는 세력의 포로가 되기 때문이다. 지배세력이 경제적이든, 정치적이든, 종교적이든, 이데올로기적이든지 상관없이 포로가 되어버린다. 더 나아가, 이미 살펴보았듯이 우리의 예수관은 익숙함, 변화에 대한 두려움, 영적인 나태함 등 살아 계신 주 예수와의 관계를 막는 여러 요인에 의해 쉽게 길들여진다. 오늘과 같은 민주주의 사회와 세계화된 시장경제 체제에서도 우상숭배의 유혹은 여전하고, 오히려 예전보다 더 편만하고 더 교묘한 면도 있다. 이슬람의 반동을 제외하면 자유시장에 기초한 소비풍조의 대안으로 떠오르는 이데올로기나 종교는 거의 없다고 볼 수 있다. 서구 교회는 우리 시대의 경제 이데올로기에 완전히 굴복한 것처럼 보인다. 톰 사인Tom Sine의 말을 들어보라.

> 계몽운동이 시작되고 근대주의가 발흥하면서 서구사회에는 선한 삶과 더 나은 미래의 이미지가 팽배해졌다. 하나님 나라를 수직적으로 탐구하는 것은 유럽문화의 주류였는데, 계몽주의 이야기꾼들은 이것을 비주류로 만들어버렸다. 이제는 서구적 진보, 테크놀로지의 지배, 경제 성장을 추구하는 수평적인 탐구가 주류가 되었다.
> 　더 나은 미래를 향한 비전은 웨스턴 드림 혹은 아메리칸 드림이라고 불리며, 새롭게 세워진 제국적인 세계 경제질서 배후에서 이것을 추진하는 신화로 작용하고 있다. 앞으로 살펴보겠지만, '맥월드McWorld'라 불리는 세계 질서를 경영하는 자들과 '쿨cool'한 상인들은 이 지구상의 모든 사람에게 이 꿈을 안겨주려고 애쓰고 있다. 그리고 놀라운 성공을 거두는 중이다.[3]

더구나 월시와 키스맛은 이렇게까지 말한다. "모두 같은 이야기이다. … 경제성장이 역사의 추진력이고, 소비자의 선택이 우리를 인간답게 만들어주며, 탐욕은 정상이라는…. 우리가 살고 있는 이 제국은 바로 세계적 소비주의의 제국이리라."[4] 그리고 이 제국이 우리 인생을 계획하고 설계한다.

　이처럼 돈, 성, 여러 이데올로기와 비전들이 우리를 유혹하는 이곳, 우상을 숭배하는 이 제국 속으로 획기적인 현실관이 예수의 모습을 하고 찾아온다. WWJD 캠페인은, 예수라면 우리 시대의 문화적, 종교적 이슈에 어떻게 반응할 것인지를 생각해보게 한다. 그런데 이 질문은 경건주의의 포로가 되어, 개인의 윤리 영역에서만 이슈가 되었다. 더 나아가, 젊은 그리스도인의 성윤리에만 집중하는 국제 캠페인으로 전락해버렸다. WWJD는, 삶의 모든 영역에서 예수의 주권을 인정하는 운동을 세계적으로 발전시킬 수 있는 역량을 가지고 있는데, 참으로 안타깝다. 우리는 이 캠페인을 다시 벌이고 싶다. 단, 이번에는 폭넓은 이슈들을 염두에 두면서 하고 싶다. 예수라면 우리가 살고 있는 이 소비주의 세계에서 어떻게 하겠는가? 환경적 위기에 대해서는 어떻게 반응하겠는가? 리얼리티 TV의 진부한 타락상을 보고 무엇을 하겠는가? 예수라면 이 가난한 세계에서, 그리고 은혜와 자비가 필요한 세계에서 우리의 돈과 자원을 가지고 어떻게 하겠는가? 나중에 살펴보겠지만, 예수의 주되심은 개인의 경건에만 국한될 수 없고 인간이 경험하는 모든 이슈에까지 확장되어야 한다. WWJD에 내재된, 세계를 새롭게 하는 능력을 풀어내고 싶으면 이 질문을 경제, 환경, 정치 등 모든 영역에까지 넓히지 않으면 안 된다.

우리의 상상력은 이처럼 강력한 힘을 갖고 있다. 예수는 "네 보물이 있는 그 곳에는 네 마음도 있느니라"(마 6:21)라고 말했다. 이 말은, 부와 섹스와 권력 등이 우리의 상상력(보물)을 사로잡는 것은 물론이고 우리의 마음(행동, 우선순위)까지도 끌고 간다는 뜻이다. 그래서 예수님은 우리에게 보물을 "하늘에 쌓아두라"(마 6:20)라고 말했던 것이다. 우리의 상상력이 예수에게 사로잡히면, 우리의 행동과 우선순위는 그분의 생활방식과 가르침을 반영하게 될 것이다. 그러므로 교회는 자기가 몸담은 제국의 상상력과는 다른 상상의 날개가 필요하다.

이런 맥락에서 월터 브루그만Walter Brueggemann은, 설교자가 그리스도를 중심으로 하는 상상력을 공급해주어야 한다고 말한다. 교회가 계속해서 예수를 재발견할 필요가 있다면, 교회가 세운 설교자들은 교회 전체의 상상력을 복음에 흠뻑 젖게 해줄 책임이 있다는 것이다.

> 설교는 상상력을 바꾸는 일이다. … 결국에는 교인들도 일반인과 다르지 않은 까닭에 새로운 규칙으로는 바뀌지 않는다. 두려움이나 상처와는 동떨어진 세계를 그려주는 이야기, 이미지, 은유, 그리고 언어만이 우리 삶의 깊은 곳, 저항과 수용이 일어나는 그곳에 닿을 수 있다.[5]

우리는 더 나은 시민이 되는 법을 주제로 하는 설교를 너무 많이 들었다. 오늘날 대부분의 설교는 후기 기독교 제국의 관습과 가치관에 순응하도록 부추긴다. 반면, 우리 상상력이 예수에게 사로잡혀서 우리로 하늘 보물에 주목하게 하는 설교는 보기 드문 형편이다.

## / 작은 예수들의 음모 /

획기적인 상상을 하도록 일깨우는 일은 단호하고 준엄한 자세에서 이루어지는 법이다. 2005년에 나온 영화 〈브이 포 벤데타V for Vendetta〉는 그리 멀지 않은 장래에 전체주의 국가 영국을 배경으로 한다. 영국민은, (말하자면) 시저처럼 모든 것을 통제하는 제국의 독재자에게 그들의 상상력을 넘겨주었다. 이 상황은 조지 오웰이 쓴 소설 《1984 Nineteen Eighty-Four》에 나오는 영국과 비슷하다. 늘 마스크를 쓰고 자기를 V라고만 부르는 한 혁명가가 사람들을 무감각한 상태에서 일깨우려고 사회 불안을 조성할 프로그램을 실행한다. 어떤 장면에서는 영국 TV 스튜디오를 점거하고 무장하도록 선동하는 방송을 하면서 이런 결론을 내리고 있다.

… 이 나라가 무언가 크게 잘못되었다고 생각하지 않습니까? 잔인함과 불의, 편협함과 억압! 예전에는 당신들이 원하면 반대도 하고 생각하거나 말할 자유가 있었는데, 지금은 검열관과 감시 장치가 순응을 강요하고 복종을 부추기고 있습니다. 어떻게 해서 이런 일이 일어났습니까? 누구의 탓인가요? 물론 어떤 사람은 다른 사람보다 더 큰 책임이 있어서 그만한 책임을 져야 합니다만, 솔직히 말해서 당신들이 죄 있는 자를 찾고 있다면 거울을 들여다보는 수밖에 없습니다. 나는 당신들이 왜 그랬는지 알고 있습니다. 당신들이 두려워했다는 것도 알고 있습니다. 누군들 전쟁과 테러와 질병을 두려워하지 않았겠습니까? 당신들의 이성을 오염시키고 상식을 빼앗아 가는 데 공모한 수많은 문제들이 있었습니다. 두려움이 당신들을 압도했고, 그런 상태에서 당신들은 현 수상인 아담 수틀러에게 도움을 구했지요. 수틀러는 질서를 약속했고, 평화를 약속했으며, 그 대가로 요구한 것은 당신들의 묵종이 전부였습니다. 어젯밤 나는 이 침묵을 끝내려고 했습니다. 어젯밤 내가 올드 베일리를 파괴한 것은 이 나라가 그동안 잊어버렸던 것을 상기하길 바랐기 때문입니다. 사백여 년 전에, 한 위대한 시민이 11월 5일을 우리의 기억 속에 영원히 새기고 싶어 했습니다. 이 시민은 공정함과 정의와 자유가 말뿐이

아니라 사물을 보는 시각이라는 사실을 세상에 알리고자 했습니다. 그런즉 만일 당신들이 아무것도 보지 못한다면, 이 정권의 범죄를 아직도 모르고 있다면, 11월 5일을 그냥 지나가도록 내버려두라고 제안합니다. 그러나 만일 당신들이 내가 보는 것을 보고, 내가 느끼는 대로 느끼고, 내가 구하는 대로 구하고 싶다면, 오늘밤부터 일 년 동안 국회의사당 문밖에 있는 내 곁에 설 것을 권합니다. 그래서 우리 다함께 11월 5일을 영원히 잊을 수 없는 날로 만들어 줍시다.[6]

V가 죽은 뒤 수십만 영국민이 가이 포크스 마스크를 쓰고 막을 수 없는 저항의 물결을 이루며 의사당으로 행진하는 장면에서 영화는 클라이맥스에 도달한다. V는 다른 사람들의 삶 속에서 자신을 재생산했다. 변동 곧 혁명을 위한 운동의 촉진제 역할을 한 것이다. V는 우리가 이제까지 얘기한 것을 대변하는 인물이다. V는 제국의 포로가 되었던 이들의 상상력을 붙잡는다. 그리고 수많은 V들이 전체주의 정권에 저항하도록 거대한 음모를 꾸미는 것이다.

앞서 언급했듯이 앨런 허쉬는 〈브이 포 벤데타〉에도 나오는 이 관념을 묘사하기 위해 '작은 예수들의 음모'라는 용어를 창안했다. 예수는 자기 추종자들의 상상력을 사로잡아 그들 속에서 자신을 재생산한다. 사실 제자를 삼는다는 것은 문자 그대로 예수를 닮아가는, 즉 작은 예수가 되어가는 평생에 걸친 프로젝트라고 할 수 있다. 그런데 예수를 닮아가는 과정은 금방 개인을 넘어 집단으로, 집단에서 운동으로 발전한다.

신약성경을 살펴보면 알 수 있듯이, 사회·문화 구석구석에서 그리스도를 닮은 사람들을 모아 운동을 일으키는 것, 이것이 예수가 의도했던

전략적 음모였다.[7]

우리가 작은 예수가 된다고 말하든지, 예부터 내려오는 '그리스도를 본받는다(혹은 따른다)'라는 표현을 쓰든지, 이런 말들은 모두 예수의 삶을 모델로 삼는 것이 영성의 중심이라는 의미를 내포한다. 키르케고르는 이렇게 말한다.

> 그리스도에 의해 구속을 받는다는 것은 그분을 본받는 과업을 스스로 짊어지는 것이다. 하나님인 그분은 내 구속주가 되시고 인간인 그분은 내 모델이 되신다. 기독교는 하나의 신앙이면서 그에 걸맞은 생활방식, 즉 그리스도를 본받는 것이라고 정의할 수 있다.[8]

영화 〈브이 포 벤데타〉에서 수많은 V들이 길거리로 쏟아져 나와 바리케이드를 뛰어넘고 국회의사당을 향해 물밀 듯이 몰려오는 클라이맥스 부분은 모방이라는 음모에 담긴 위력을 보여준다. 키르케고르는 "흠모하는 자는 멀리서 구경만 하지만, 그리스도의 추종자는 자기가 흠모하는 그것이 되려고 힘쓴다. 이런 필수 조건이 갖춰지지 않으면 그리스도인이 되고자 하는 모든 시도는 헛수고에 불과하다"[9]라고 말했다. 이것이 바로 작은 예수들의 음모이다.

데이비드 보슈는 "제자도는 비인격적인 명령에 순응하는 것이 아니다. 그리스도와 맺는 관계에 의해 그 양태가 결정된다"[10]라고 올바르게 지적했다. 설교자들이 대위임령(마 28:18-20 참조)을 이용해 그리스도인들을 선교사역에 몰아넣는 방법을 설명할 때, 이 말이 나왔다.

많은 교회 지도자들은 "그러므로 너희는 가서 모든 민족으로 제자를 삼으라"라는 예수의 말씀을 엄격한 특무상사가 멀리서 내뱉은 고함소리처럼 취급해왔다. 예수가 이 말을 했다면 당연히 순종해야 한다는 식이다! 그러나 비인격적인 명령에 대한 맹목적인 순종으로 행하는 선교 사역은 취약한 기초 위에 세워진 사역이라고 보슈는 지적한다. 우리의 선교에 대한 헌신이 마태복음 28장에 나오는 예수의 '명령'에만 기초해 있다면, 선교는 사랑과 은혜의 행위가 아니라 하나의 의무에 불과하게 된다. 마치 자기 남편이 자기에게 꽃을 갖다 주지 않는다고 불평하는 여인과 다를 바가 없다. 죄책감을 느낀 남편이 곧바로 뛰쳐나가 꽃다발을 사서 선물해도 아내는 만족할 수 없다. 아내가 정작 원했던 것은 꽃 자체가 아니었기 때문이다. 아내가 바랐던 것은 선물을 사줄 정도로 자기를 헌신적으로 사랑하는 마음이었다. 우리가 예수를 기쁘게 하지 못했고, 소위 대위임령에 나오는 명령을 지키지 못했다는 죄책감 때문에 선교 사역을 할 때에는, 예수도 만족시킬 수 없고 우리의 소명감도 충족시킬 수 없다. 보슈가 부연하기를, 선교는 예수와의 깊고 풍성한 관계에서 나온다고 한다. 자기에게 꽃을 선사하지 않는 남편을 둔 그 여인은 사실 꽃을 원하지 않는다. 오히려 남편의 존재 자체와 남편의 헌신적인 사랑을 원한다. 예수가 마태복음 28장에서 제자들에게 하는 말씀도 마찬가지이다. 즉 작은 예수들이 예수의 요구를 충족시키기 위해서가 아니라, 그분에 대한 헌신으로 말미암아 자연스럽게 제자 삼는 일을 하기를 바랐던 것이다. 보슈의 말을 살짝 바꿔서 표현하자면, 대위임령은 일반적인 의미의 위임이 아니고, 새로운 사물의 질서에 대한 창조적인 진술이라고 할 수 있다. 혹은 가렛 그린Garrett Green의 말처럼 "하나님은 힘으로 정복하는 분이 아니고, 타락한 피조물의 상상력을 붙잡음으로써 정복하는 분"이라고 묘사할 수 있겠다.

그것이 아무리 어렵다 해도 하나님과 교통하는 일은 반드시 예수와 직접적으로 관계를 맺는 형태여야 한다. 이 점은 참으로 중요하다. 이는 우리 주님과의 관계를 계속 새롭게 해나가는 것을 뜻한다. 이런 언약적인 관계를 잃게 되면 기독교는 예수가 시작한 것과는 다른 종교로 귀결될 것이다. 기독교 신앙의 형식은 갖고 있을지 몰라도 그 내용이 없는 종교로 전락하리라.

따라서 제자도야말로 기독교와 기독교 선교의 토대가 된다는 것은 굳이 말할 필요가 없다. 여기서 실패하면 어디서나 실패를 맛볼 것이다.[11] 그런데 교회 선교에 있어서 제자도의 결정적인 역할은, 신앙생활에서 급진적인 예수가 하는 역할이 무엇인지 다시 한 번 부각시켜주는 것이다. 그리고 이 유대관계는 예수와 기독교 신앙에 대한 이지적이고 객관적이며 간접적인 지식과 직접적으로 관련이 있는 것은 아니다. 예수와의 실존적인 만남 대신에 이런 지식을 추구하고자 하는 유혹이 우리에게 늘 다가온다. 부분적으로 우주의 주님과 살아 있는 관계를 맺는다는 것이 위험스럽고 힘겨운 경험이기 때문이다. 우리는 도무지 그분을 이길 수 없으므로 실행하기보다 생각만 하는 편이 훨씬 더 쉽고, 치를 대가도 적다. 하지만 예수의 가르침이나 그것을 좇아 발생한 종교적 강령을 따르는 것으로는 충분치 않다. 제자도는 주님과의 직접적인 관계를 요구하고, 이 직접성을 상실하면 예수의 이름으로 전개되는 운동에 심각한 타격을 준다.

댈러스 윌러드Dallas Willard는 서구 교회가 한동안 제자도를 그리스도인이 되는 조건으로 삼지 않은 사실에 대해 한탄해마지 않는다.

지금은 그리스도인이 되기 위해 굳이 제자가 되어야 할 필요도 없고, 그런 생각을 품지 않아도 무방하다. 그러니까 제자로서 성장하고 있다는 표시가 없이도 그리스도인으로 남을 수 있다는 말이다. 현대 서구 교회는 교인이 되는 조건으로 그리스도의 본보기와 정신과 가르침을 좇으라고 요구하지 않는다. 어떤 교단 혹은 지역교회에 가입할 때나 거기에서 계속 교제를 나눌 때나 모두 마찬가지이다. … 오늘날 활동하고 있는 기독교 기관들에 관한 한, 제자도는 분명히 선택사항에 불과하다. … 그래서 교회는 '제자 아닌 제자들'로 가득 차 있다. "현대 교회 문제의 대부분은 교인들이 아직 그리스도를 좇기로 결단하지 않았다는 사실로 설명될 수 있다."[12]

예수와 제자도와 진정한 기독교 사이의 살아 있는 관계에 관해서는 디트리히 본회퍼도 부각시킨 바 있다.

제자도란 그리스도에게 충성하는 것을 뜻한다. 충성은 제자도의 형태를 띠어야 하는데 이는 그리스도가 충성의 대상인 까닭이다. 추상적인 신학, 교리 체계, 은혜나 용서에 관한 일반적인 종교지식은 제자도를 불필요하게 만들뿐더러 제자도의 개념 자체를 배제시키고 있으며, 그리스도를 좇는다는 개념을 적대시한다. … 언제든지 제자도 없는 기독교는 그리스도 없는 기독교이고, 살아 있는 그리스도가 없는 기독교는 제자도가 없는 기독교가 될 수밖에 없다.[13]

이 인용문의 마지막 문장이 우리가 말하려는 이슈를 부각시켜준다.

―종교성에 대한 비판―

# 쇠렌 키르케고르
Soren Kierkegaard

예수가 바리새인을 공격하듯이 키르케고르는 모든 형태의 엉터리 (제도화된) 기독교를 향해 돌팔매질을 했다. 19세기의 덴마크 철학자요 신학자인 키르케고르는 "사도는 진리를 선포하고 감사監事는 가짜를 찾아낼 책임이 있다"라고 썼다. 당시의 기독교 세계를 가리켜 예수를 밋밋하게 만들고 그의 메시지를 가볍게 다루었다고 비난하면서, 기독교 세계의 감시자가 되는 것을 자기의 사명으로 삼았다. "세 번을 끓여낸 차에서 나온 찻잎을 넣은 티백에 비하면 서랍 속에서 방금 꺼낸 티백으로 우린 차가 더 깨끗한 것처럼 덴마크 국가교회도 그만큼 진정성이 있다"라는 글을 남긴 키르케고르이다. 실존주의의 아버지로 불리는 키르케고르는 서른다섯 살 때 심오한 영적 체험을 겪은 적이 있는, 놀랄 만큼 복잡하고 영리한 인물로서, 그 체험 이후에 실존주의 사상을 기독교에 적용하고 그럼으로써 국민과 예수를 다시 만나게 하려 힘썼던 사람이다. 키르케고르는 참된 기독교에 들어가기 위해 '신앙의 도약'을 할 주체는 국가가 아니라 개인이라고 주장했다. 작은 예수로 살았던 그는, 제도적인 종교의 진부함에 대한 신랄한 공격으로 덴마크 그리스도인의 분노를 불러일으켜 그들이 예수와의 관계를 돌아보게 되기를 바랐다.

제자도가 그토록 중요한 것은 복음의 구현 및 전달의 문제가 걸려 있기 때문이다. 아니, 누가 그리스도 없는 기독교를 원하겠는가? 우리가 이런 형태의 종교적인 속임수를 피하고 싶다면, 제자 삼는 일을 하나의 중요한 과업으로 여기고 계속 관심을 두는 편이 좋을 것이다. 영적인 권위를 세우는 일은 바로 예수의 삶과 메시지를 몸으로 구현하고 실천하는 것이다. 그럴 때에야 우리의 복음증거도 상대방의 신뢰를 얻어낼 수 있다. 아울러 우리 삶을 통해 드러나는 메시지가 신뢰를 얻을 때에만 복음이 대대로, 그리고 이 문화에서 저 문화로 전달될 수 있다. 따라서 구현과 전달(선교)은 함께하는 관계이고, 둘 다 우리와 예수 간의 관계와 불가분의 관계를 갖는다.

구현과 전달의 문제에서 우리가 직면하는 어려움은 복음의 신빙성과 직접 관련이 있다. 예수의 주장을 비그리스도인의 눈에 믿을 만한 것으로 만드는 중요한 연결고리는 복음을 증거하는 우리이다. 우리의 행실이 형편없어도 성경의 아름다움, 순결함, 진실함은 조금도 약화되지 않는다는 식으로 얼버무릴 수 없다. 성경은 이 둘의 통일성을 강조한다고 자크 엘륄은 말한다.

우리는 이 점을 깨달아야 한다. 인식 가능한 어떤 계시라도 그것을 전달하는 이들의 삶과 증언을 떠나서는 존재할 수 없다는 것. 그리스도인의 삶은 하나님과 이 계시의 의미를 증언한다. "보라, 그들이 얼마나 서로 사랑하는지를." 이곳이 바로 계시된 하나님에 대한 접근이 시작되는 지점이다. "너희가 서로 물고 뜯으면 너희 속에 하나님의 사랑이 없느니라." 우리가 스스로 행하는 일에서 손을 씻고 돌아갈 수 있는, 순수한 하나님의 진리나 예수 그리스도의 진리란 존재하지 않는다. 그리스도인들이 자신의 삶을 그들의 진리에 맞추지 않으면, 진리는 〔실제로〕 존재하지 않는다. 그렇기 때문에 18세기와 19세기에 기독교를 비난하는 자들이 교회의 관행으로부터 계시 자체의 거짓됨을 추론해낸 것은 옳은 일이었다. 이로써 우리는, 그리스도가 요구하는 존재가 되지 못하면, 모든 계시를 거짓과 환상으로, 이데올로기와 상상의 산물로, 그리고 구원과 무관한 것으로 만든다는 것을 알게 된다. 이는 올바른 행실이 꼭 필요하다는 점을 보여주는 확실한 증거이다.[14]

이런 면에서 좋든 싫든 진리를 살아내되, 우리를 보고 있는 자들 가운데서 진리의 중요성을 확증할 수 있도록 살아야 할 짐을 지고 있는 셈이다. 《믿음은 행동이 증명한다 Irresistible Revolution》의 저자인 셰인 클레어본 Shane Claiborne은, 스스로 '예수의 강력한 추종자'라고 밝힌 일단의 사람들을 대상으로 언젠가 설문조사를 실시한 적이 있었다. 그들에게 "예수는 가난한 자와 시간을 보냈는가?" 하는 질문을 던지자 그 가운데 80퍼센트가 긍정적인 응답을 했고, 소위 강력한 추종자라는 자들의 나머지 20퍼센트는 예수가 가난한 자와 시간을 보내지 않았다고 생각한다는 반응을 보였다. 이로써 우리 그리스도인들이 우리의 창시자요 주님인 그분에 대해 얼마나 무지한지 알 수 있다. 그런데 이보다 더 심한 사실은 클레어본이 그들에게 "당신은 가난한 자와 시간을 보내는가?" 하고 물었을 때, 단 2퍼센트만 그렇게 한다고 응답했다는 것. 이처럼 예수에 대한 믿음과 우리의 행동이 분리된 경우가 얼마나 많은지 모른다. 이 불연속성은 교회가 직면한 문제의 핵심부에 놓여 있다. 이를 키르케고르는 다음과 같이 표현했다. "그리스도는 유일한 길인 까닭에 유일한 진리이다. 그 길을 좇지 않는 사람은 그 진리도 버린다. 우리는 그리스도를 사색함으로써가 아니라 그분을 본받음으로써 그분의 진리를 소유한다."[15]

그런데 그리스도인에게 있어서, 선교와 관련된 문제뿐만 아니라 리더십이나 사역 전반에 관한 문제도 제자도와 직결되어 있다. 이는 결코 작은 사안이 아니다. 영성, 사역, 선교의 견지에서 이 문제를 집중적으로 조명하여 풍성한 열매를 거둘 필요가 있다. 그래야만 예수가 그 백성의 삶을 통해 밝히 나타날 것이기 때문이다.

/ 우리는 예수와 동시대인이다 /

전략적인 면에서 제자도는 하나님의 백성이 세상에서 이루어야 할 중요한 과업인데도, 교회는 쉽게 초점을 잃곤 한다. 이런 현상은 일종의 역사적 수수께끼처럼 보인다. 어쩌면 우리 인간이 본래 초점을 잃기 쉬운 존재라서 그런지도 모르겠다. 영웅을 본받는 것이 우리에게는 자연스러운 일이다. 무의식적으로 언제나 그렇게 하고 있다. 메시지와 삶을 통합하는 이 과업은 성찰과 실천이라는 긴 역사를 이어왔지만 서구 교회 신자들 대부분이 이것을 과업으로 받아들인 적은 거의 없었다. 가령, 이 과정을 그리스도 중심적인 방식으로 보는 것을 가리켜 '형상 닮기 conformation'라고 부른다(롬 8:29; 고후 3:18).

성경에 나타난 '그리스도인의 훈련 과정'은 대체로 우리에게 낯선 편이다. 신약성경을 보면, 예수는 정보를 가져오고 프로그램을 개발하고 계획을 실행하는 식으로 사람들을 제자로 훈련하지 않는다. 오히려 예수의 제자훈련은 언제나 그분의 형상을 더 닮도록 끌어들이는 인격적인 방법을 사용한다. 위대한 독일 신학자인 디트리히 본회퍼는 이 아이디어를 포착해서 자신이 정립한 제자도와 윤리의 중심으로 삼았다. "그것은 오로지 그분의 모양과 같이 빚어지는 모습으로만, 사람이 되어 십자가에 죽고 다시 살아난 그분의 독특한 형상을 본받는 모습으로만 이루어진다."[16] 본회퍼는 '형상 닮기'를, 예수가 자기 백성을 통해 이 세상에서 계속 성육신을 감행하는 모습으로 보았다. "예수 그리스도가 이 세상에서 어떤 모습을 지니고 있는가 하는 것은, 인간들이 순종하는 자세를 가지고 성경적 그리스도의 형상으로 속속들이 빚어져 가는 모습으로 드러난다. 타인을 위해 존재하는 그분이야말로 세상의 참된 실재이기 때문이다."[17] 아울러 본회퍼는, 추상적인 신학 작업이나 제자훈련 프로그램의 개발과 같은 문제에 의해서가 아니라 예수와 그분의 명령에 순종하는 길을 통해 이것이 이루어진다고 지적했다.

우리가 본받아 마땅한 예수의 형상은, 인간적 이슈들은 중요하지 않은 것처럼 여기고 오로지 내세를 지향하는 종교문제에만 골몰하는 그런 광신자의 모습이 아니다. 만일 우리의 모형이 복음서에서 만나는 예수라면, 복음서의 예수는 인간이 된다는 것의 의미를 명확하게 보여준 분인 까닭에 우리도 예수라는 참 인간의 모형을 닮아가야 한다. 예수 안에서, 하나님은 우리에게 참 인간이 된다는 것이 무슨 뜻인지 가르쳐주셨고 예수를 원형으로 주신 셈이다. 이제 우리는 예수의 삶을 모델로 삼아 더욱더 진정한 인간이 되어야 마땅하다. 이는 결코 종교적인 사람이 되는 것을 의미하지 않는다. 오히려 각 사람 안에 그리고 제자 공동체의 삶 속에 그리스도의 형상을 빚어내는 것을 뜻한다.[18]

'형상 닮기'라는 개념은 예수와 그 백성 사이의 직접적인 관계에 초점을 둔다. 이런 관계와 의식을 상실하게 되면 자연스레 영적인 민감성이 둔해지는 결과를 낳는다. 다시 말해, 우리와 예수의 관계가 다시 불붙게 되면 이것이 영적인 갱신으로 이어진다는 뜻이다. 물론 참된 제자는 그리스도를 자신의 삶 속에 현존하는 실재로 인정하는 사람이다. 이것이 바로 그리스도를 믿는다는 말의 의미다. 우리는 예수에게 가까이 나아가고 그분의 주되심 아래 살며, 우리를 위한 그분의 구원사역을 신뢰하고, 이런 믿음을 예배와 사랑의 행위로 표현함으로써 우리의 삶을 그분의 삶에 맞출 필요가 있다. 하나님의 삶에 참여하는 일은 "황홀경이나 어떤 종교적인 위업을 통해 일어나지 않고 예수 그리스도를 통해 일어난다. 성도란 그리스도의 존재 속으로 침투하는 이들로서, '자력'에 의해서가 아니라 그리스도의 신성에 합류된 그리스도의 인성에 의해 스스로를 끌어올리는 사람이다."[19]

신자와 예수 간의 직접적인 관계의 필요성을 전달하기 위해 키르케고르는 '동시대성contemporaneousness'이라는 좀 생소한 용어를 창안했다. 어색한 단어이긴 해도 예수와 그 추종자들 사이에 중재자 없는, 친밀한 관계의 필요성을 부각시키고 있기에 무척 유용하다. 신자에게 예수는 "신앙의 눈에 비친, 살아 있는 실재요 각 세대의 동시대인이어야 한다", "예수의 실재는 시간과 공간을 뛰어넘는 것임에 틀림없다"라고 키르케고르는 말했다.[20] 키르케고르가 말하는 동시대성은 신자가 교회의 2000년 전통을 뛰어넘고 물려받은 전제들에서 벗어나 예수를 만나되, 그분을 첫 그리스도인들의 눈이 아니라 첫 목격자들(제자들뿐 아니라 십자가에 못 박은 자들)의 눈으로 보려는 의식적인 노력을 뜻한다. 그리고 "이 딜레마로 인한 고통스러운 긴장 가운데서, 예수가 과연 자기의 삶에 대한 절대권을 가진 신인神人인지, 아니면 무슨 수를 써서라도 피해야 할 미친 사람인지를 놓고 스스로 선택해야 한다."[21] 만일 키르케고르가 옳다면, 우리가 구원을 받고 그분을 좇고 싶을 경우에 이처럼 예수와 직접 대면하는 일이 불가피하다. 그리스도인은 틀림없이 예수와 직접적으로 관계를 맺은 그리고 맺고 있는 사람이다. 그리고 한 번의 만남이 아니라 평생에 걸쳐 그리스도를 본받는 과정을 통해서 이 참된 동시대성은 완전히 성취되는 것이다.

이 점을 상세히 논할 생각은 없고, 여기서 이런 동시대성은 신학을 바르게 정립하는 문제(바른 신학이 무엇을 뜻하든지)가 아니라는 점만 확실히 말하고 싶다. 성경적 신앙은 일련의 교리를 믿는 것으로 축소될 수 없고, 제자도 역시 그런 견지로 보아서는 안 된다. 루터가 (재)발견한 신앙은 우리의 인생을 한 가지 확신에 거는 굉장한 도박과 비슷하다. 이 신앙은 일련의 명제를 믿는 믿음으로 환원될 수 없다. 이것은 우리의 인격과 존재 전체가 관여하는 대단히 실존적인 행위이다. 동시대성은 어떤 사색으로 도달할 수 있는 것이 아니고, 내 존재 속에 임하는 그리스도의 현존에 의해서만 이룰 수 있다. 제자가 된다는 것은 처음으로 예수를 믿고 신뢰하는 것보다 훨씬 더 많은 내용을 내포한다. 즉 기독교는 명확하게 정의될 수 있는 존재양식, 곧 '그리스도를 본받는다'라는 말로 요약되는 그런 생활방식까지 포함하고 있는 것이다. 우리가 이 길을 선택하면 우리는 스스로 그리스도의 동반자요 추종자요 동시대인이 되기로 작정하는 셈이다. 제자도의 모든 측면(예배, 의례, 기도, 선교, 신학함)은 이런 저런 의미에서 동시대성의 성취를 겨냥하고 있는 것들이다. 그

리스도의 모든 삶의 영역은 그분을 좇는 그리스도인의 삶과 온 교회의 삶을 위한 표준을 제공한다.[22]

## / 누가 그리고 무엇을 /

그러면 예수를 향해 걷는 이 길을 비추어줄 손전등은 무엇일까? 우리에게는 이 여정을 걷도록 예수가 마련해준, 폭넓은 신앙의 윤곽을 그려주는 핵심 진리들이 있다. 이 진리들을 이해하면, 예수와 그분의 길이 지닌 독특한 측면을 계속 접할 수 있다. 이런 것은 일종의 나침반을 제공해주어 우리(개인적 주종자나 신앙 공동체)가 길들일 수 없는 야성적인 주님과 호흡을 같이하고 있는지 가늠할 수 있도록 해준다.

| 예수의 삶과 가르침 | 교회에 대한 함의 | 구체적인 실천 사항 |
|---|---|---|
| 하나님 나라의 도래를 알리고 자기 자신을 그 중심에 두다.<br>(막 1:14-15, 눅 11:20) | 왕의 통치 아래서 사는 삶(5장에 나오는 실존적 유일신론을 보라). 하나님의 나라가 중심에 있고, 그 나라는 교회를 넘어 전 우주에까지 확장된다. 우리는 삶의 모든 영역에서 그 나라의 일꾼으로 산다. 예수가 바로 주님이요 왕이시다! 우리는 어디서든지 살며 일할 수 있고, 그 나라가 이미 거기에 있을 것이라고 기대할 수 있다. | 우리가 일터에 있을 때, 함께 해 달라고 예수를 초대한다. 우리가 일하는 동안 예수의 성품을 구현할 기회를 찾는다. 아주 평범하고 일상적인 활동을 통해서도 하나님의 일을 반영할 수 있는 길을 찾는다. |
| 하나님에 대한 직접적이고 능동적인 신앙/신뢰를 요구하다.<br>(막 1:14-15, 마 17:20) | 하나님의 주권적이고 기적적인 개입에 대한 열린 자세를 요구한다. 신뢰로서의 믿음은 우리를 위한 영적인 개방성을 요구한다. 하나님이 우리 삶의 모든 측면에 관여하실 것을 기대해야 한다. | 상황이 절망적일지라도 포기하지 않는다. 어떤 식으로든 하나님이 그 상황에서 일할 것이라는 믿음을 갖는다. 우리는 두려움에 굴복해서는 안 된다. |

| 예수의 삶과 가르침 | 교회에 대한 함의 | 구체적인 실천 사항 |
|---|---|---|
| 하나님의 은혜와 자비를 전하다. (마 12:7) | 남에게 은혜/자비를 베풀 뿐 아니라 그것을 받을 자세도 취한다. 우리가 헤아리는 대로, 우리도 헤아림을 받을 것이다. 우리의 자원과 시간을 관대하게 사용할 수 있다. 하나님은 자비로우시므로 우리도 일상생활에서 하나님처럼 될 수 있는 길을 모색해야 한다. | 우리가 처한 상황 중에 예상치 않은 곳에서 오는 은혜에 대해 열린 자세를 갖는다. 상대방이 교육수준이 낮거나, 나이가 많거나, 이혼경력이 있거나, 전과자이거나, 장애가 있거나, 경제적으로 궁핍하거나, 성질이 까다롭다 할지라도, 상대가 주는 선물을 하나님에게서 온 것처럼 겸손하게 받는다. |
| 죄를 용서하다. (마 9:2; 눅 7:47) | 회개와 용서는 몸에 배인 생활방식이 된다(일흔 번씩 일곱 번 용서). 거룩한 하나님 앞에 열려 있으면 언제나 우리의 죄성을 인식하게 되고, 인간 영혼 속에 악이 뿌리박고 있을 가능성을 인정하게 된다. 우리는 또한 용서를 베푸는 사람이 되어야 한다(마 6:15). | 우리 속에 남에 대한 원한이나 용서 못하는 마음이 있는지 면밀히 살펴본다. 다른 사람과 서로 책임지는 관계를 맺는다. 사랑하는 친구의 책망에 대해 열린 자세를 갖는다. 우리의 한계를 자주 고백한다. |
| 세상을 향한 하나님의 사랑을 보여주다. (요 3:16, 14:21) | 먼저 하나님을 사랑하고 다음으로 그 분의 이름으로 남을 사랑할 것을 요구한다. 우리가 사랑받고 있는 사람들임을 알고, 이 사랑을 타인에게 표현해야 한다. 그 대상은 가족은 물론이고 원수까지 포함한다. 우리는 사랑의 사람들로 알려져야 한다. | 우리의 사랑은 하나님의 사랑을 보여준다. 가족에게 사랑을 보여주되, 그 사랑은 하나님으로부터 우리가 받은 넘치는 사랑을 반영하는 것이어야 한다. 낯선 자를 대접한다. 타인이 성장하고 은혜를 발견할 만한 공간을 창출한다. |

| 예수의 삶과 가르침 | 교회에 대한 함의 | 구체적인 실천 사항 |
|---|---|---|
| 병든 자를 고치고 귀신을 쫓아내다. (막 1:23; 눅 11:20) | 치유사역은 교회가 세상에서 행하는 섬김의 일부가 되어야 한다. 이는 하나님 나라의 현존을 가리키는 표시이다(요 14:12). 우리는 상처받은 세상에 살고 있기 때문에 사람들의 몸과 정신과 관계를 치유할 기회를 열심히 찾아야 한다. | 사람들을 위해 기도하고 그들을 위로하고 그들과 화해할 기회를 찾는다. 또 병든 자를 위한 기도를 꺼리거나 필요시 영적 전쟁에 참여하는 것을 피하면 안 된다. |
| 자기를 좇고 본받도록 모든 사람을 초대하다. (마 4:19, 8:22) | 그는 인간의 초상이다. 또 구세주일 뿐 아니라 진정한 인생을 보여주는 하나님의 모형이기도 하다. 이는 예수를 본받을 것 … 곧 제자도를 요구한다. 이는 또한 세상의 흐름을 거슬러 예수 및 그분의 내의와 함께 굳게 서는 것을 포함한다. 심지어는 고난과 순교에 이르기까지. 뿐만 아니라, 우리가 죄인들과 버림받은 자들에게 (예수가 그랬듯이) 더 '매력적인' 인물이 되는 것을 뜻한다. | 다른 그리스도인을 제자로 만들 기회를 찾는다. 자원해서 노숙자에게 음식을 대접하고, 어려운 자들과 앉아서 얘기를 나누는 등 외모가 마음에 걸리더라도 그들을 섬긴다. |
| 통용되는 거룩함의 표준을 근본적으로 개혁하다. (산상설교) | 예수는 제자/교회를 위해 무척 도전적인 윤리적, 도덕적 규율을 설정하였다. 산상설교는 교회 역사에서 가장 많이 사용된 제자도 본문이다. 이는 제자의 삶을 묘사하는 동시에 규정하고 있다. 우리는 이 대목을 참조 본문으로 삼고 그것을 삶으로 실천하려고 해야 한다. | 손님대접, 관대함, 겸손, 정의를 실천한다. 우리의 믿음이 개인적인 구원을 가져올 뿐 아니라, 하나님의 정의와 평화를 반영하도록 세상을 바꾸는 일에도 참여하게 한다고 믿는다. |
| 하나님을 사랑하고 예배하는, 특유의 비종교적인(심지어는 반종교적인) 방식을 소개하다. (마 21장; 요 4:20) | 복음은 진정 반문화적인 힘을 방출하고 있다. 따라서 우리는 때로 세상의 물결과 현상을 거슬러 올라가야 할 때가 있다. 사람들이 우리를 종교적인 사람이 아니라 예수의 제자들로 볼 수 있어야 한다. 종교적인 사람은 비그리스도인에게 당혹감을 주기 쉽다. | 기독교 신앙 공동체로 하여금 교회 밖에 있는 그룹에 합류하여 예수가 승인할 만한 일을 하도록 도전한다. 비록 그들이 갖고 있는 견해에 모두 동의하지는 않더라도. |

| 예수의 삶과 가르침 | 교회에 대한 함의 | 구체적인 실천 사항 |
|---|---|---|
| 가난하고 억압받는 자들에게 사랑과 연민을 보여주다. (눅 4:18-19, 7:22-23) | 예수의 이름으로 소외된 자와 짓밟힌 자를 섬겨야 한다. 그리고 이것은 때로 억압을 조장하는 정치적, 사회적 혹은 종교적인 체계와 생활방식에 정면으로 맞서야 한다는 의미이다. | 일부 그리스도인 친구들의 반대에도 불구하고 에이즈 피해자를 돕는 그룹과 함께 일한다. |
| 버림받은 자와 부적응자의 친구가 되다. (마 9:9-12; 눅 19:10) | 문화적 선호도에 따라 사람들을 교제권에서 배제시키지 말아야 한다. 아울러 지금보다 더 많은 '괴짜들'과 어울릴 필요가 있다. 사회의 중심부로부터는 배울 수 없는 것을 주변부에서 배울 수 있다. | 교회에 잘 적응하지 못하는 방문자들을 환영하는 것을 원칙으로 삼는다. '괴짜들'과 버림받은 자들을 모으고 그들에게서 예수에 관해 배울 것을 찾는다. |
| 하나님의 구속의 패턴을 따르다. (눅 15:4-32) | 하나님은 구속자이므로 우리도 구속의 관점에서 행해야 한다. 잃은 것과 깨진 것을 회복시킨다. 선교사역은 깨진 백성과 잃어버린 문화의 구속을 포함한다. 우리는 판단하지 않고 구속한다. | 회복과 아름다움, 창조성과 은혜, 손님 대접과 관대함을 목표로 삼는다. 하나님이 우리의 구속자이기에 다른 누구보다도 더 잘 살고 사랑하고 활동하고 고난도 마다하지 않는다. |
| 하나님 나라의 좋은 소식을 선포하다 (그리고 삶으로 구현하다). (마 5:13-16) | 우리는 예수의 좋은 소식을 선포해야 (그리고 삶으로 구현해야) 한다. 어떤 의미에서는 우리 자신이 좋은 소식이다(그리고 그렇게 되어야 한다). 우리는 소금/빛이다. 사랑, 용서, 자비, 연민, 의로운 분노 ··· 이것들은 제자의 특징이다. | 우리는 불신자들과 어울린다. 그들과 함께 기도한다. 그리고 교류가 있는 생활방식을 통해 교류의 좋은 모델이 된다. 또한 항상 우리 속에 있는 소망에 대해 답변할 준비를 갖춘다. 우리 가운데 있는 복음전도자의 사역을 인정한다. |

| 예수의 삶과 가르침 | 교회에 대한 함의 | 구체적인 실천 사항 |
|---|---|---|
| **전인숫을 향한 실존적인 소명을 제시하다.**<br>(마 22:37-40) | 우리는 단지 머리나 몸으로 믿는 것이 아니라, 우리의 존재 전체로 반응해야 한다. 하나님의 사랑은 마음, 머리, 생각, 뜻, 몸 모두와 다 관련이 있다. 우리는 하나님에 대한 총체적인 헌신을 방해하는 삶의 제한을 피해야 한다. | 즐거움이 하나님으로부터 말미암는다는 것을 안다. 하지만 맨 먼저 하나님이 우리에게 그것을 주셨음을 인정하면서 그 방향을 하나님에게로 돌린다. 하나님이 주신 삶에 지적으로, 정서적으로, 그리고 신체적으로 관여한다. |
| **새로운 출발을 제공하다.**<br>(요 3:1-7; 눅 7:38-50) | 우리는 거듭나야 한다. 우리는 새롭게 출발한 백성이! 그래서 다른 사람들에게도 새 출발점을 제공해야 한다. 사람들에게 기회를 주라. 능동적으로 용서하는 법을 배우라. | 우리가 용서를 받았다는 것과 다른 이들도 용서가 필요하다는 것을 기억한다. 다른 이들에게 예수가 베푸는 선물, 곧 하나님과 함께하는 새로운 출발에 대해 얘기해준다. |
| **위선을 미워하다.**<br>(마 23:28; 눅 12:1) | 예수는 위선을 혐오한다! 성적인 죄보다 훨씬 더 많이 언급되고 있는 이 문제는 예수의 제자에게 용납될 수 없는 영적인 죄이다. 우리가 많이 용서를 받았기 때문에 남들에게도 동일한 은혜를 베풀어야 마땅하다. | 남들이 우리의 잘못을 지적하면 겸손하게 경청한다. 죄의 등급을 매길 때, 성적인 죄를 위선과 교만과 같은 더 '영적인' 죄들보다 우위에 두지 않도록 노력한다. 예수가 전자보다 후자에 대해 더 많이 말했기 때문이다. |
| **다시 오실 것이다.**<br>(눅 11장; 마 25:1-13) | 예수의 임재와 재림을 간절히 바라는 마음을 품어야 한다(마치 약혼한 처녀가 신랑을 고대하듯이). 예수는 우리를 온전케 할 것이다. 아울러 불의를 심판하러 오신다. 굉장한 날이 될 것이다! | 예수의 재림을 의식하면서 긴장을 느끼며 살 필요가 있다. 기회를 포착하라! "예수가 어제 죽었고, 오늘 살아났으며, 내일 올 것처럼 살라"(마르틴 루터). |

| 예수의 삶과 가르침 | 교회에 대한 함의 | 구체적인 실천 사항 |
| --- | --- | --- |
| 친구들을 위해 생명을 버리다.<br>(요 15:13) | 우리에게 자기희생적인 생활방식을 요구한다. 우리는 잃어버린 세상, 깨진 세상을 섬기는 종으로 부름 받았다(마 23:11-12 참조). | 사치스런 생활(케이블 TV, 외식, 혹은 모바일 게임)을 포기하고 그 돈을 사회사업에 기부하기로 결심한다. |
| 구원을 가져오다.<br>(눅 1:76-77, 19:9) | 우리는 구원받을 필요가 있다. 이는 한 번의 결단일 뿐 아니라 평생에 걸친 과정이기도 하다(빌 2:12). 우리는 또한 구원의 전령들이다. 히브리인이 생각하던 구원은 치유와 온전함을 내포했다. 우리는 구원을 통전적으로 적용할 필요가 있다. | 우리는 구원을 일상적으로 관여하는 하나의 과정으로 여기려고 노력한다. |

이 목록이 물론 모든 것을 망라하는 것은 아니다. 아울러 지난 2000년의 세월 동안 셀 수 없이 많은 이들의 마음과 상상력을 사로잡은 기독교 신앙을 제대로 요약했다고도 생각하지 않는다. 그래서 우리는 독자들에게 나름대로 예수와 그분의 가르침의 중심 사상이 가진 함의를 목록으로 만들어보라고 권하는 바이다. 이는 복음의 본질적 요소들에 대해 다시 생각하게 되는 훌륭한 기회가 될 것이다.

## / 선교적 예수를 좇는 삶 /

성경학자이자 블로그 운영자인 스코트 맥나이트Scot McKnight는 〈선교적 예수Missional Jesus〉라는 블로그 시리즈에서 이와 비슷한 작업을 했다. 거기서 우리가 예수의 추종자로서 어떻게 살아야 하는지에 대한 결론을 끌어내지는 않았다. 하지만 예수가 주변 사람들에게 어떻게 행동했고 또 어떤 영향을 미쳤는지 비교적 분명하게 보여주기 때문에 독자가 나름대로 결론을 도출할 수 있을 것이다. 이 시리즈를 요약하고 발췌한 것을 소개하면 다음과 같다.[23]

| 예수의 삶과 가르침 | 교회에 대한 함의 |
| --- | --- |
| 눅 4:16-30 | • 선교적 예수가 하나님의 선교는 자신을 중심으로 이루어질 것이라고 선언하다(4:21).<br>• 선교적 예수가 이사야서 61장 1-2절에서 자신의 사명을 발견하는데, 거기에는 가난한 자와 포로 된 자와 눈먼 자와 눌린 자를 위해 공의를 이루는 일이 포함되어 있다.<br>• 예수의 선교는 희년의 성격을 지닌다(4:19).<br>• 예수의 선교가 냉소와 배척을 물러일으키다(4:24).<br>• 고향 사람들이 예수를 배척하다(4:24-29).<br>• 예수의 선교는 일반적인 경계를 넘어 더욱 확장될 것이다. |
| 눅 5:1-11 | • 선교적 예수는 말씀을 전하는 자이다(5:1-3).<br>• 선교적 예수와의 만남은 당혹감과 놀라움과 경외심을 불러일으켜서 회개에 이르게 한다(5:5, 8-10).<br>• 선교적 예수는 자신의 사명을 사랑하는 이들과 나눈다(5:10).<br>• 예수의 선교에 참여하는 이들은 다른 사람도 거기에 동참하도록 모집하는 소명을 받는다(5:11). |
| 눅 9:57-62 | • 선교적 예수는 육체가 치를 대가를 알고 있다(9:58).<br>• 선교적 예수는 신성한 관습과 관련해 가족과의 관계에서 치를 대가를 알고 있다(9:59-60).<br>• 선교적 예수는 단순한 사회적 예의와 관련해 가족과의 관계에서 치를 대가를 알고 있다(9:61-62).<br>• 선교적 예수는 추종자들에게 모든 것을 요구하고, 지금 당장 결단을 내리라고 한다. 하나님의 나라는 그만한 가치가 있음을 알고 있기 때문이다. |
| 마 4:23-25 | • 전반적으로 선교적 예수는 사람들에게 선행을 베풀었다.<br>• 선교적 예수는 전형적인 종교 교육 센터에서 가르쳤다. |

| 예수의 삶과 가르침 | 교회에 대한 함의 |
|---|---|
| 마 4:23-25 | • 선교적 예수는 하나님의 나라에 관해 전파했다(이는 좋은 소식을 선포했다는 뜻). 하나님의 나라란 무엇인가? 예수에게 그 나라는 '하나님의 뜻이 확립되고 삶의 모든 면이 변혁되는 사회'이다.<br>• 선교적 예수는 병을 고쳤다.<br>• 선교적 예수는 매력적인 인물이었다. |
| 마 8:5-13 | • 선교적 예수는 병을 고치러 오는 자라면 누구나 받는다.<br>• 선교적 예수는 이방인과 유대인 사이의 담을 헌다.<br>• 선교적 예수는 이방인들도 고친다.<br>• 선교적 예수는, 중요한 것은 (예수로 말미암아) 하나님을 믿는 믿음이지 인종적 배경과 종교적 신분이 아니라고 믿는다.<br>• 선교적 예수는 자기를 하나님의 보냄을 받은 권위 있는 이로 믿는 믿음을 칭찬한다. |
| 막 5:1-20 | • 선교적 예수는 악한 영들에게 공격당한 이들 속에 있는 악과 맞선다.<br>• 악의 세계는 선교적 예수가 위협적인 권세임을 알아차린다.<br>• 선교적 예수의 권세는 위협적이고 경외감을 불러일으키지만, 그 권세를 인식하는 사람이 모두 예수의 제자가 되는 것은 아니다.<br>• 선교적 예수는 악에서 해방된 이들에게 주님이 보여주신 자비를 증언하라고 촉구한다.<br>• 선교적 예수는 자기의 사명이 영적 전쟁임을 알고 있다. |
| 마 9:32-34 | • 선교적 예수는 불길이 나방을 끌듯이 귀신 들린 자들을 유인한다.<br>• 선교적 예수는 그에게 고침 받을 수 있음을 아는 자들을 끌어 모은다.<br>• 선교적 예수는 초고속으로 병을 고칠 수 있다.<br>• 선교적 예수는 오히려 종교 당국에 의해 귀신 들린 자로 몰려 핍박을 받는다. |
| 마 9:35-10:4 | • 선교적 예수는 하나님의 선교에 참여한다.<br>• 선교적 예수는 자기의 선교(하나님의 나라)를 더욱 '확장시킬 자들'을 위해 하나님께 기도한다. |

| 예수의 삶과 가르침 | 교회에 대한 함의 |
|---|---|
| 마 9:35-10:4 | • 선교적 예수는 무리의 억압받는 모습과 자비가 필요한 처지를 보고 불쌍한 심정을 느껴 하나님께 기도한다.<br>• 선교적 예수는 그 나라를 위해 열두 명의 일꾼을 구별하여 자신의 대변인들로 임명한다.<br>• 선교적 예수는 그 나라를 '확장시킬 자들'을 임명하여, (마태복음에서) 자기가 해왔던 일을 시킨다. 그런즉 그들은 자기 사명을 수행하는 자들이 아니라 예수의 분신과도 같은 이들이다. 선교 사역은 곧 예수의 사역이다.<br>• 예수의 '분신들'이 모두 예수를 충실하게 좇는 것은 아니다. |
| 마 10:5-8 | • 선교적 예수는 목표로 삼고 있는 대상이 있다. 그들은 유대인이다.<br>• 선교적 예수의 보냄을 받은 선교사들은 동일한 메시지를 갖고 있는데, 그것은 바로 하나님의 나라이다.<br>• 선교사들은 예수가 행한 것을 행하고, 예수가 행한 것을 확장하며, 예수가 말한 것을 말한다. 그들은 예수와 그 나라를 새로운 곳으로 확장하기 위해 그 장소에서 예수가 '되어야' 한다. |

우리는 서슴지 않고 다음과 같이 말할 수 있다. 복음서들이 우리에게 보여주는 실로 깜짝 놀랄 만한 초상화는 너무나 멋있는 인간이면서도 단순한 인간적 차원을 넘어 하나님의 삶을 우리에게 보여준 인물의 모습이라고 말이다(요 14:9 참조). 예수는 진정 우리가 사랑하는 분, 우리의 경배를 받기에 합당하신 하나님이다. 우리는 이 고귀한 삶이 교회의 사소한 문제나 중산층의 미지근한 문화에 파묻히는 것을 도무지 눈감아 줄 수 없다! 우리의 힘이 자라는 데까지 예수가 자기 교회에서 진정한 주님으로 대접받게 되는 것을 위해 노력할 것이다.

이와 같은 맥락으로 노래를 부르는 또 다른 목소리의 주인공이 있다. 그는 아일랜드의 작사가인 시너드 오코너Sinéad O'Connor이다. 그녀가

2007년에 내놓은 앨범 〈신학Theology〉은 하나님의 이름을 표방한 교회에 의해 때묻지 않은 신앙을 향해 울부짖는 소리로서, 구약의 여러 대목에 대한 묵상을 묶은 선집이다. 가톨릭 교도로 자라서 공격의 예봉을 어린 시절 경험한 가톨릭교회에 겨냥하고 있지만, 그녀의 아름다운 노래에 담긴 가시는 예수를 종교적 제도 밖으로 몰아낸 교회나 교단이면 누구나 느낄 수 있는 노랫말이다. 애가 타는 듯한 목소리를 담은 〈깊은 곳에서Out of the Depth〉란 노래는 자비를 갈구하는 시편 기자의 울부짖음을 담아냈다. 이 노래는 시편 130편 1절로 시작된다.[24]

> 여호와여
> 내가 깊은 곳에서 주께 부르짖습니다

이 노래는 작사자가 자기 교회에서 쫓겨난 하나님을 상상하면서 그분을 위해 부르는 일종의 애가哀歌이다. 노래는 이런 내용으로 끝난다.

> 옛 속담은 슬프지만 진실을 말하고 있네
> 하나님이 땅 위에 살았더라면
> 사람들은 그분의 창문을 깨뜨릴 것이라고

아, 얼마나 정곡을 찌르는 뛰어난 글귀인가! 진정으로 하나님을 이해하려면 치욕 당하고 공격 받는 그분의 모습을 볼 수 있어야 한다. 예수가 완만한 골고다 언덕길을 올라갈 즈음 예수의 창문은 모두 부서진 상태일 것이다. 시너드는 구약의 한 줄(시편 130편 6절 전반부)을 숨이 차도록 반복해서 부르면서 노래를 마친다.

파수꾼이 아침을 기다림 같이 내가 주를 기다립니다

바로 이 아침을 우리도 갈망한다. 새롭게 되는 일은 우리 각 사람에게서 시작된다. 하지만 작은 예수들의 음모와 같이 개인적 차원의 갱신이 교회 전체의 갱신을 낳을 것이다. 이제 이 주제로 우리의 눈을 돌려보자.

# 3

## 교회와 단체를 위한 예수 되찾기

예수와 매일 만나는 시간을 종교적 형식으로 대치하면 할수록,
예수는 교회의 중심적 위치에서 점점 멀어지게 된다.
살아 있는 믿음의 자리에 죽은 종교가 들어서는 것이다.

# REJESUS FOR THE CHURCH AND THE ORGANIZATION

# Rejesus for the Church and the Organization

"그리스도의 모든 삶의 영역은 그분을 좇는 그리스도인의 삶과 온 교회의 삶을 위한 표준을 제공한다.
_쇠렌 키르케고르

모든 종교의 뿌리 깊은 제도적 속성은 (그 형태가 성전 예배이든, 불의한 사회제도이든, 억압적인 종교적 관행이든) 예수의 삶과 죽음과 부활에 나타난 하나님의 계시로부터 도전을 받는다. _게일 오데이

교회와
/
단체를
/
위한
/
예수
/
되찾기

3

　요한계시록 3장 20절은 아주 유명한 말씀이다. "볼지어다. 내가 문 밖에 서서 두드리노니 누구든지 내 음성을 듣고 문을 열면 내가 그에게로 들어가 그와 더불어 먹고 그는 나와 더불어 먹으리라." 우리는 보통 이 구절을 예수가 우리 마음의 문밖에 서서 우리에게 들어가게 해달라고 부탁하는 소리로 해석한다. 이런 정서는 충분히 이해할 수 있지만, 이 구절은 사실상 개인전도와는 아무 관계가 없다. 여기서 문제가 되고 있는 교회는 라오디게아 교회, 곧 예수가 입에서 토해버리고 싶어 했던 미지근한 교회이다. 이 본문에서 풍기는 이미지는 예수가 그 교회 바깥에 서서 들어가게 해달라고 요청하는 모습이다. 이 때 우리 마음속에는 '아니, 예수는 바로 그 교회의 주인이어야 하는데 교회 밖에서 무얼 하고 계시지?' 하는 의문이 떠오른다. 물론 요한은, 우리도 똑같은 오류를 범하지 말라고 경고하려고 당시 일곱 교회에 주어진 일곱 메시지를 계시한 것이다. 예수가 라오디게아에 있는 교회의 문밖에 있다니! 이는 기독교의 이름을 내건 많은 공동체와 단체에게도 해당되지 않을까? 이번 장을 시작하면서 묻고 싶은 말이 있다. '혹시 예수가 당신의 교회 문밖에 있지는 않은가?' 우리가 그분을 우리끼리의 교제권에서 내쫓지는 않았는가? 그리고 그 결과는 어떠했는가?

## / 우리 모임에 예수를 모시는 것 /

이제 우리의 가정이 무엇인지 분명해졌을 것이다. 바로, 예수는 신자 개개인뿐 아니라 그리스도 안에서 그리스도의 길을 가는 교회 공동체에게도 최초의 모형이 되신다는 가정이다. 앞서 언급했듯이, 교회가 스스로를 재발견하고, 재조정하고, 믿음 안에 서 있는지 확인하려면 언제나 예수에게 돌아가지 않으면 안 된다. 그런데 현재 서구 교회는 그들이 몸소 구현하고 전수해야 할 야성적이고 원색적인 메시지와 접촉을 하지 않는 현실에 처해 있다. 예수의 제자인 우리는 그리스도를 닮은 삶을 살도록 부름 받았다. 그래서 우리의 삶과 공동체는 예수가 살고 가르치시고 선교하신 모습과 맥을 같이하여 나가야 한다. 우리 주인이 보여준 삶을 얼마만큼 잘 살아내고 있느냐 하는 것이 얼마나 충실한 제자인지를 가늠하는 잣대가 된다.

다소 실용주의적인 성향을 지닌 이들에게는 이런 말이 이상주의로 들릴지도 모르겠다. 그들은 우리에게 현실을 보라고 하면서, 이미 기독교가 엄청난 자본과 자원을 축적하여 수많은 단체를 거느린 초대형 세계 종교를 구축하였다는 사실을 지적할 것이다. 물론 그런 단체들이 많은 사람에게 도움을 주고 다수를 믿음의 길로 인도한다는 사실을 부인할 수 없다. 그러므로 좋든 싫든 그들은 이제 이런 종교 기관의 프로그램, 전문가, 이데올로기, 자본, 건물 등을 유지해야 하는 형편이기는 하다. 그런데도 우리가 예수의 급진적인 삶을 운운하니, 그들은 우리가 쓸데없는 짓을 한다고 생각할 것이다. 그들은 급진주의보다 실용주의를 앞세우는 셈인데, 좀 더 솔직하게 우리의 활동을 들여다보면, 종교성이 없고 생명을 지향하는 것으로 묘사된 신앙, 그야말로 역동적인 신앙과는 어느 정도 거리가 있다는 사실을 그들도 시인하지 않을까? 이런 반대자들이 심오한 영적인 직관을 갖고 있더라도 이들은 결국, 이제까지 해왔던 사역과 조직을 계속 유지할 수밖에 없다는, 그렇지 않으면 모든 조직이 무너지고 말 것이라는 진부한 주장을 할 것이다.

그리고 또 다른 이들은 이런 교회 제도와 더불어, 이제까지 우리에게 영향을 미쳐 현재 상태에 안착하도록 이끌어준 길고 복잡한 역사가 있다는 사실을 덧붙일 것이다. 게다가 실로 초대 기독교 운동으로부터 진화된, 풍성한 의례를 가진 웅대한 종교 전통의 후계자라고 주장할지도 모른다. 현대 교회의 실정은 엄연한 현실이기에 그들로서는 성경적 기독교 신앙, 좀 순진하고 심미적으로 형편없고 예수의 원형을 닮은 신앙으로 돌아갈 수도 없거니와 그럴 마음도 없다고 항변하지 않겠는가? 그런 사람들은 어쨌든 지금의 기독교가 여러 의례와 교리와 사제와 성당 등에 뿌리를 박고 있으므로, 예수 되찾기 프로젝트 같은 이상주의는 합리적인 기독교에 들어설 자리가 없다고 믿는 것 같다.

우선 이 두 가지 반응, 실용주의와 전통주의가 어느 정도 일리가 있다는 점을 시인할 필요가 있다. 교회의 제도(전통적인 것이든 현대적인 것이든지) 안에도 하나님이 있고, 아름다움이나 축복도 존재한다. 그리고 매우 영적인 사람들이 지칠 줄 모르고 그것을 발전시켜온 점도 인정한다. 우리는 그 제도가 무가치하다고 주장하고 싶은 마음은 없지만(만일 그런 인상을 풍겼다면 용서해주길 바란다), '과연 이것이 예수가 의도했던 그런 운동일까?'라는 의문은 도무지 피할 수 없다. 그리고 이 모든 부속 장치들이 오히려 우리가 갈망하는 '살아 있는 믿음'에 이르지 못하도록 방해하지는 않는가? 하나님의 나라를 증진한다는 것이 결국 이것인가? 사람들은 본래 예수를 통해 하나님께 직접 나아가게 되어 있는데, 평신도가 하나님께 직접 나가도록 돕는 프로그램들, 사역들, 복잡한 의례가 과연 필요할까? 예수가 교회를 세울 때(마 16:18-19 참조) 이런 것을 염두에 두었던 것일까?[1] 그리고 개신교 운동이 고수해야 할 만인 제사장직의 교리(벧전 2:9 참조)는 어떻게 되었는가?

수많은 사람들이 스테인드글라스로 상징되는 근엄한 교회 전통을 통해 예수와 연결된 듯한 느낌을 갖는다고 한다. 우리도 이 사실을 모르지 않는다. 아울러 현대풍의 구도자 중심 교회들이 많은 사람에게 새로운 소망을 주었고 그들을 진정한 신앙 체험으로 인도해왔다는 사실도 부인하지 않는다. 만일 우리가 이 두 사실을 부인한다면 실로 무식한 처사일 것이다. 하나님은 모든 곳에 계시고 그분의 은혜는 그분이 원하는 곳이면 어디서나 나타나는 법이다.

그러나 우리가 현 상태를 지지하는 어떤 입장을 취하든 간에, 우리가 선호하는 특정한 교회 형태가 과연 메시아이신 예수의 기준에 비추어 얼마나 타당한지, 그것을 영적으로 시험하지 않을 수 없다. 예수가 삶과 사역을 통해 설정해놓은 잣대에 맞추었을 때, 우리의 정체성과 활동이 타당하다는 것을 입증할 수 없다면, 과연 우리가 하는 일이 하나님의 이름으로 하는 일일까? 우리가 현재 하고 있는 일이 예수의 반석 위에 세워져 있지 않고 예수에게서 직접 동기(생활방식과 조직을 위한 직접적 동기)를 부여받지 않는다면, 어떻게 우리 자신을 그리스도인이라고 부를 수 있을까? 그의 활동방법, 가르침, 종교비판, 하나님 나라의 길에 대한 헌신 등은 당연히 우리를 지도하는 일차적인 지침이 되어야 한다. 우리가 새롭게 되기 위해서는 (개인적, 조직적, 공동체적 차원에서) 참신하게 예수를 재발견하는 일이 필요하다. 이 작업은 우리가 이제껏 종교적 사역을 쌓아올리면서 당연시하던 많은 것을 의문시하기 때문에 참으로 위험하지만 그래도 문제의식을 버리시는 안 된다. 금세기가 시작될 무렵에 이처럼 우리 신앙의 원조를 재발견하여 기독교 세계의 모든 불필요한 장식품을 벗겨버려야 할 필요성이 과거 어느 때보다 더 절실하게 다가왔다.

최근에 우리를 깜짝 놀라게 한 사실이 있다. 세속적 문화까지도 예수 되찾기 프로젝트를 요구한다는 점이다. 가령, 상당수의 영화 제작자들(우리 시대의 세속적 선지자들)은 그리스도를 닮은 등장인물들을 제도화된 교회와 서로 갈등관계에 있는 모습으로 그렸다. 이런 영화들을 그리스도에 대한 야비한 공격으로 치부한 교회 지도자들은 영화의 핵심을 놓친 셈이다. 〈몬트리올 예수Jesus of Montreal〉, 〈초콜릿Chocolate〉, 〈하늘에서와 같이As It Is in Heaven〉와 같은 영화들은 예수를 공격하는 작품이 아니다. 오히려 제도적인 기독교는 통렬하게 비판하되, 메시아 같은 주인공에 대해서는 크게 공감하고 심지어는 경외하고 있다.

그 가운데 가장 풍유적인 캐나다 영화, 〈몬트리올 예수〉에서는 실직

―복음전도와 사회참여―

# 앨런 워커
Alan Walker

앨런 워커는 1911년에 태어나 사회참여와 복음전도에 전 생애를 바친 호주의 복음전도자이자 신학자였다. 1950년대에 워커는 호주와 뉴질랜드 전역을 누비며 삼 년 동안 복음전도 여행을 다녔다. 그때 두 나라 인구의 반이 넘는 사람에게 복음을 전했다. 당시만 해도 이런 전도집회가 비교적 흔한 편이었고, 20세기 초부터 근본주의 전도자들이 미국에서 정기적으로 찾아와서 전도집회를 열곤 했었다. 그런데 워커의 순회전도는 독특했다. 개신교에서는 대체로 복음전도와 사회참여가 서로 양립될 수 없다고 보았던 시절에 그 둘을 통합시켰기 때문이다. 또한 앨런은 일찍이 1938년부터 인종차별적인 '백호주의White Australia' 정책을 노골적으로 비판하는 용기를 보였는데, 당시 교회들은 이 문제에 대해 입을 다물고 있었다. 제2차 세계대전과 베트남 전쟁 중에는 평화주의 입장을 취하여 언론의 질타를 받았으나 끝까지 자신의 확신을 굽히지 않았다. 1958년에 마지막 전도여행을 마친 뒤에 호주 시드니에서 감리교 중앙선교부의 지도부를 맡아서 호주에서 가장 큰 사회정의 기관으로 발전시켰다. 반인종차별 노선을 고수한 탓에 앨런은 남아프리카공화국에서 두 차례 추방당한 적이 있다. 영국 여왕에게는 기사 작위를 받았고, 마틴 루터 킹의 친구였으며, 호주 총독에게서 '국가의 양심'이란 칭호를 받았다. 앨런 워커는 복음전도의 열정을 희생하지 않으면서 적극적인 사회참여를 도모했다는 점에서 예수를 구현하는 인물로 남았다. "우리를 통해 그리스도가 드러납니다. 이점을 결코 잊지 맙시다."

중인 배우 대니얼이 주인공으로 등장한다. 그는 교회의 수난극受難劇에 새 생명을 불어넣으라는 임무를 받지만 너무 적나라한 방식으로 무대에 올렸다고 교회 지도자들의 분노를 불러일으킨다. 대니얼은 예수 이야기를 연구하고 연습하게 되면서 (교회 밖에 있는 그리스도의 석상이 바라보는 가운데) 그리스도의 삶을 자기의 삶에 반영하기 시작한다. 예수처럼, 대니얼에게 일단의 부적응자와 버림받은 자들(포르노 영화에 목소리를 더빙하는 남자, 찬밥 신세가 된 중년 여배우, 주인공을 대신해 종종 가슴을 노출해야 하는 모델 등)이 모여든다. 예수처럼, 대니얼은 이들과 함께 은혜와 용서가 넘치는 자랑스러운 공동체를 빚어낸다. 예수처럼, 대니얼은 보통 사람들에게 호소력이 있다. 그의 연극은 금방 몬트리올에 소문이 퍼졌고, 교회에 다니지 않는 수백 명이 이 연극표를 사려고 줄을 서기 시작한다. 그리고 어쩔 수 없이 예수처럼, 대니얼은 종교 지도자들과 심각한 갈등 관계에 빠졌고, 이들은 너무 세속적이고 정열적으로 예수를 묘사한 것에 화가 나서 그 연극의 막을 내리기로 결정하고, 결국 대니얼의 비극적인 죽음과 함께 영화는 끝이 난다.

〈몬트리올 예수〉는 자기의 배역에 완전히 사로잡힌 한 배우에 관한 드라마 이상의 것이다. 이 영화는 처음부터 세례 요한과 대니얼을 서로 병행시킴으로써 후자를 그리스도를 상징하는 인물로 그리는 하나의 알레고리(풍유)이다. 물론 여기서는 불가지론에 입각하여 예수의 삶을 묘사하고 있는데, 세속적인 영화 제작자에게 그 이상을 기대할 수는 없을 것이다. 하지만 우리가 현명하다면 영화 저변에 깔린 기본 전제를 읽어낼 것이라 믿는다. 예수가 정말로 몬트리올에 등장한다면 교회가 예수의 가장 큰 적이 될 것이라는 메시지!

다른 두 영화도, 그리스도를 상징하는 인물이 작은 공동체에 등장하여 소외된 자들에게는 희망을 주지만 교회의 지도층과 충돌하는 것으로 끝이 난다. 〈초콜릿〉은 비안느라는 한 여성이 엄격한 프랑스 마을을 사랑과 은혜로 (물론 초콜릿과 함께) 변모시키지만, 온순한 사제 뒤에 있는 거만한 권력자, 시장에 의해 추방되고 만다는 내용의 영화이다. 〈하늘에서와 같이〉의 주인공은 국제적으로 명성이 있는 교향악단 지휘자였는데, 은퇴를 한 뒤에 어린 시절에 살았던 스웨덴의 소도시로 들어가 자그마한 루터 교회 성가대를 지휘하기에 이른다. 이 사람의 지도 방법이 매우 혁신적이라서 초라한 아마추어 대원들은 세계적 수준의 성가대로 변모하게 되고, 그로 인해 그 교회 목사와 불구대천의 원수가 되었다. 대니얼처럼 그도 비극적인 죽음을 맞이하지만 주인공 뒤에는 변화된 사람들이 남았다. 그들은 주인공처럼 죽지 않을 것이다.

영화 제작자들에게서 해결의 실마리를 찾아야 한다고 주장하는 것은 아니다. 하지만 이런 영화들은 무언가 중요한 것을 직관하여 관중의 공감을 불러일으키기에, 그만큼 인기가 좋은 것이다. 설사 그들이 그리스도를 신성神性 없는 상징인물로 그리려 할지라도, 그리스도는 부유한 종교 기관을 운영하는 일보다 소수의 추종자들을 변화시키는 일에 더 관심이 있다고 믿는 관중들에게는 상당한 호소력을 지닐 것이다. 이 세 편의 영화를 비롯한 많은 작품들에서 우리는, 한 비범한 비전가의 영향을 받은 신실하고 헌신되고 사랑 많은 동지들의 공동체가 그들이 사는 세상을 변화시킬 수 있다는 가능성을 보게 된다. 대니얼이 이끌었던 극단은 '전위배우 스튜디오'를 세워 그의 업적을 이어가기로 결정한다. 초콜릿 가게 주인이었던 비안느의 친구들은 일종의 혁명을 주도하여 마침내 그 황량한 마을을 역동적이고 다채로운 공동체로 변모시킨다. 그리고 〈하늘에서와 같이〉에서는 지휘자 대니얼이 자기 성가대가 오스트리아에서 열린 유명한 콘테스트에서 우승했다는 소식을 들으면서 심장마비로 죽는다. 이 우승은 최고의 합창단들도 이룩하기 어려운 완벽한 조화를 이루었다는 의미가 있는 희소식이었다.

이런 영화들이 전달하고자 하는 메시지는 인류학자인 마거릿 미드 Margaret Mead의 글에서도 찾아볼 수 있다. "사려 깊고 헌신된 시민이 모인 작은 공동체가 세상을 바꿀 수 있다. 이 사실을 결코 의심하지 말라. 아니, 사실은 이제까지 세상을 바꾼 주체는 언제나 작은 공동체였다."[2] 예수가 염두에 두었던 혁명과 다를 바가 있는가? 롤런드 앨런Roland Allen이 선교운동에 관해 깊이 관찰했던 내용을 떠올리며 그 운동들이 얼마나 예수 중심이었는지 생각해보자.

> 자발적인 확장을 교회의 기본요소로 환원하면 아주 간단한 결과가 나온다. 그렇게 되는 데는 정교한 조직도, 대규모 재정도, 다수의 유급 선교사도 필요 없다. 맨 처음에는 한 사람의 일로 시작되는데, 보통은 세상적인 것에 유식하지도 않고 재물도 많지 않은 사람인 경우가 많다. 필요한 것은 한 사람을 그리스도와 연합시키는 믿음으로 그를 불타오르게 하는 일이다.[3]

오늘날 교회는 21세기의 도전에 타협하라고 다시금 강요받는다. 이 중대한 시점에서 우리는 우리의 영적인 조상들을 고취시켰던, 하나님의 사랑으로 충만한, 단순하고 열정적인 그리스도의 공동체로 되돌아가야 할 필요성을 강하게 느끼고 있다. 우리는 예수의 불길을 직접 가져다가 우리의 열정에 불을 붙여야 한다. 이처럼 우리를 소생시키는, 중심으로 돌아가는 과정은 곧 예수를 참신하게 재발견하는 과정과 같다. 한 마디로, 우리 공동체에서 예수를 되찾을 필요가 있다는 말이다.

## / 기독교 – 그리스도 = 종교 /

이제 문제의 핵심을 파악하기 위해 예수를 다시금 발견하는 과정을 거꾸로 뒤집어보기로 하자. 그러니까 기독교의 체험에서 예수를 빼내면 어떻게 되는지를 생각해보자는 말이다. 이런 의미에서 다음과 같은 방정식을 한번 생각해보라.

기독교 – 그리스도 = 종교

당신이 보기에는 어떠한가? 충분히 이해할 만한 방정식이 아닌가? 어떤 진술은 듣는 즉시 이해가 가는데, 이것도 다수의 그리스도인이 이해할만한 명제이다. 진정으로, 예수의 생명력과 비전과 사랑이 없는 기독교는 영혼이 메마른 종교적 제도일 뿐이다. 독자 여러분이 이미 알아차렸을지 모르지만, 우리는 '종교'라는 단어를 부정적인 의미로 사용한다. 생동하는 영성 없이 물려받은 의례, 규율, 구조를 가리키는 말로 이 단어를 사용한다. 이런 의미의 종교는 대체로 억압적이고 통제적이다. 우리는 이 책에서 '종교'를 이런 의미로 사용한다. 믿음에서 예수를 제하면 종교의식과 제도적인 모양이 남는다. 유럽 교회의 역사를 공부해보면

이 점을 충분히 알 수 있다. 중세의 종교재판은 역사의 변종이 아니다. 자기의 존재 의의를 잃어버린 지극히 강압적이고 통제적인 종교가 낳은 당연한 귀결이었다. 자신을 창시한 자와의 접촉을 거부한 종교가 거둔 쓴 열매라는 말이다. 어떻게 이런 일이 일어났을까? 어떻게 해서 초대 기독교처럼 생명력이 넘치던 운동이 원류에서 그토록 멀어질 수 있을까? 이는 그리 신비로운 문제가 아니다. 종교사회학의 도움을 받으면 쉽게 설명될 수 있는 사안이다. 사회학자들에 의하면, 한 운동이 가진 초기의 역동성이 서서히 쇠퇴하는 현상은 기독교만의 문제가 아니다. 모든 종교에 해당된다는 말이다. 이처럼 종교 조직과 민중운동이 내리막 길을 걷는 현상을 일컬어 '카리스마의 일상화routinization of charisma'라고 부른다. 운동 초기에는 사람들이 심오하고 특별한 방식으로 신성을 접하지만, 시간이 지날수록 그런 경험은 사진 복사본의 복사본처럼 흐릿해지는 것이다. 처음에는 혁명을 일으키고 삶의 변화를 가져왔던 예수와의 만남이 결국에는 질서정연한 종교로 전락하여 마침내 평범한 사회생활 속으로 편입되는 것이다.

　진정한 믿음은 하나님과의 직접적인 대면에서 나오지만, 안정과 규칙이라는 일정한 형식이 없이는 믿음이 지속되거나 자랄 수 없다. 여기에 모든 종교인이 빠지는 딜레마가 있다. 긍정적으로 보면, 의례나 신조나 조직은 사람들이 하나님과의 관계를 구조화할 수 있도록 돕는 것들이다. 그리고 처음에는 분명 그런 의도로 만들어졌을 것이다. 하지만 예배자가 대단히 경계하지 않으면 하나님과의 만남이 주는 영광이 서서히 퇴색될 것이고, 만남을 지속하기 위해 만든 의례, 신조, 규칙이 하나님과의 만남을 대신하는 결과를 낳게 된다. 예배의 외적 형식이 더 이상 예배자의 내적 경험이나 영적 상태와 조화를 이루지 못할 때 위기가 시작된다. 그 시점에 이르면 내리막길을 걸을 수밖에 없고, 진정한 기독교가 거꾸로 뒤집히게 된다. 그러면 지속적인 갱신이 필요하게 되며 … 예수를 재발견할 때가 온 셈이다.

토머스 오데아Thomas F. O'Dea의 말처럼, 이것은 타락한 세상에 사는 인간이 어쩔 수 없이 안게 되는 딜레마이다. 그럼에도 제자라면 하나님과의 만남을 의례와 사제와 신학적 공식으로 섭렵하거나 통제하거나 중재할 수는 없는 노릇이다. 우리를 두렵게 하기도 하고 흔들기도 하지만, 동시에 매혹시키기도 하는 하나님과 꾸준히 관계를 맺을 필요가 있다. 우리와 예수의 관계도 마찬가지이다. 이는 이스라엘 백성의 광야 이야기와 비슷하다. 그들은 하늘에서 오는 만나를 하루 더 저장하려고 애썼다. 신앙생활의 경우에도 과거의 영적 경험을 기념품처럼 저장하고 거기에 의지하고자 하는 유혹에 빠지기 쉽다. 아니, 얼마나 긴 세월 동안 교회가 날마다 새로운 예수와의 만남에 의존하기보다는 거룩한 기독교 유물 자체(베드로의 손가락 뼈, 그리스도의 십자가 나무 조각, 성당을 비롯한 거룩한 건물들, 물려받은 의례들, 신조들)에 의존했던가? 이스라엘이 그랬던 것처럼, 우리도 날마다 신선한 만나를 거두도록 부름을 받았다. 그리고 영적인 짜릿함을 좇을 것이 아니라 평생을 두고 예배자로 살면서 매일 싱싱한 만나를 거둬들여야 한다. 이렇게 하지 않으면, '당신과 예수와의 만남'을 기념품, 의례, 종교적 부속품으로 장식된 종교 시스템에 '하청을 주는' 것과 마찬가지이다. 모리스 프리드먼Maurice Friedman은 이렇게 말했다.

신의 현현은 실제로 사람에게 일어나는데, 거기에는 하나님의 몫이 있고 사람이 담당할 몫도 있다. 그로부터 종교적인 형식과 관념이 생기지만, 그 안에 계시된 진수는 하나의 형식이나 관념이 아니라 하나님이다. 진정한 종교적 실재는 바로 하나님 그분과 맺는, 퇴색되지 않는 관계이다. 사람은 하나님을 소유하는 존재가 아니라 그분을 만나는 존재이다.[4]

예수와 매일 만나는 시간을 종교적 형식으로 대치하면 할수록, 그분은 교회의 중심적 위치에서 점점 멀어지게 된다. (어떤 경로로 일어나든) 그 결과는 살아 있는 믿음의 자리에 죽은 종교가 들어서는 것이다.[5] 솔직히 말해서, 기독교라는 이름으로 통하는 많은 부분들이 성경적인 기독교가 아니라 종교에 속하는 것들이다. 수세기 전에 블레즈 파스칼은 당시 기독교의 영적 상태에 대해 신랄한 비판을 남겼다. "기독교 세계는 성례를 구실로 삼아 하나님을 사랑할 의무에서 스스로 벗어나는 사람들의 모임이다."[6] 그리고 종교적인 사람들은 성실한 편이지만, 종교를 이용해 하나님에 대한 경험을 제한하는(경감시키고 통제하는) 경향이 있다. 사회학적으로 말하면, 종교의 기능 중 하나는 하나님을 피하는 데 있다고 할 수 있다. 믿음을 지식으로 환원하거나, 하나님에 대한 개념을 제한하거나, 예수를 적당히 길들이거나, 평생에 걸친 제자도를 약화시키는 것과 같은 시도들은 하나님에 대한 경험을 모종의 종교적 형식으로 대치하게 될 것이다. 성공회 선교학자인 존 테일러John V. Taylor는 이런 말을 한다. "우리가 칼 바르트에 동조해서 모든 종교를 불신이라고까지 말할 필요는 없다. 그러나 … 사람이 종교를 하나님으로부터 도피하는 수단으로 삼는다는 것은 분명한 사실이다. 이는 다른 여느 종교와 마찬가지로 기독교에도 적용된다."⁷ 또 다른 성공회 학자도 "예수는 더 이상 성전이 필요 없는 삶의 길을 개척하고 있었다"⁸라고 바르게 지적했다. 따라서 교회의 성전신학을 재건하려는 노력은 모두 예수의 사역과 완전히 반대되는 것이다. 그분 자신이 새로운 성전이기 때문이다.

대화식 히브리 영성의 위대한 대변인인 마르틴 부버Martin Buber는, 본래 하나님과의 진정한 만남을 위한 형식이었던 것이 곧 전락하여 방해물이 되거나 하나님을 대치하는 대상이 된다고 말한다. 다음과 같은 그의 경고는 아주 귀담아 들을 만하다.

> 처음부터 사람은 '종교'와 신비적 황홀경에 빠질 위험을 안고 있었다. 어쩌면 사람이 맨 처음 하나님을 위해 세상을 거룩하게 했던 형식들이 독자적으로 변했을지도 모르겠다. … 그럴 경우에는 이 형식들이 더 이상 일상생활의 거룩함을 구현하지 못하고, 대신 하나님으로부터 분리되는 수단이 되고 만다. 그러면 세상에서의 삶과 종교적인 섬김의 삶은 끝없이 평행선을 달리기 시작한다. 그러나 '이 신성한 섬김의 신神'은 더 이상 하나님이 아니라 하나의 가면에 불과하고, 교제의 대상인 참 동반자는 거기에 없고, 예배자는 허공을 향해 허우적거릴 뿐이다. 또한 신성한 섬김의 바탕에 깔려 있는 영혼은 독립을 선언했을지도 모른다. 그리고 본래 풍성한 삶에서 흘러나와야 마땅한 헌신과 봉사와 몰입과 환희가 오히려 삶에서 동떨어져버릴 수도 있다. 이제는 오직 영혼만이 하나님과 관계를 맺고 싶어 한다. 마치 하나님의 세계가 아니라, 그분에 대한, 오로지 그분만을 향한 사랑을 표현하고 싶어 하는 영혼처럼. 이제 그 영혼은 이 세상이 사라지고 오직 자신만 남았다고 생각한다. 그 영혼

이 '하나님'이라고 부르는 것은 자기 속에 있는 상상의 산물일 뿐이고, 그는 대화를 나눈다고 생각하지만, 그것은 제각기 분할된 역할들과 나누는 독백에 불과하다. 교제의 대상이어야 할 진정한 동반자가 더 이상 거기에 없기 때문이다.[9]

이런 말이 가혹하게 들릴지 모르지만, 사실 성경은 그 자체의 종교적 형식을 늘 비판하고 있는 것을 볼 수 있다. 예컨대, 시편 50편은 신앙의 형식화를 저주하는 선지자적 악담으로 유명하다. 선지자들은 하나님과 그 백성 사이의 언약관계를 지키는 수호자였다. 하나님에게 신실하라는 부르심에 사로잡혀 있었던 인물들이다. 그리고 하나님 앞에 신실해지는 것은 종교적 의식을 통해 이루어질 수 없고, 오직 마음을 그분에게 드릴 때에만 가능하다고 그들은 주장했다. 이런 도전은 선지자들의 글 여기저기서 반복된다. 이를테면, 이사야는 이렇게 부르짖는다. "주께서 이르시되 이 백성이 입으로는 나를 가까이 하며 입술로는 나를 공경하나 그들의 마음은 내게서 멀리 떠났나니 그들이 나를 경외함은 사람의 계명으로 가르침을 받았을 뿐이라"(사 29:13; 사 58장; 렘 7:3-16; 암 5:21 참조). 이 선지자가 비난한 것은 제사 그 자체에 관한 것이 아니라 언약관계의 상실이었다. 참으로 중요한 것은 종교적 형식에 진정한 의미를 부여하는 본래의 취지이다.

## / 반종교로서의 기독교 /

우리는 지금 형식화된 종교의 위험을 다루고 있는 만큼 바리새인을 살펴보는 것이 좋을 듯하다. 신약성경을 읽어본 사람은 바리새인들이 나쁜 놈들로 그려지고, 우리가 합류하고 싶지 않은 집단으로 묘사된다는 데 이의가 없을 것이다. 그러면 바리새인들을 좀 면밀히 고찰해보자. 그들에 대해 우리가 알고 있는 것은 무엇인가?

성경과 역사적인 연구에 근거하여 다음과 같이 말할 수 있겠다.

- 바리새인은 그들의 신앙체계 내에서 아주 성실했다.
- 열심과 열정이 대단했던 집단이었다. 훌륭한 바리새인의 열정은 자살 폭탄 테러범의 헌신과 비견할 수 있을 것 같다.
- 철두철미하게 십일조를 지켰고 의무로 바칠 것 이상으로 드렸다(박하와 운향과 근채는 십일조의 품목에 들어있지 않았다).
- 엄격한 도덕규범을 지켰다. 이런 면에서 대단히 예의 바른 사람들이었다.
- 구약성경 전체의 권위를 믿었다. 이런 면에서 당시의 신학적 자유주의자라고 할 수 있는(정경을 첫 다섯 책에만 국한시키고 삶과 믿음의 문제에 관한 한 그 권위를 약화시키기 시작했던) 사두개인들을 반대했다.
- 기적을 믿었다. 하나님이 기적적인 개입의 형태로 인간사의 흐름에 뚫고 들어올 수 있고 또 실제로 그랬다고 믿었다. 그래서 부활을 부인했던 사두개인 같은 당대의 신학적 자유주의자에 대항하여 부활(으뜸가는 기적)의 교리를 맹렬하게 변호했다.
- 전통을 지키는 자들이었고, 따라서 이스라엘의 정체성을 수호했던 인물들이었다. 만일 바리새인과 그들의 기여가 없었다면, 그 험악했던 신·구약 중간기에 이스라엘이 살아남을 수 있었을지 의심스럽다.

- 선교적인 사람들이라고 부를 만한 집단이었다. 메시아적 대의에 고취되어 한 사람의 개종자를 만들려고 육지와 바다를 건넜던 사람들이다.
- 열심히 기도했고 종종 인생의 모든 경우를 대비해 만들어놓은 기도문을 갖고 기도했다.
- 강한 메시아적 성향을 갖고 있었다. 이스라엘의 (그리고 온 세상의) 구속을 갈망했던 사람들이었다.

만일 바리새인을 악한 생각만 품고 있던 야비한 인간으로 여긴다면, 우리가 잘못 생각하고 있는 것이다. 대체로 그들은 성실했고 모든 일에서 선의를 품은 사람들이었다. 예수 당시의 유대교만큼이나 변질되어 갱신이 필요하기는 했으나, 종교적으로는 상당히 모범적인 신자들이었다.

이제 우리는 "현대 기독교의 어느 분파가 이런 유형의 영성에 가장 가까운가?" 하는 질문을 던질 필요가 있다. 이에 대한 답변은 분명히 '성경을 믿는 그리스도인들 … 곧 복음주의자들!'일 것이다. 이 사실을 인식하는 순간 가장 두렵게 다가오는 점은, 그들이 예수를 십자가에 못 박는 데 가장 앞장섰던 사람들이었다는 사실이다. 바로 여기에 문제가 있다. 만일 신실한 신앙이 서서히 종교로 전락되지 않도록 우리가 충분히 경계하지 않는다면, 우리도 곧 그들처럼 될 수 있는 것이다. 즉 바리새인들은 선의를 가진 성실한 사람들도 믿음의 핵심 이슈, '율법의 더 중한 것'(마 23:23 참조)에 초점을 맞추지 못할 경우에는 똑같은 잘못을 범할 수 있다는 증거를 보여주는 거울과 같다. 그처럼 훌륭하고 올곧고 헌신적인 종교인들(우리와 별로 다르지 않는 자들)이 필사적으로 예수를 살해

하려 했다는 사실을 기억만 해도 얼마나 두려운지 모르겠다.

이제 내친 김에 한 걸음 더 나가보자. 신학적으로 말하면, 예수도 참 바리새인이었다는 것을 기억하라. 예수는 성경의 권위, 기적의 실재, 부활, 성결의 필요성 등을 모두 긍정했던 인물이었다. 중대한 차이는 바로 우리가 신봉하는 신학을 어떻게 살아내느냐 하는 데 있다. 즉 우리가 그것을 어떻게 믿느냐에 따라 달라진다는 뜻이다. 사랑과 겸손과 자비에서 동떨어지면 죽은 신앙, 억압적인 종교로 쉽게 전락한다. 여기서도 예수가 열쇠이다. 급진적인 예수에 대한 능동적인 사랑과 그분의 임재가 없으면, 기독교는 쉽게 억압적인 종교로 변질되기 때문이다. 과거 기독교 세계의 프로젝트가 종교의 이름으로 자행된 잔학행위로 가득 차 있음을 잊어서는 안 된다. 그 중에 종교재판과 십자군 전쟁이 가장 눈에 띈다. 이것들은 결코 예외적인 경우가 아니다. 어떤 면에서는 예수가 이런 종교의 덫에서 우리를 구출하러 왔다고 해도 과언이 아니다. 예수 시대의 유대교가 빠졌던 율법주의적인 도덕주의에 심판이 임했다는 것을 우리가 유념해야 한다. 심판의 비유들은 서기관들과 바리새인들에게만 해당되지 않고, 모든 시대의 모든 종교인에게 타당성을 지니기 때문이다.

앨런이 '미국 바이블 벨트' 지역에 위치한 어느 신학교에서 가르칠 때, "만일 예수가 우리 교회에 나타난다면 우리는 그분을 어떻게 할 것 같습니까?" 하고 물은 적이 있었다. 한 용감한 학생이 너무도 솔직하게, "우리는 아마 그분을 죽일 겁니다!" 하고 응답했다. 우리 모두는 마음에 걸리기는 해도 그의 답변이 옳다는 것을 알고 있었다. 더 나아가, 이 불편한 질문을 교회에 던져보자. 만일 성경에 묘사된 대로 진정한 혁명가의 모습을 한 진짜 예수가 우리 지역교회에 들어온다면, 우리 공동체는 어떻게 하겠는가? 아마 대다수의 교회들이 이와 똑같은 반응을 보일 것으로 생각된다! 왜 그럴까? 예수와 종교는 서로 섞일 수 없기 때문이다. 자크 엘륄은 다음과 같이 말했다.

> 로마인들에게 초기 기독교는 전혀 새로운 종교가 아니었다. 그것은 '반종교'였다. … 첫 기독교 세대들이 심판대 위에 놓은 것은 제국적 종교만이 아니라, 흔히들 말하듯이, 당시 세계에 있던 모든 기존 종교였다.[10] 기독교는 스스로 타종교들보다 우월한 종교라고 주장하지 않는다. 우리를 신적인 우주와 연결시키려는 모든 종교를 반박하는 반종교라고 주장한다. 기독교가 계속해서 하나의 종교로 변하는 것은 의심할 바 없다. … 그러나 기독교 자체는 예수 그리스도 안에 계시된 절대 진리에 의해 계속해서 의문시되고 있다.[11]

참으로 지당한 말이다. 예수 안에서 우리는 이른바 종교의 모든 것을 벗어버리게 된다. 당시의 성전과 의례와 신조와 제사를 갖춘 중재 시스템 대신에, 예수는 하나님의 경험을 모든 사람에게 열어놓고 당대의 억압적인 종교 시스템을 완전히 깨뜨려버린다(마 21:28-46; 눅 19:10-26, 23:45 참조). 예수의 도래가 성전 시스템의 몰락을 알리는 신호였음이 확실하다. 톰 라이트N. T. Wright는 "예수는 더 이상 성전이 필요 없는 생활 방식을 열어가고 있었다"[12]라고 말한다. 마가복음을 훑어보면, 예수가 성령 세례를 받고 광야에서 고된 시련을 겪은 뒤에 즉시 인간의 삶을 억압하는 세력들(마귀의 세력과 종교 시스템)과 싸우기 시작한다는 것을 알 수 있다. 예수는 가차 없이, 그리고 깊은 차원에서 종교를 공격한다. 예수의 사역을 보면, 하나님의 나라가 종교 시스템 언저리에 있는 이들(가난한 자, 억눌린 자, 창녀 등) 가운데서 터져 나오는 반면에, 종교적인 사람들은 하나님의 심판 아래 놓이는 것을 알게 된다(마 23:13-39 참조). 그리고 사마리아 여인에게 준 예수의 응답을 통해 우리는 알게 된다. 신성한 공간을 운영하여 하나님을 특정 장소에 국한시키고, 그분을 중재하고 통제하려는 모든 시도를 비합법화하는 장면을 볼 수 있다(요 4:20-24 참조).[13] 더구나 예수의 심판에 대한 비유들은 하나님과 사람을 통제하려는 모든 시도를 의문시하는 만큼, 한결같이 온갖 형태의 종교를 정죄하고 있는 셈이다. 전반적으로 보면, 예수는 어느 종교 시스템에도 어울리지 않는 인물이라 할 수 있다. 오히려 모든 종교의 옷을 벗겨버리는 인물이다.

이 때문에 종교적인 사람들은 예수를 미워했고 언제나 그를 죽이려고 모의했으며 … 마침내 정치인들과 군중과 공모하여 그것을 실행에 옮겼다. 오늘날에도 예수는 종교적인 사람이 크게 투자한 시스템을 무효로 만들기 때문에, 종교적인 사람들은 예수를 미워하고 그들이 설정한 방정식에서 예수를 빼려고 노력할 것이다. 교회와 예수가 재회하려면, 먼저 우리 자신이 거울을 보면서 그 낯설고 멋진 신인神人이 목적을 품고 참신하게 우리의 삶에 들어와 있는지 자문해볼 필요가 있다. 기독교에 그리스도가 빠지고 종교만 남는다면, 기독교에 그리스도를 더하면 종교에 대한 해독제가 되지 않겠는가.

/ 창시자와 추종자 /

이런 주장의 부분적인 근거는 예수의 삶과 사역으로부터 나온 운동에서 예수가 담당하는 결정적인 역할을 보면 찾을 수 있다. 종교운동을 포함한 모든 민중운동의 경우, 운동의 원조와 그 사람의 업적과 가르침에서 연유한 운동 사이에는 중대한 관계가 있다. 드물기는 하지만, 어떤 운동은 창시자가 설정한 본래의 틀에서 발전하여 애초의 정신은 그대로 유지하되, 더 넓은 비전이나 새로운 철학적 기반을 갖추는 경우도 있다. 예를 들면 본래의 여성 참정권 옹호에서 진화하여 현대식 페미니즘이 된 여성운동 같은 것이다. 그러나 교회의 경우에는 이와 달라야 한다고 생각한다. 우리가 이미 설명한 것처럼, 창시자와 추종자의 살아 있는 관계는 기독교의 건강에 결정적으로 중요하기 때문이다.

유명한 사회학자인 막스 베버는 어떤 운동을 시작하면서 "카리스마적인 지도자"가 담당하는 역할을 묘사함으로써 가장 먼저 이런 통찰력을 소개한 인물이다. 그에 따르면, 카리스마적인 지도자는 자기를 향한 충성심을 일으키는 역량 때문에 다른 유형의 지도자들과 구별된다고 한다. 그리고 이 권위의 원천은 기존 제도의 회원 자격으로부터 얻는 지위와는 별개로 존재한다. 아울러 특히 첫 세대 이상 연명하는 종교운동은 아주 비범한 재능을 가진(카리스마적인) 인물에 의해 시작되고, 그 인물은 위기 상황에서 파격적으로 다른 세계관을 제시하고 또 그 비전을 이루기 위해 세상을 바꿀 선교사역을 주도하게 된다. 이런 파격적인 비전과 선교를 선포하면 일련의 추종자들이 생기고, 그들은 다함께 여러 가지 성공과 충돌을 경험하게 되고, 이런 경험은 더욱더 카리스마적인 지도자의 선교에 정당성을 부여해준다. 그래서 마침내 헌신된 추종자 그

룹이 등장하여 창시자의 급진적인 메시지를 더욱 증진시키는 모습을 우리가 보게 된다.[14]

우리가 여기서 베버를 언급하는 것은 그가 중요한 민중운동과 변혁적인 단체를 만드는 데 기여한 주요 요인들을 잘 파악했기 때문이다. 그 가운데 하나는, 창시자가 종교운동을 주도하는 면뿐 아니라 그의 사후에도 계속하여 단체의 삶을 규정짓는 면에서 결정적인 역할을 한다는 지적이다. 뿐만 아니라, 창시자가 사라진 뒤에도 운동을 지속하려면, 어떻게 해서든 창시자의 카리스마를 단체의 삶 속에 심어놓아야 한다고 했다.[15] 베버는 "아주 특별한 상태 혹은 헌신과 열기가 식고 나면, 진정한 카리스마적인 상황이 순식간에 초기의 제도들을 탄생시킨다"[16]라고 말했다. 사실 '카리스마의 일상화'란 표현을 처음으로 창안한 인물도 베버였다.

토머스 오데아는 이처럼 새로운 운동을 촉진시키는 만남들이 시간이 흐르면서 퇴색되어간다고 말한다. 그리고 다음 세대들이 종교 시스템을 만들어 원초적 만남을 대치하게 되는 경위를 지적한다. "예배는 기본적으로 그런 만남에 대한 종교적 반응이지만, 카리스마적인 순간 후까지 생존하기 위해 확고한 형식과 절차로 확립되지 않으면 안 된다"라고 말한다.[17] 그리고 이것은 종교운동의 피할 수 없는 역설이라고 주장한다.[18] 근본적이고 신성한 것은, 스스로 생명을 취하고 자신이 의도한 것을 파괴하는 구조가 아니라면 제도화된 구조로 표현할 수 없다. 그런데도 종교적 경험은 어떤 형태로든 제도화되지 않으면 그 자체로는 종교운동을 지탱하지 못할 것이다.

바로 여기에 어쩔 수 없는 종교 조직의 딜레마가 있다. 종교운동이 비록 직접적인 종교적 경험으로부터 탄생하지만, 어떤 형태로든 안정성과 질서가 확립되지 않으면 살아남을 수 없고 번창할 수도 없다. 카리스마적 자질(원초적인 은혜나 은사)은 그 조직에 의해 확산되고 의례화되고 중재되어, 창시자가 애초에 가진 은사는 그 조직 자체를 통해 접근 가능한 것이 된다. 오데아는 이 제도화의 과정이 불가피하고 심지어는 필요하다고 보았으나, 아울러 역설적이게도, 창시자의 본래 메시지와 정신을 희석시키거나 말살시키는 것도 제도화의 과정임을 알았다. 그런데 이 카리스마의 일상화 작업은 그것이 보호하고 증진하게끔 되어 있는 생명을 소멸시키는 경향이 있다. 외적인 예배 형식이 더 이상 참여자들의 내석인 경험이나 영적 상태와 조화를 이루지 못할 때는 위기가 조성될 수밖에 없다. 그러면 불가피하게 내리막길을 가야한다. 진정한 기독교는 거꾸로 뒤집혀서 지속적인 갱신이 필요하며 … 예수를 재발견할 필요성이 있는 셈이다.

베버는 제도와 갱신의 과정은 후대의 운동을 재합법화하기 위해(혹은 우리가 사용하는 어휘로는 재창립하기 위해) 카리스마의 중심으로 돌아가는 일을 언제나 포함한다고 주장했다. 본디 정신에 충실하려면 모든 종교 조직은 일종의 갱신이 필요하고, 이 갱신은 창시자의 정신과 능력으로 돌아갈 때에야 가능하다는 말이다. 이것을 한 교단에 적용하든 기독교 전체에 적용하든 상관없이, 이는 그 조직의 가장 깊은 전통으로 돌아가서 그것을 새로운 맥락을 위해 재해석하는 일을 포함하기 때문에 본래 메시지의 재발견을 '급진적 전통주의'라고 부를 수 있다.

한편, 어떤 조직이든 창시자에게로 거슬러 올라갈 수 있는 특정한 사고방식과 행동양식이 존재한다. 이를 일컬어 조직의 기초 문화라고 부

─ 파격적인 대접 ─

# 장 바니에
### Jean Vanier

본래 스위스의 제네바가 고향인 장 바니에는 30대 중반이 되기까지 잉글랜드, 프랑스, 캐나다에서 산 적이 있었다. 영국 해군과 캐나다 해군에서 근무한 경력이 있고, 철학 박사 과정을 마쳤으며, 토론토 대학교의 활기 넘치는 젊은 교수가 되었다. 그리고 1964년 서른여섯의 나이에 이르러서야 평생 이루어갈 소명을 발견하게 되었다. 정신병원에서 수많은 지능 장애를 가진 이들의 절박한 상황을 직접 목격한 뒤에 프랑스의 트로슬리-브레윌에 있는 낡은 집을 샀다. 그리고 시설에서 두 남자를 데리고 와서 함께 공동체를 설립했다. 그 집을 '방주'를 뜻하는 프랑스어 단어인 라르쉬L'Arche라고 불렀고, 바니에와 두 남자는 그 집을 다른 사람들에게도 개방하여 서서히 정신장애를 가진 자들과 그렇지 않은 자들이 함께 살아가는 참된 공동체를 이루어갔다. 그 후 전 세계 곳곳에 그런 공동체가 130개나 설립되었다. 바니에는 국제적으로 존경받는 인물이 되었지만, 여전히 그 공동체에서 생활하고 있다. 장 바니에는 그냥 두면 사회적인 폐인으로 취급되는 사람들과 어울려 살면서 그들과 친구가 되고 그들을 섬기는, 그리스도 같은 인물이기에 바니에를 진정 작은 예수라 부르고 싶다.

르는데 이는 세 가지 요인을 통해 형성된다.

- 창시자들의 신념, 가치관, 가정들
- 집단의 학습 경험을 통해 이런 신념의 정당성을 입증하는 일
- 새로운 회원들이 들고 오는 새 신념과 가치관과 가정들로써 신념을 발전시키는 일

그러나 어느 조직이나 종교의 문화를 결정하는 데 가장 중요한 요인은 창시자의 영향력이라고 단호히 말할 수 있다.[19] 교회가 이 과정을 거치는 것을 가리켜 교회가 다시 세워지는 것, 내지는 예수를 다시 만나는 것이라고 부를 수 있을 것이다.

기독교의 형성 과정을 보면 이 세 가지 요인이 모두 작용하고 있는 것을 분명히 알 수 있다. 신약성경(여기서 '신新'이란 단어는 '구舊'로부터의 이탈 내지는 '구舊'에 대한 파격적인 재해석이란 뜻을 함축한다)에서 예수는, 하나님의 나라를 이해하고 경험했던 예전 방식을 다시 명확하게 한다. 예수는 하나님 나라가 작용하고 활동하지 못하도록 가로막는 종교제도를 뛰어넘어, 하나님의 참 선지자로서, 하나님 나라의 개념을 근본적으로 개혁한다(마 23:13 이하 참조). 이렇게 하여 예수는 명시적으로 하나님의 백성과 새 언약을 맺는 창시자요 주도자가 된다. 예수는 이스라엘의 하나님과 관계를 맺는 새로운 길을 주도하였다. 그래서 훗날 기독교라고 불리는, 하나님 자신에게 기초를 둔 종교가 형성된 것이다. 우리는 복음서들을 통해, 예수가 추종자들에게 상당히 많은 시간을 전략적으로 투자하여 그들을 하나님 나라의 길로 인도한 모습을 보게 된다. 또한 예

수님은 제자들을 가르치시고 훈련하심으로서 제자가 된다는 것이 어떤 의미가 있고, 어떤 영향력이 있는지 알게 하셨다. 그러니까 제자가 된다는 의미의 기초는 처음부터 시스템 속에 내장되어 있었던 셈이다.

실재는 사회적으로 구성된다는 사실을 우리에게 일깨워준 인물은 피터 버거Peter Berger였다. 사회화 과정은 지도자들이 자기 생각을 실행에 옮기는 방식과 같다. 지도자는 자기 생각을 조직에 가르치고, 때로는 예수의 가르침에서도 볼 수 있듯이 명령의 형태로 하달하기도 한다. 그러나 보통은 사회화 과정, 창시자의 카리스마적인 힘, 메시지에 대한 믿음을 삶과 행동으로 실천하는 일 등을 조화시켜 추종자들에게 전달한다.

지도자들은 자신들이 가르침과 모형에 묶여 있다는 것을 알았다. 사도들이 예수의 가르침을 발전시킨다 하더라도, 예수의 인격을 직접 언급하고 사역을 확장하는 가르침만이 진정성을 갖게 된다. 사도들에게는 이 이상으로 추측할 권한이 없다. 하지만 예수와 그분의 가르침을 해석하여 새로운 문화에 재적용할 수는 있다. 이렇게 해야 운동이 일어나고 진화하면서도 창시자의 정신을 유지할 수 있는 것이다. 이것이 바로 바울이 하고 있는 작업이다. 사도적 상상력과 실천을 통해 이런 작업을 수행한 가장 좋은 본보기는 사도 바울이다. 바울은 예수의 인격(에베소서와 골로새서 참조)과 사역(로마서와 갈라디아서 참조)의 견지에서 구속주로서 메시아의 중요성을 설명하는 데 모든 에너지를 쏟아 부었다. 복음을 위해 새로운 고지를 확보한 것이다. 그러나 바울 역시 의식적으로 스스로를 예수 안에, 그리고 예수를 통해 주어진 계시에 묶어놓았다(갈 1:8; 골 1:15-20; 고전 3:11, 9:16-23 참조). 바울은 자기 사역이 언제나 진실성을 갖게 하려고 그리스도 사건으로 되돌아갔다.

일찍부터 초대교회는 예수에게 초점을 맞출 이유를 갖고 있었다. 초기 신자들은 대부분 유대인이었고, 그들의 도는 유대교의 넓은 우산 아래 있는 한 종파로 간주되었다. 유대인 신자들이 기대하던 많은 부분들이 유대 민족주의로 물들어갔다. 예컨대, 유대 왕국의 회복을 기대했지만 한 세대 내에 이루어지지 않았다. 실은 외국의 통제에서 벗어나기는커녕 예루살렘과 성전이 로마인에게 무자비하게 파괴되었고, 유대인은 제국 전역으로 흩어졌다. 유대인 신자들은 신앙의 기반에 대해 심각하게 재고하지 않을 수 없었다. 그들이 생각했던 전제를 근본적으로 재고해봐야 했다. 기독교 운동이 한 세대가 지나기 전에, 창시자에게 되돌아가서 처음의 카리스마를 되찾아야 했다는 역사적 성찰에 주목하라. 기독교는 유대교의 갱신 운동이었을까, 아니면 그 이상의 어떤 것이었을까? 기독교 운동은 역사의 흐름과 함께 줄곧 이 작업을 거듭할 이유가 있었다. 이것이 바로 교회의 믿음과 사역과 선교를 새롭게 하는 작업이다.

여기서 우리는 창시자와 추종자, 양자에 관해 얘기하고 있다는 점을 명심하라. 우리가 한 운동을 창시한 이의 역할을 이해하기 위해 어떤 사회학적인 과정을 사용하든지 간에, 추종자들이 타당한 입지를 확보하려면 창시자의 삶과 이상과 실재를 구현하려고 노력해야만 한다. 기독교 운동도 마찬가지이다. 창시자의 실재가 추종자의 삶에 반영될 수 있어야 한다는 말이다. 이 과정은 모든 운동의 필수요소라고 할 수 있다. 이것을 일컬어 구현 과정이라고 부른다.[20] 이것이 바로 교회가 예수를 중심에 모신다는 말의 뜻이다. 아울러 우리가 '그리스도 안에' 있고 그분이 우리 안에 있다는 말의 부분적인 의미이기도 하다. 외부의 관찰자들은 추종자들의 삶과 공동체 안에서, 그리고 그것들을 통해서 예수를 만날 수 있어야 한다. 우리를 관찰하는 세상 사람들이 우리 행보를 보면서 예수의 도를 어느 정도 볼 수 있어야 한다는 뜻이다. 만일 우리의 삶을 통해 세상 사람들이 역사적 예수의 표지를 발견하지 못한다면, 그들이 우리의 정통성을 의심하여도 우리는 할 말이 없다.

토니 캄폴로Tony Compolo는 뉴욕의 바우어리 전도 집회에서 기적적으로 회심한 술꾼에 관한 이야기를 들려준다. 캄폴로의 이야기가 모두 그렇듯이 이 이야기도 우스갯소리로 정곡을 찌르는 경우이다.

조는 바우어리 지역이 다 아는 인생 낙오자요 형편없는 술꾼이었다. 살아 있는 것 자체가 기적인 사람이었다. 그러나 조는 회심한 이후 완전히 변해버렸다. 바우어리 전도집회 역사상 어느 누구보다도 남을 잘 돌보는 사람으로 돌변한 것이다. 밤낮으로 집회 장소를 드나들며 가장 비천한 일도 마다하지 않았다. 토사물과 소변을 치우고 술 취한 사람들의 몸을 깨끗이 씻어주었다. 자기 체면을 차리는 일이 없었다.

어느 날 저녁, 전도 단체 대표가 죄책감과 피곤에 지쳐 고개를 떨어뜨리고, 침통한 심정으로 침묵을 지키고 있는 남자들에게 복음을 전하고 있었다. 그런데 한 남자가 고개를 들더니 복도를 따라 제단 앞으로 와서는 무릎을 꿇고 자기를 변화시켜 달라고 하나님께 울부짖는 것이었다. 이 술꾼은 "아, 하나님, 나를 조와 같이 만들어주세요! 조와 같이 만들어주세요! 조와 같이 만들어주세요!" 하고 반복해서 소리를 질렀다. 그때 대표가 몸을 숙이고 이 사람에게 "아들아, '나를 예수와 같이 만들어주세요!' 하고 기도하지 그래?" 하고 말했다. 이 남자가 야릇한 표정을 지으며 대표를 쳐다보더니 이렇게 물었다. "예수라는 사람도 조와 같아요?"

신약성경의 저자들도 사람들에게 이르기를, 예수에게 삶을 헌신하고 또 예수가 '그들 속에 사는 것'을 주위에 알려 남의 본보기가 되는 인물들을 닮으라고 권한다. 사실 바울처럼 "내가 그리스도를 따르듯이 나를 따르라"라고 말할 수 있는 것은 자기기만이든가, 뻔뻔한 소리든가, 정말 예수의 메시지를 구현하고 있어서 할 수 있는 말이든가, 셋 중 하나이다. 그러나 바울은 사람들에게 자기의 본을 좇으라는 말을 삼간 적이 없다. 어쩌면 교만하게 보일지도 모르지만, 캄폴로의 이야기에 나오는 술꾼 출신처럼 바울도 그리스도의 본보기에 완전히 헌신하여 살아 있는 예수의 구현체가 된 것이다. 바울이 가리키는 대상은 예수였다. 그런데 이 예수는 바로 예수의 삶을 본받는 인물을 통해서 나타나는 예수이다. 바울은 예수가 자기 안에 그리고 자기가 예수 안에 살고 있음을 알았다. 바로 이런 확신에 근거하여 다음과 같이 말할 수 있었던 것이다.

> 내가 그리스도를 본받는 자가 된 것 같이 너희는 나를 본받는 자가 되라(고전 11:1).

> 형제들아 너희는 함께 나를 본받으라. 그리고 너희가 우리를 본받은 것처럼 그와 같이 하는 자들을 눈여겨보라(빌 3:17).

> 어떻게 우리를 본받아야 할지를 너희가 스스로 아나니 우리가 너희 가운데서 무질서하게 행하지 아니하며(살후 3:7).

특히, 빌립보서 3장 17절에서 바울이 독자들에게 예수의 삶을 투영하는 다른 사람들도 눈여겨보라고 권하는 모습을 주목하라. 말하자면, 제자는 안팎으로 창시자를 본받는 자들이 되어야 한다는 것이다.

조금 더 의견을 개진하면, 기독교와 이슬람의 차이를 한번 생각해보라. 두 종교 모두에서 창시자는 타인이 좇을 만한 으뜸가는 모범을 보인다. 즉, 이 창시자들은 신도들이 본받을 만한 영적인 사람의 참모습을 보여주고 있는 것이다. 모든 종교에서는 창시자와 추종자 사이에 어떤 연속성이 있기 마련이다. 그렇기 때문에 자칭 그리스도인이나 소위 기독교 기관이 난폭하고 무정하게 행하는 것을 보면서 예수의 도와 어울리지 않는다고 말할 수 있는 것이다. 우리는 누구든지 예수를 좇으면서 동시에 예수의 가르침에 어긋나는 행동을 할 수는 없다고 단언할 수 있다. 그러므로 폭력적인 근본주의는 예수 중심 기독교의 돌연변이이다. 이는 메시아가 구현한 사랑과 용서의 실재를 왜곡하는 경우이다.

그런데 이슬람의 창시자는 예수와는 전혀 다른 모델을 보여준다. 코란은 마호메트를 그릴 때, 알라를 예배하도록 요청하는 뜨거운 영적 인물로 그린다. 그리고 코란에는 훌륭한 영적 통찰들이 들어 있다. 동시에 코란은 마호메트를 경직된 도덕성, 공격적인 성적 특징, 나쁜 기질, 호전적인 성격을 가진 사람으로 묘사한다. 따라서 이슬람이 이런 식으로 행한다 해도 이 점에서는 창시자와 완전히 어긋난다고 말할 수 없다는 논리가 성립하는 셈이다.

그러나 만일 기독교가 전쟁과 탐욕을 좋아하면 그것은 예수를 배반하는 셈이 된다. 그렇기 때문에 인종차별, 십자군 전쟁, 종교재판, 그리고 고삐 풀린 자본주의를 옹호하는 일 등은 기독교 신앙을 왜곡하는 배교적 행위에 해당되는 것이다. 예수가 우리에게 보이신 신앙적 행위나 모범과는 완전히 반대되는 것이기 때문이다. 이 창시자의 영향력이 기독교 운동에 스며들어야 한다. 이는 우리의 본분과 정체감이 바로 그분에게서 온 까닭이다.

우리가 진술한 것을 도표로 그리면 다음과 같다. 어떤 종교가 대변하는 바를 이해하려면 창시자들(혹은 핵심 인물들)의 삶과 가르침을 조사하면 된다는 요지이다.[22]

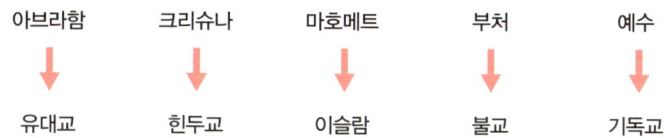

/ 조직 내부의 목소리 듣기 /

이제까지 지속적인 교회 갱신에서 창시자가 담당하는 역할을 살펴보았는데, 잠시 급진적인 전통주의로 돌아가보자. 조직의 갱신이라는 것을 좀 다르게 표현하자면 조직의 개혁 내지는, 좀 더 괜찮은 표현으로 조직의 재발견이라는 말을 쓸 수 있다. 여러 운동을 연구하는 전문가인 스티브 에디슨Steve Addison은 이것을 단체 내부의 목소리를 듣는 것이라고 부른다.[23] 에디슨은 조직 이론가인 로버트 퀸Robert Quinn의 통찰을 빌려와서,[24] 우리가 목적을 찾는 게 아니라 목적이 우리를 찾는 것이라고 말한다. 퀸은 각 조직마다 중심 도덕성을 구성하는 내부의 목소리가 있다고 주장한다. 따라서 우리가 다양한 방식으로 조직의 갱신을 도모할 때, 우리의 목표는 어떤 목적을 회원들에게 강요하는 것이기보다는 회원들이 목적을 재발견하도록, 조직 내부의 목소리를 경청하도록 훈련하는 것이라고 할 수 있다. 물론 조직을 내부의 목소리에 맞추려고 할 때는 자기 보존의 속성을 갖고 있는 기존 문화를 위협하게 된다는 것을 알아야 한다. 그럼에도, 퀸의 말처럼 "이 조직 내부의 목소리를 명확하게 드러내는 일은 종종 회사를 다시 활기 있게 하고 모두가 공감하는 비전을 발견하는 데에 이르는 첫 걸음이 된다."[25]

로런스 카다Lawrence Cada도 종교적 집단에 관한 연구서에서 복음으로 변화된 세계를 보는 독특한 관점을 묘사하면서 '창립 당시의 카리즘'을 언급하였다.[26] 카리즘(*charism*, 은혜)이라는 용어는 조직의 목적이 조직 중심에 있는 은혜라는 의미이다. 즉 특정 조직만이 가진 독특한 신적 유산을 조직의 목적으로 보는 것이다. 그리고 은혜를 회복한다는 것은 '근원으로 돌아가는' 것을 뜻한다.[27] 조직의 갱신은 결국 한 조직의 참된 정체성과 사명을 발견하는 일이다. 교회에 변혁을 가져오는 권위는 지도자나 조직에 있지 않고 하나님의 소명 안에 있다. 그렇다면 종교 단체를 회복시키는 비결은 창립 당시의 카리즘을 되찾는 데 있다.

그러나 앞서 언급했듯이, 무작정 전통주의로 되돌아가라는 뜻은 아니다. 최초의 카리스마가 현대 세계에 어떻게 발현될 수 있는지를 파악하는 기발한 통찰이 필요하다는 의미이다. 이는 이제껏 들어본 적이 없는 굉장한 개혁에 어울리는 창시자의 비전을 회복하는 일이다.[28] 에디슨은 이어서 회복은 혁신적인 전통으로의 복귀를 요구한다고 주장한다.

많은 사람은 '급진적radical'이란 용어를 전통에서 이탈한다는 뜻으로 사용하지만, 원래는 어떤 것의 뿌리로 되돌아간다는 말이다. 웹스터 사전은 이렇게 정의한다. "뿌리 내지는 기원에 관한 것, 중심, 토대, 궁극적 원천, 원칙 등과 같은 것이 미치는 것. 본래의, 근본적인, 철저한, 아끼지 않는, 극단적인, '극단적인 악행', '근본적인 개혁', '아끼지 않는 파티' 등의 예가 있다."

우리는 이 시대에 급진주의자로 불려왔다. 하지만 이제는 우리 모두가 어떤 형태로든 위와 같은 정의를 반영하는 급진주의자가 되어야 하지 않을까? 우리는 교회를 미지의 영역으로 불러들이지 않는다. 오히려 가장 근본적인 대의로 돌아가 달라고 호소하는 바이다. 이것이 급진주의적 입장이라면 우리는 정말로 급진주의자들이다!

조직을 갱신하는 과정에서 핵심은 조직의 정체성을 회복하는 것이며, 더불어 변화된 세상에서 정체성을 혁신적으로 해석하는 일이다. 그런즉 회복하는 과정에는 연속성과 불연속성, 보수적인 차원과 급진적인 차원이 모두 포함되어 있다. 에디슨은 한 가지 실례로서 폭스바겐이 비틀을 혁신적으로 재해석한 경우를 든다. 폭스바겐의 아이콘이었던 이 자동차는 1970년대 말에 생산이 중단된 뒤에 새 천년을 앞두고 다시 부활했다. 새로 등장한 신형 비틀은 처음 모델과 연속성을 갖고 있되 어느 면에서는 혁신적으로 바뀐 신형이다. 이 사례는 조직의 회복을 뜻하는 급진적인 전통주의가 어떤 것인지를 보여주는 훌륭한 본보기이다.

우리는 또한 이 문제와 관련해 교육 심리학의 도움도 받을 수 있다. 위대한 교육 심리학자인 장 피아제Jean Piaget는, 초기에 주로 제네바의 길거리에 나가 어린이와 인터뷰를 하고 아이들이 다함께 구조화된 놀이를 하는 모습을 관찰하면서 연구조사를 실시했다. 아주 작은 아이들의 경우에는 무조건 주어진 규칙에 따라 놀이를 하였다. 가령, 공기놀이를 할 때에 이들은 부모나 나이 많은 형제에게 배운 규칙을 맹목적으로 따랐다. 그런데 아이들이 어느 발달 단계에 이르면 이런 규칙을 버리고 싶어 하는 모습을 보였다. 지난 세기에 제네바의 길거리에서 행해졌던 규칙 없는 공기놀이는 여러분이 충분히 예상할 수 있듯이, 한 마디로 뒤죽박죽이었다. 이 아이들은 언제나 골목대장이나 약삭빠른 놈이 이기는 것을 더 이상 못 견디고 나중에 놀이의 처음 규칙을 되찾았다. 피아제는 이 규칙이 나이가 더 많은 아이들의 삶에서 훨씬 강력한 힘을 발휘하는 장면을 목격했다. 이 규칙은 아주 어릴 적에 배웠던 바로 그것이었다. 그러나 차이점은 아이들이 뒤죽박죽의 해독제로서 규칙을 새삼 발견했다는 사실에 있다. 그들은 이 규칙이 자기들의 규칙이라고 생각했다. 이와 같은 아동 발달과정은 어느 면에서는 우리의 논의를 잘 반영해준다.

우리가 옹호하는 것은 급진적인 전통주의이다. 교회는 어린이들이 공기놀이를 하면서 걸었던 경로를 그대로 따를 필요가 있다. 예수를 되찾는다는 것, 즉 교회를 회복시킨다는 것은 우리의 부모와 조상에게서 물려받은 종교적 규칙에 대한 맹목적인 신봉에서 벗어나는 것을 뜻한다. 이는, 뒤죽박죽된 상황으로 걸어 들어가되 길 끝에는 대혼란이 아니라 예수의 도에 대한 재발견이 있으리라는 담대한 믿음을 갖는 것을 의미한다. 즉 이제는 우리가 더 큰 확신과 진실한 마음으로 소유할 수 있는, 처음의 규율을 재발견할 것이라고 믿는 것이다. 우리의 오랜 전통을 떠나보내고, 전통적 급진주의의 맥락 속으로 교회와 복음을 들여오는 것을 지향하면, 예수의 말씀과 본보기는 변치 않을 것이다.

# 4

## 우리가 상상하는 예수의 초상

우리가 복음서에서 만나는 예수는 때로 좌절하고 실망하고 짜증내고, 심지어는 분노를 폭발하는 인물이다. 기존 질서를 위협하는, 다루기 힘들고 비협조적인 혁명가이다.

# I'VE GOT A PICTURE OF JESUS

# I've Got a Picture of
# Jesus

이제까지 자주 언급했지만 한 번 더 반복하고 싶은 말이 있다. 나사렛 예수라는 실제 인물이 없었다면, 우리는 '그리스도'가 이렇다 저렇다 말하는 사람들에게 이리저리 휘둘렸을 것이다. _톰 라이트

우리를 파괴하지 않는 유일한 열정은 바로 예수를 향한 열정이다. _래리 크랩

우리가
/
상상하는
/
예수의
/
초상

**4**

 우리가 논의한 급진적 전통주의를 수용하려면 우리의 토대인 예수라는 인물을 재발견하는 일이 필요하다. 이를 위해서는 예수에 대해 우리가 소중하게 품고 있는 부정확한 가정들을 버리고, 복음서로 돌아가야 한다. 거기서 우리에게 낯선, 급진적인 예수의 모습을 볼 수 있어야 한다. 많은 그리스도인은 이 작업이 결코 만만치 않다는 것을 절감할 것이다. 이제까지는 온유하고 부드러운 예수의 이미지가 많은 신자에게 위안과 격려를 준 게 사실이다. 하지만 우리는 성경에 기록된 내용에 착념하여, 용감한 자세로 우리를 흔들고, 혼란스럽게 하고, 당혹스럽게 하는 낯선 예수를 만나보자.
 하나님은 자신의 형상을 따라 인간을 만들었고, 인간도 그대로 보답했다는 말이 있다(볼테르였던가?). 이처럼 인간은 자신의 에고와 의제에 하나님을 맞추려는 성향이 있다. 이는 인간 속에 깊이 뿌리박힌 본성이다. 한 가지 예를 들어보겠다. 몇 년 전에 마이클이 어느 집회에서 강연을 할 때, 매 강연마다 경배와 찬양 인도자와 짝이 되어 순서를 진행한 적이 있다. 마이클은 참석자들에게 예수 되찾기 프로젝트의 급진적인 면을 크게 강조하고 있었다. 그런데 찬양 인도자는 전혀 다른 분위기를 만들고 있지 않는가. 아기를 껴안아주는 아빠 같은 인물로, 매우 부드럽고 친절하며 용서 베풀기를 좋아하는 존재로 예수를 묘사했다. 청중에게 권하기를, 예수가 계신 집으로 돌아가서 그분의 강하고 따뜻한 팔에 안기는 모습을 머릿속에 상상해보라고 했다. 그리고 예수를 껴안고 그분의 든든한 사랑을 느껴보라고, 또 예수가 참가자들을 멋진 소년, 어여쁜 소녀처럼 애지중지하시는 것을 인식하라고 권면했다. 그런데 이 순서가 끝난 뒤에 마이클이 나사렛 출신의 야성적이고 급진적이며 신비롭고 혁명적인 메시아에 관해 강연을 했으니, 얼마나 분위기가 달라졌을지 상상할 수 있을 것이다.

사실상 참석자들로서는 찬양 인도자가 부각시키는 따스하고 감상적인 예수에서, 강사가 말하는 야성적이고 혁명적인 예수로 전환하는 일이 무척 벅찼을 것이다. 그래서 다음 날 아침식사 시간에 마이클과 찬양 인도자가 만나 최선을 다해 서로 조율하려고 했다. 그때 찬양 인도자는 차갑고 엄격한 독일인 가정에서, 자식을 기뻐할 줄 모르는 냉담한 아버지 밑에서 자랐다고 털어놓았다. 그래서 평생 아버지의 높은 기준에 맞추려고 노력했으나 번번이 실패하고 말았다고 했다. 예수의 무조건적인 사랑을 깨달은 덕분에 어릴 적부터 물려받은 냉혹한 자기비판에서 마침내 해방되었다고 고백했다. 이것은 굉장한 경험이었기에 예수의 이미지를 완전히 바꾸어놓았던 것이다. 그가 품게 된 이미지는 끝없이 사랑을 베푸는 아빠 같은 인물, 자기 아들을 자랑스러워하는 감상적인 부모, 아무리 작은 일이라도 아들에게 박수를 보내주고 그것이 성취되면 흥분을 감추지 못하는 부모의 모습이었다. 여기서 우리는 인간의 정신적, 영적 욕구에 의해 예수에 대한 이해가 얼마나 쉽게 좌우되는지를 볼 수 있지 않은가? 당신이 어떤 예수를 믿는지 내게 알려주면, 나는 당신이 어떤 사람인지를 말해줄 수 있을 것이다.

그러면 이 찬양 인도자가 잘못한 것인가? 사실 예수는 무조건적으로 우리를 사랑하지 않는가? 물론 그렇다. 그러나 우리가 예수의 사랑을 낭만적으로 묘사해서 그것을 왜곡하지 않으려면, 예수가 우리를 사랑한다는 것이 무슨 뜻인지를 알아야 한다. 예수의 사랑은 아주 부드럽고 감상적인 사랑인가? 예수가 이해하는 사랑은 느낌에서 머물지 않고 행동과 희생으로 나아가지 않는가? 뿐만 아니라, 그런 모습이 예수의 전부라고 볼 수 있는가? 포옹과 입맞춤이 예수의 성품을 모두 대변한다면 누가 예수를 죽이려고 했겠는가? 아무도 사랑으로 가득 찬 인물을 죽이고 싶어 하지 않을 것이다. 예수의 성품을 제대로 보려면, 그의 공생애 전체가 십자가를 향한 단호한 행진이었다는 사실을 아는 데서 출발해야 한다. 처음부터 죽음이 예수에게로 다가왔다는 말이다! 예수는 공생애 초기부터 죽음을 끌어안았고, 머뭇거리지 않고 큰 걸음으로 골고다를 향해 성큼성큼 걸어갔다. 이렇게 말한다고 해서, 부모의 어설픈 자녀양육 때문에 용납을 갈망하는 수많은 사람의 처지에 둔감한 우리는 아니다. 물론 예수는 그런 깊은 갈망을 채워주는 분이다. 그러나 예수를 우리의 심리적 욕구를 충족시키는 분으로 제한한다면, 예수를 부분적으로만 따르고 말 것이다. 그래서 아빠의 사랑에 굶주린 사람이 만드는 예수 이미지가 생기게 된다.

앞에서 우리는 KKK단이 선전하는 왜곡된 예수상*像*에 관해 얘기한 바 있다. 그들은 흑인과 유대인에 대한 두려움과 혐오를 정당화하려는 깊은 욕구가 있는 만큼, 인종차별적인 예수를 만들어낸다. 이와 비슷하게, 많은 교회들도 자기들의 욕구를 채워줄 예수들을 생산한다. 너무도 감상적인 예수, 중산층 예수, 우리의 안온한 삶을 흔들지 않는 어투로 말하는 부드럽고 나긋나긋한 예수 등. 그리고 매년 반복되는 문화적인 예수상, 즉 마구간에 있는 아기 예수, 아무도 진지하게 여길 필요가 없고 그저 감탄사만 연발하면 되는 순진무구한 작은 아이 예수가 있다. 이런 식으로 계속 열거할 수 있을 것이다. 여기서 우리의 관심은 예수가 우리의 깊은 갈망과 욕구를 다루지 않는다는 것이 아니라, 그런 갈망을 충족하는 존재로 제한될 수 없는 분이라고 주장하는 것이다. 때로는 그런 욕구에 도전하기도 하는 분이다. C. S. 루이스의 작품 《사자와 마녀와 옷장 *The Lion, the Witch, and the Wardrobe*》에는 루시가 그리스도를 풍유적으로 상징하는 사자 아슬란을 만나려고 하는 장면이 나온다. 루시가 비버 씨에게 "그는 안전한가?" 하고 물었다. '안전하냐고?' 라고 비버 씨가 대꾸한다 … '아니, 누가 안전에 대해 말했지?' '물론 안전하지는 않지. 하지만 선하지. 그는 왕이거든' 하고 말을 이었다."[1] 예수를 좇는 일은 우리의 문화적 생활방식에 관한 한 결코 안전하진 않지만 언제나 선하다.

물론 우리가 예수에게서 "암탉이 제 새끼를 날개 아래에 모음 같이 내가 너희의 자녀를 모으려 한 일이 몇 번이냐" 하는 소리를 들을 때가 가끔 있다. 하지만 또 어떤 때에는 "너희가 아직도 알지 못하며 깨닫지 못하느냐. 너희 마음이 둔하냐. 너희가 눈이 있어도 보지 못하며 귀가 있어도 듣지 못하느냐" 하는 말을 듣기도 한다. 이 둘은 모두 예수가 한 말이다. 첫 번째 진술은 누가복음 13장 34절에 나오는 구절로서 이스라엘 백성을 향한 그분의 사랑을 가리키는 대목이고, 두 번째는 답답한 심정으로 제자들에게 던진, 마가복음 8장 17절 말씀이다. 우리의 논점은 예수가 사랑과 연민뿐 아니라 실망과 짜증도 기꺼이 표현했다는 데에 있다. 예수는 제자들을 무척 사랑했음에도(요 17장 참조) 동시에 그들을 계속해서 놀라게 하고 두렵게 하고 불안하게 하고 도전했다. 우리는 이 사실을 기억할 필요가 있다. 마치 수도꼭지를 열고 닫듯이, 예수를 격려가 필요할 때 손쉽게 찾아가는 영적 존재로만 여기는 것은 심각한 잘못이다. 이는 우리가 예수의 형상을 닮아가는 것이 아니라 그분을 우리의 형상대로 개조하는 것과 다름없다.

영화 〈탤러데가 나이트Talladega Nights〉에서 윌 페렐은 상식에서 벗어난 모습의 자동차 경주 챔피언 리키 보비 역을 맡는다. 웃기는 무대 장치로 가득 찬, 대체로 무의미한 이 영화의 한 장면은 우리를 깜짝 놀라게 만든다. 리키 보비는 아내(칼리)와 두 아들(워커와 텍사스 레인저)과 장인(칩)과 경주 파트너(칼)와 함께 만찬 자리에서 식사 기도를 드린다. '사랑하는 주 아기 예수'에게 기도할 때, 자기 가족과 제일 친한 친구 칼로 인해서 그리고 자기 앞에 놓인 도미노, KFC, 타코 벨의 풍성한 수확을 인해 감사드리기 시작한다. 그러고는 예수에게 '아기 예수의 능력'을 발휘하여 칩의 상한 다리를 낫게 해달라고 간구하는 순간에 그의 아내 칼리가 불쑥 끼어든다.

**칼리** 당신도 예수가 어른이 되었다는 걸 알잖아요. 언제나 '아기'라고 부를 필요는 없어요.

**리키** 나는 성탄절 예수를 제일 좋아하고 지금 식사 기도를 하는 중이오. 식사 기도를 할 때는 어른 예수든, 십대 예수든, 턱수염을 기른 예수든, 당신이 원하는 누구에게 하든 상관없어요. … 〔기도를 계속하면서〕 사랑하는 자그마한 예수여, 황금 양털로 만든 기저귀를 차고 작고 통통한 주먹을 가진 예수여 …

**칩** 〔고함을 치면서〕 예수님은 남자 어른이었어! 턱수염도 길렀고.

**리키** 글쎄, 나는 아기 예수를 제일 좋아한다고. 무슨 말인지 알겠어?

예수에 관한 얘기에 흥미를 느낀 리키의 친구 칼도 자기가 좋아하는 이미지를 내놓기로 결심한다.

**칼** 나는 턱시도와 셔츠를 입은 예수의 모습을 좋아해요. 정장을 입고 싶다는 뜻에서 그렇죠. 난 여기 파티에 와 있고 파티를 좋아하니, 나의 예수도 여기에 와 있으면 좋겠어요.

**워커** 저는 예수를 악한 사무라이를 물리치는 닌자의 모습으로 상상하곤 해요.

**칼** 내가 좋아하는 예수의 모습은 거대한 독수리 날개를 달고 천사 밴드와 함께 래너드 스키너드를 위해 리드 보컬로 노래를 부르고 있는 이미지에요. 내가 술에 만취한 채 맨 앞줄에 있는 장면을 상상하곤 합니다.

칼리가 리키에게 식사 기도를 끝내라고 요구하여 신학 토론에 종지부를 찍은 뒤에도 그는 계속해서 기도를 이어간다. "사랑하는 몸무게 4킬로그램의 어린 예수여, 아직 말 한 마디 못하는 아주 작고 귀여운 아기지만 전능하신 예수여, 우리는 당신께 감사하나이다 …"[2]

리키가 한 기도의 상당 부분은 멋진 아내, 성공적인 자동차 경주, 수백만 달러짜리 보증수표(자기의 스폰서인 파워에이드를 언급하겠다는 계약사항도 이행한다) 등에 대한 감사의 표시이다. 이 웃기는 장면은 복음서를 읽지 않고 예수를 자기의 형상으로 빚어내는 자들이 느끼는 유혹을 상기시켜준다.

앤 라모트Anne Lamott의 말을 바꾸어 말해보자. 예수님도 당신이 미워하는 사람들을 똑같이 미워할 거라고 생각한다면, 당신은 예수를 원하는 이미지로 개조한 셈이나! 우리는 모두, 예수를 우리 자신의 의제에 끼워 맞추고, 우리가 미워하는 자를 예수도 미워하게 만들고자 애써왔다. 그게 동성애자든, 무슬림이든, 자유주의자든, 가톨릭교도든, 근본주의자든, 포스트모더니스트든 말이다. 그러나 예수가 속했던 동네에서도 예수를 마음대로 조종할 수는 없었다. 누가복음 4장에는 예수가 고향에서 공적 사역을 시작할 때, 선지자 이사야의 두루마리 책 한 대목을 읽는 장면이 나온다. 이 설교의 전반부는 요즈음 교회에서도 종종 반복되곤 한다. 예수는 주의 날에 관한 대목을 읽고 나서 "이 글이 오늘 너희 귀에 응하였느니라"(눅 4:21)라고 강력히 선포한다. 그런데 이 메시지 후반부는 오늘날 거의 거론되지 않는다. 하지만 이 부분도 이사야 61장에 나온 예언이 성취된다는 선포 못지않게 파격적인 내용이다. 사실 너무도 파격적이어서 청중이 예수를 죽이려 했을 정도이다. 무슨 메시지였는가?

그는 열왕기상과 열왕기하에서 두 이야기를 끌어오는데, 이것들은 주일학교 때부터 너무 많이 들어온 터라 강력했던 효능이 약화되어버렸다. 그럼에도 둘 다 전복적이고 파격적인 성격을 띤다. 첫째 이야기에서 예수는, 엘리야가 시돈에 사는 사렙다 과부의 집으로 물러나는 모습을 언급한다(왕상 17:8-24 참조). 하나님이 엘리야를 이스라엘에 사는 그 많은 과부에게 보낼 수도 있었지만, 오히려 시돈 사람의 집에 성소를 마련해주기로 정했다고 예수가 말한다. 그런데 자기 입장을 더 개진하기 위해, 이번에는 열왕기하 5장으로 넘어가서 문둥병자였던 아람 장군 나아만의 치유에 대해 이야기한다. 이스라엘에도 많은 문둥병자가 있었는데, 하나님은 하필이면 이스라엘 적군의 대장을 치료하기로 정했다는 것이다. 이 사렙다 과부와 시리아의 나아만 장군은 어떤 공통점이 있는가? 그들은 모두 이스라엘의 멸시를 받던 이방인이요 원수들이었다. 그런데도 하나님은 그들에게 은혜를 베푸셨다. 사실 사렙다 과부의 경우를 보면 하나님의 은혜가 그녀를 통해 나타난 것을 알 수 있다. 예수는 안식일에 나사렛 청중이 싫어할 만한 두 인물을 골라냈고, 대담하게도 그들로 하여금 하나님이 이스라엘의 어떤 사람만큼이나 그들도 사랑한다는 것을 시인하도록 촉구한다. 더 나아가 이스라엘이 만든 미움과 인종차별로 얼룩진 대의에 자신을 맞추지 않겠다는 거부 선언을 한 것이다.

훗날 이스라엘의 종교 지도자들은 사자를 보내어, 예수로 하여금 로마에 반항하는 정치 선동을 일삼도록 유도한다. 우리가 알다시피, 예수는 아주 지혜롭게 그 계략을 물리친다. "그런즉 가이사의 것은 가이사에게 하나님의 것은 하나님께 바치라"(마 22:21). 그런데 우리의 눈길을 끄는 대목은 사자가 던진 첫 마디이다. "우리가 아노니 당신은 참되시고 진리로 하나님의 도를 가르치시며 아무도 꺼리는 일이 없으시니 이는 사람을 외모로 보지 아니하심이니이다"(마 22:16).

이 말은 아첨하는 소리가 틀림없다. 하지만 예수가 누구의 의제에도 좌우되지 않는다는 사실을 예수의 대적들이 제대로 파악한 것은 아이러니가 아닐 수 없다. 그런데도 왜 우리는 예수를 우리의 뜻에 맞추려고 계속 고집을 피우는 것일까?

이렇게 말한다고 해서 예수를 아는 것이 순전히 객관적인 작업이라고 주장할 만큼 우리가 어리석지는 않다. 물론 우리가 예수를 알려고 할 때는 나름의 욕구, 희망, 갈망을 들고 온다. 시인 로버트 프로스트는 언젠가 "너무 밀려서 하늘을 본 사람은 아주 어렴풋하게만 하늘을 볼 수 있다"라고 쓴 적이 있다. 여기에 계시를 이해하는 깊은 통찰이 있다. 예수에게 사로잡힌 사람들은 믿음 안에서 그분을 어렴풋이 보았다. 하지만 우리가 그 내용을 자세히 설명하려면 보이는 것과 보는 사람은 하나가 될 수밖에 없다. 얼핏 본 경험은 사실이지만 우리는 그것이 어디서 끝나고 어디서 시작하는지 파악할 수 있는 위치에 있지 않다. 다행히도 복음서들이 우리에게 한계를 그어주기 때문에, 우리가 본 것이 예수보다는 우리 자신에 관한 것이 되지 않도록 도와준다. 성령도 우리 안에 계셔서 우리를 도우신다.

사도 바울은 우리가 성령 안에 있으면 "우리가 그리스도의 마음을 가졌느니라"(고전 2:16)라고 주장할 만큼 담대했다. 이게 사실이라면, 객관적인 예수 그리스도의 실재로부터 우리의 주관적인 이해를 분리시켜야 한다는 주장은 무척 의심스럽다. 소위 순수한 객관성을 추구하는 것은 잘못이다. 하나님은 순전히 객관적으로만 알 수 있는 분이 아니기에 하

하나님을 아는 지식에는 언제나 주관성이 개입되는 법이다. 믿음의 대상, 곧 예수 그리스도로부터 객관적 초연함을 유지하는 것은 성경에서 말하는 앎과 맞지 않는다(5장을 보라). 그리고 우리는 주관성을 통해서 진정한 예수가 누구인지를 발견할 수 있다. 그분의 마음이 이 세상에 현존하기 때문이다. 그러나 이 마음은 성령의 선물로서 그를 따르는 자들 안에서만 현존한다. 우리의 객관성과 주관성 중 어느 하나로 접근하기보다 양자 모두를 동원할 때 예수를 더 명료하게 보게 될 확률이 높다.

## / 왜곡된 예수 이미지 /

우리가 예수를 우리 자신의 개인적, 종교적, 문화적 의제에 맞추고 있다는 사실을 인식하려면 우리가 즐기는 많은 예수 이미지들을 해석하면 된다. 스페인의 화가 바르톨로메 무리요Batolome Murillo는 소년 시절에 부모가 무척 좋아하던 성상聖像을 파괴하면서부터 예술적 재능을 발휘하기 시작했다. 무리요는 거룩하고 내세지향적인 목동 예수의 형상을 쾌활하고 조잡한 스페인 아이의 모습으로 바꾸었다. 아동의 직관을 지닌 어린 무리요는 당시 집에 걸려 있던, 무섭기까지 한 거룩한 소년의 형상을 견딜 수 없었다. 이 어린 소년은 예수를 금테 액자에서 구출하여 지저분한 세비야 거리로 돌려보내야 했다. 우리는 이 이야기에 크게 공감한다.

어린 무리요가 집안의 성상을 파괴하는 행동에 우리는 크게 동조하는 편이다. 우리는 스스로를 성상파괴자 곧 교회에서는 소중히 취급되지만 쓸데없는 예수의 형상들을 깨뜨리는 존재로 간주한다. 성상들 가운데 어떤 것들은 그저 무난하다. 조금 전에 언급한 찬양 인도자가 품고 있는 사랑하는 아빠 같은 예수의 이미지가 그런 경우다. 하지만 KKK단의 아리아족 그리스도와 같은 것들은 무척 사악한 형상들이다. 그러나 양쪽 모두 부정확한 이미지들이다. 그렇기 때문에 많은 사람을 정상 궤도에서 이탈하게 만든다. 이제 우리가 파괴 대상으로 삼는 몇 가지 고전적인 이미지를 들어보겠다.

**'턱수염 기른 숙녀' 같은 예수** 1850년대 초 전위적인 전기 라파엘 운동의 창시자 중 한 명인 윌리엄 헌트William Holman Hunt의 그림, 〈세상의 빛The Light of the World〉은 어마어마하게 인기를 끌었다. 돌로 만든 아치 아래에는 육중한 나무문이 있고, 이 문 바깥에 서 있는 예수는, 손등으로 문을 살살 두드리고 있다. 다른 손에는 보석이 박힌 등잔을 들고 있다. 분위기는 어둡고 예수의 뒤편에는 석양을 배경으로 구부러진 나뭇가지들이 까만 윤곽을 이루는 숲의 모습이 보인다. 예수는 넝쿨로 덮인 문에 이르기 위해 황폐한 곳을 지나온 것 같다. "나는 단지 선한 신하로서가 아니라, 무익한 존재임에도 신적 명령을 받아 이 그림을 그렸다"[3] 라고 헌트는 말했다. 이 그림은 우리가 앞서 언급한 성경본문, 요한계시록 3장 20절을 상기시킨다. "내가 문 밖에 서서 두드리노니 누구든지 내 음성을 듣고 문을 열면 내가 그에게로 들어가 그와 더불어 먹고 그는 나와 더불어 먹으리라."

이 이미지가 누린 인기도를 숫자로 표현하기는 어렵다. 20세기에 접어드는 시기에 캐나다, 호주, 뉴질랜드, 남아프리카공화국 등을 순회하는 동안 수많은 사람이 관람했으니 말이다. 우리의 모국인 호주만 해도,

세상의 빛
윌리엄 헌트, 캔버스 유화

당시 시드니와 멜버른의 인구가 백만 명이 채 안 되었는데 그 중에 무려 50만 명 이상이 이 그림을 감상했다. 영국은 엽서 크기로 이 그림을 복사하여 영국 전역에 판매했는데, 사람들이 원하는 만큼 살 수 없을 정도로 불티나게 팔렸다. 사람들은 기념품이나 유품처럼 이 그림을 지니고 다녔다. 또 군인들에게는 군복에 넣고 다닐 수 있도록 나누어주었는데, 이 그림은 전투 시에 예수가 가까이 있음을 상기시켜주는 상징물이었다. 구세군 작곡가인 딘 고핀Dean Goffin 경은 이 그림에 감동을 받아 그의 최고의 작품인 〈세상의 빛The Light of World〉(그림과 같은 제목)을 작곡하기도 했다. 헌트의 원작품은 현재 옥스퍼드의 케블 칼리지 대예배당에 딸린 작은 방에 보관되어 있고, 말년에 똑같이 그린 큰 그림은 지금 런던의 성 베드로 성당에 있다.

헌트의 그림을 자세히 살펴보면 몇 가지 흥미로운 점이 눈에 띈다. 예컨대, 나무로 만든 문은 바깥쪽 손잡이가 없다. 그래서 안에서만 열 수 있는데, 이는 요한계시록 3장을 묘사하는 그림이라는 사실을 더욱 확증시켜준다. 더구나 예수는 다소 여성적인 모습으로 그려져 있다. 무도회용 비단가운(우리로서는 이렇게 밖에 표현할 수 없다)에다가 왕족이 입는 붉은 망토를 걸치고 있는 모습이다. 그리고 머리에는 어깨까지 내려오는, 영화로운 금발을 눌러주는 황금 면류관을 쓰고 있다. 턱수염도 금발이고, 그의 평온한 시선은 중동의 급진주의자보다 신화에 나오는 잉글랜드 왕을 더 닮은 모습이다. 헌트는 예수의 왕 같은 위엄을 묘사하기 위해, 아서 왕이나 사자왕 리처드 1세 같이 주름살 없이 아름답고 현명한 영국 군주의 모습으로 그린 것이다. 이는 아주 고전적인 묘사 방식이다.

윌리엄 헌트는 심지어 복음서 저자들까지 포함한, 서구 문화사의 어느 누구보다 더 대중의 예수 이미지에 영향을 미친 인물이 되었다. 이처럼 턱수염을 기른 금발의 왕족이 문을 두드리는 듯한 예수의 모습은 영국인의 의식 속에 깊이 새겨졌고, 남아프리카공화국과 호주와 뉴질랜드 등 당시 대영제국 전역에 영향을 미쳐 오늘까지 이어지고 있다. 또 헌트의 그림은 오늘날 가장 흔한 예수의 이미지, 워너 살먼Warner Sallman이 그린 〈그리스도의 얼굴The Head of Christ〉에도 큰 영향을 주었다. 이 그림을 여기에 사용하도록 허락을 받지는 못했지만, 인터넷에서 쉽게 찾을 수 있다. (구글에서 화가의 이름과 그림 제목을 입력해서 찾아보라.)

우리는 〈그리스도의 얼굴〉을 '턱수염 기른 숙녀' 예수라고 부른다. 얼굴 뒤편으로 흘러내리는 금발, 높은 광대뼈, 단정한 눈썹, 완벽한 입술, 하늘을 향한 시선, 부드러운 눈 등 아름다운 모습이다. 그런데 과연 이 그림이 성경적인 예수의 모습일까? 아니면, 지나치게 감상적이고 문화적인 기독교를 반영하는 공상적인 그림일 뿐인가? 이것은 눈을 즐겁게 해주는 말끔하고 단정한 메시아의 모습이다. 우리의 영혼을 뒤흔드는 그런 이미지가 아니다. 이 이미지는 아주 멋있는 그리스도, 우리가 도달할 수 없는 예수를 경배하는, 그런 영성을 대변하는 그림이다.

몇 년 전 마이클이 뉴질랜드 구세군 장교들을 대상으로 세미나를 인도하고 있을 때, 대다수가 등에 붉은 글씨로 "나는 싸우겠다"라는 문구가 적힌 검은 티셔츠를 입고 왔다고 한다. 그것은 구세군 창설자였던 윌리엄 부스의 유명한 설교를 암시하는 문구였다. 런던 거리에 가난과 알코올 중독과 고통이 있는 한 자기는 전심을 다해 싸울 것이라고 외쳤던 설교에서 비롯되었다. 참으로 극적이며, 마음을 휘감는 표어이다. 그런데 세미나실 벽을 온통 차지하고 있는 그림 액자들은 방금 보여준 예수의 이미지였다. 그래서 마이클은 이점을 지적하면서, 이 그림에 묘사된 예수가 과연 가난한 자를 섬기려고 19세기 런던의 더러운 뒷골목에 내려오는 것은 고사하고, 언제라도 대항해서 싸울 만한 인물로 보이는지 물어보았다. 거기에 있던 한 장교가 시인하기를, 어쩌면 거룩한 전사 같은 윌리엄 부스의 모범보다 '턱수염 기른 숙녀' 같은 예수가 그들의 기독론에 더 많은 영향을 미친 것 같다고 말했다.

이런 그림들에 나오는 턱수염 기른 숙녀는 추상적인 평온함, 온유함, 평화의 분위기를 풍긴다. 그러나 우리가 복음서들에서 만나는 예수는 때로 좌절하고 실망하고 짜증내고, 심지어는 분노를 폭발하는 인물이다. 예수는 경쟁자들을 격앙시켰고, 친구들을 불안케 했으며, 대적들을 미치게 만들었다. "예수는 당시의 기존 질서를 너무도 위협했던, 다루기 힘들고 비협조적인 혁명가였기 때문에 그를 처형하는 것 말고는 다른 대안이 없었던 것으로 보인다."[4] 앨리슨 모건Allison Morgan의 말이다.

**유령 같은 예수** 많은 사람에게 영향을 준 또 다른 이미지는 우리가 '유령 같은' 예수라고 이름붙인 것들이다. 이 이미지는 그리스도를 다소 여성적으로 표현하는 면에서 '턱수염 기른 숙녀' 예수와 비슷하면서도, 더 나아가 고도의 상징적이고 천상적인 요소를 거기에 덧붙인다. 굉장한 인기를 누리는 이런 그림들은 예수를 후광과 초자연적인 분위기에 둘러싸인 내세적 존재로 그린다(관람자가 예수의 신성을 놓치지 않도록 보장하는 듯하다). 하지만 이 예수는 거의 이단적인 모습인 것 같다. 왜 그럴까? 그리스도의 인성을 희생시킨 채 신성만 부각시키고 있기 때문이다. 마치 그리스도의 신적 본성이, 잘 맞지 않는 인간의 몸에 겨우 담겨 있는 듯한 느낌을 준다. 영화 〈맨 인 블랙Man in Black〉에 인간 가면을 쓰고 나오는 외계인과 비슷한 모습이다. 이따금 이 외계인은 의도하기에 따라 피부를 뚫고 자기가 인간의 모습을 한 내세의 피조물이라는 사실을 노출하곤 한다.

초대교회는 예수의 신성을 인정하면서도 그의 완전한 인성을 놓치지 않으려고 많은 노력을 기울였다. 그리고 예수의 인성을 약화시키는 관

**신성한 마음**
폼페오 바토니, 캔버스 유화

넘이면 무엇이든 거부하는 옳은 입장을 취했다. 이런 유령 같은 예수의 모습에는 가현설(예수가 인간처럼 보였을 뿐이지 실제로는 인간이 아니었다고 주장하는 이단)이란 딱지를 붙여도 좋을 것이다. 따라서 당연히 거부할 대상이다. 우리가 복음서에 나오는 예수를 관찰하면 이와 정반대의 모습을 보게 된다. 성육신이 강조하는 사실은, 예수의 인성이 그의 신성을 아주 잘 담고 있어서 가족과 이웃과 친구도 예수라는 인물 속에 하나님이 계신 것을 완전히 깨닫지 못했다는 것이다. 이 정도로 예수의 인성 속에는 신성이 감추어 있었다. 빛나는 후광, 노출된 가슴, 극적인 자태 등(이런 그림이 으레 포함하는 요소들)은 우리를 진짜 예수로 인도하기보다는 복음서에서 더 멀어지게 만든다.

윌리엄 헌트의 예수가 무난하고 싱거운 거세된 남자의 이미지라면 유령 같은 예수는 저 멀리 있는 내세적인 존재이다. 전자는 당신의 마음 문을 부드럽게 두드리는 데 비해, 후자는 당신이 다가갈 수 있도록 평온한 모습으로 기다리고 있다. 헌트의 예수는 보살핌을 상징하고, 로마네스크 양식의 예수는 지식의 화신이다! 만일 당신이 품고 있는 예수의 이미지가 유령 같은 모습이라면, 아마 당신은 손으로 만질 수 없고 지혜롭고 영묘하고 내세적이고 차분한 예수를 가장 편하게 느끼는 부류일 것이다.

그러나 우리가 복음서에서 만나는 예수는 때로 좌절하기도 하고, 화를 내기도 하며, 실망도 하는 인물이다. 언제나 감정을 완벽하게 통제하는 차분한 인물로 나오지 않는다. 예수가 배신당하여 끌려가던 날 밤, 이런 모습이 가장 감동적으로 나타난다. 위대한 히브리인의 망명과 복귀를 상징하는 유월절 행사를 치른 뒤에, 예수와 그 친구들은 밤늦게 겟

세마네 동산에서 산책을 한다. 거기서 예수는 곧 다가올 제사를 준비하면서 아버지께 세 번씩이나 다른 방법을 허락해달라고 간청한다. 우리는 때때로 예수를 주저함 없이 자동적으로 일을 진행하는 인물로 그리지만, 사실 여기서 예수는 근심과 불확실성으로 가득 찬 모습을 보인다. 가장 친한 친구들에게 가장 어려운 순간에 자기와 함께 기다리면서 기도해달라고 부탁했지만, 친구들이 잠에 빠지자 예수는 굉장한 슬픔과 외로움을 토로한다. "너희가 나와 함께 한 시간도 이렇게 깨어 있을 수 없더냐." 자기를 버리고 잠을 택한 제자들에게 슬픔 정도가 아니라 좌절과 짜증을 표현하는 것을 볼 수 있다.

스캇 펙은 언젠가 자기가 복음서를 신뢰하는 이유 중 하나가 복음서가 예수를 너무나 적나라하게 묘사하고 있기 때문이라고 했다. 복음서를 읽기 전 불가지론자 시절에는, 복음서가 예수라는 인물을 숭배하기로 작정한 제자들이 꾸며낸 일종의 성인전聖人傳, 곧 신화적인 성인에 대한 과장된 기록 정도로 생각했었다. 그러나 펙은 복음서 본문을 직접 읽고는 거기에 나오는 예수가 예전에 본 로마네스크 양식의 성상과 전혀 다르다는 사실을 발견하고 너무나 놀랐다. 그분은 일부러 꾸며낸 어떤 민속적 영웅보다 더욱 인간적이고 감칠맛 나는 인물이었다. 그래서 펙은 복음서가 진실을 기록하고 있다고 결론을 내린다. 만일 예수의 추종자들이 꾸며낸 이야기였다면, 복음서에 나오는 인물보다 더 나은 메시아를 창안했을 것이라고 생각했다. 말하자면, 두려움이나 슬픔이나 분노의 기색을 전혀 보이지 않는 흠 없는 메시아를 꾸며냈을 것이라는 뜻이다. 그가 소위 '완벽한' 예수가 아니라는 사실은, 복음서 기자들이 교묘한 창안자가 아니라 충실한 기록자였음을 증명하는 것이다.

**평범한 갈릴리 사람 예수** 톰 라이트는 자신의 저서에서, 소설가 겸 아마추어 신약학자였던 A. N. 윌슨A. N. Wilson이 예수 연구가 우리에게 남긴 것이라고는 '적당히 창백한 갈릴리 사람' 밖에 없다고 한 말을 인용한다.[5] 사실 윌슨이란 인물은, 예수를 둘러싼 모든 역사적 도그마를 벗겨버리길 원했다. 민속적 비유와 선한 성품으로 새로운 신앙운동을 출범시킬 생각이 없었던 단순한 갈릴리의 성인을 찾고자 했던 기독론을 대표하는 사람이 윌슨이다. 윌슨은 의외로 인기를 끌었던 그의 책 《예수의 생애 Jesus : A Life》에서, 만일 예수가 "기독교 역사 전체를 내다보았더라면, 그의 절망감은 '나의 하나님, 어찌하여 나를 버리셨나이까?' 하고 울부짖었던 때보다 더했을 것"이라는 극적 결론을 내렸다.

윌슨의 주장은 이러하다. 먼저 예수는 스스로를 삼위일체의 두 번째 위격은커녕 메시아라고도 생각하지 않았다. 그리고 베들레헴이 아니라 나사렛에서 평범하게 태어났다. 내면의 도덕을 가르쳤고, 예수의 왕국은 외적인 실체가 아니라 파괴 불가능한 내면의 나라에 가까웠다. 또 여성의 지위를 높이려고 애썼고 극단적인 유대 민족주의에 반대했다. 그런데 일부 사람이 예수에게 메시아의 직분을 억지로 떠맡기려고 한 결과, 예수는 로마인에게 체포되었고 즉시 처형당했다. 예수는 죽은 상태로 갈릴리에 묻혔다. 결국 그는 실패한 셈이다. 예수의 메시지는 큰 관심을 끌지 못했다. 그의 형제 야고보가 예수의 잘못된 평판을 회복시키려고 예수를 따랐던 이들에게 모든 일이 성경에 기록된 대로 일어났다고 확신시키려 했을 때, 일부 사람이 야고보를 죽은 예수라고 착각했으며 그 후부터 예수가 부활했다는 소문이 퍼져나가기 시작했다. 하지만 그들이 부활한 예수라고 믿었던 사람은 바로 그의 죽은 형제, 곧 거룩한

**컴퓨터로 추정한 예수의 모습**
BBC 다큐멘터리 〈신의 아들〉

남자*hasid*를 빼닮은 야고보였다.

윌슨이 보기에는 바울이야말로 기독교를 창안한 인물이다. 바울은 예수의 말과 초기 그리스도인들의 열정을 취하여 예수의 단순한 가르침에서 아주 동떨어진 복잡한 신약신학을 구축했다. 나중 이야기는 알려진 그대로이다!

윌슨이 억측하는 예수는 평범한 순회 이야기꾼이요 종교 선생guru과 같은 인물이다. 어쩌면 결혼을 했을지도 모른다. 일부 작가들은 예수가 막달라 마리아와 결혼해서 자식(들)을 낳았다고 믿는다. 그는 '위대한 선생'이니, '선한 사람'이니, '거룩한 남자'이니 하는 얄팍한 칭찬과 함께 결국은 저주를 받았던 사람이다. 달리 말하면, 실제로는 평범한 사람이었다는 뜻이다. 그런데도 예수가 죽은 직후에 엄청난 운동이 발생한 것은 다른 누군가의 공로 때문이었다. 그 누군가는 바로 못된 놈, 사도 바울이다. 바울이 바로 예수의 단순한 민중적 유대주의를 가져다가 오늘날 기독교로 알려진 그 복잡한 체계를 만든 장본인이다.

옆에 있는 사진은 2001년에 방영된 BBC의 예수 특집을 위해 만든 것이다. 법의학자들이 1세기 팔레스타인의 한 해골을 가져다가, 경찰 수사관들이 미확인된 해골의 신분을 추정할 때 사용하는 재생 테크닉을 활용해서 구성한 얼굴이다. 역사가들이 알고 있는 당시 스타일에 맞추어 얼굴에 털을 덧붙였고, 오늘날 중동 남자들의 피부색을 반영했다. 그렇다고 BBC가 이것을 예수의 얼굴로 주장한 것은 아니다. 다만, 이것이 2000년 전 팔레스타인에 살던 유대인의 전형적인 모습이라고 지적했다. 짙은 눈썹과 가무잡잡한 피부색과 털이 많은 용모는 턱수염 기른 숙녀나 로마네스크 양식의 예수와는 천양지차이다. 바로 이 갈릴리 사람을 우리가 구세주로 착각했다는 것이 윌슨의 주장이다.

분명, 이 예수의 모습은 교회에서 별로 인기가 없는 이미지일 것이다. 교인들이나 신학생들을 대상으로 이런 조사를 한번 해보라. 우리가 여기서 관찰한 예수의 이미지들을 포함한 여러 형상들을 배열해놓고, 그들에게 선호하는 순서대로 번호를 매기라고 해보라. 우리의 경험으로 보면 BBC의 예수가 항상 꼴찌를 차지했다. 교인들은 이 남자보다 더 멋있어 보이는 예수를 선호하는 것 같다. 그러나 교회 바깥에서는 갈수록 더 많은 사람이 윌슨이 말하는 평범한 갈릴리 사람에게 끌리고 있지 않나 생각된다. 가령, '예수 세미나'의 로버트 펑크Robert Funk 같은 인물은 예수를 비밀스런 비유들을 통해 다른 현실을 구축하려고 했던, 급진적이고 성가신 사회적 일탈자로 그리고 있다. 그의 동료 존 도미닉 크로산John Dominic Crossan은, 예수가 자기에게 오는 모든 사람들을 공짜로 치료해주고 음식을 나누어주면서 평등주의 공동체를 세우려 한 인물이라고 본다. 그들에게 비치는 예수는 위대한 시인이나 사랑이 많은 선생에 가까운 사람이다. 이런 말을 들으면, '시인 겸 사회사업가인 예수가 어떻게 해서 병자를 치료하는가?' 하는 의문이 떠오른다. 이에 대해서는 묵묵부답이다.

이처럼 예수를 자신의 취향에 맞추고 세속화하려는 시도는 처음부터 문제를 안고 있다. 록 스타 보노는 예수가 세계적인 위대한 사상가의 한 사람이긴 해도 예수를 하나님의 아들로 보는 것은 부자연스런 생각이라는 말을 누군가로부터 듣고는 다음과 같이 멋지게 응답했다.

> 아니, 내게는 부자연스럽게 보이지 않는다. 그리스도의 이야기에 대한 세속적인 반응은 언제나 이런 식이다. 예수는 위대한 선지자이자 아주 흥미로운 남자였고, 엘리야든 마호메트든 부처든 공자든 다른 위대한 선지자들과 맥을 같이 하면서 할 말이 많았던 인물이었다고들 말한다. 그러나 그리스도는 이런 식으로 생각하는 걸 허락하지 않는다. 이렇게 슬쩍 비껴가는 것을 허용하지 않는 인물이다. 그리스도는 이렇게 말한다. "나는 스스로 선생이라고 말하는 게 아니니 나를 선생이라고 부르지 말라. 나는 스스로 선지자라고 말하지도 않는다. 나는 '내가 메시아다'라고 말하는 중이다. '나는 성육한 하나님이다.'" 그러나 사람들은 이렇게 말한다. "아니, 아니, 제발 그냥 선지자로 있어주시오. 선지자 정도면

우리가 수용할 수 있겠소. 당신은 좀 괴짜요. 우린 이미 메뚜기와 석청을 먹는 세례 요한을 겪은 적이 있소. 그 정도면 다룰 만하오. 그러나 제발 그 'M'으로 시작하는 말은 입에 올리지 마시오! 그러면 우리가 당신을 십자가에 못 박아야 하기 때문이오." 그분은 이렇게 응답한다. "아니, 아니오. 물론 당신들이 기대하는 건 내가 군대를 데리고 와서 저 아니꼬운 녀석들에게서 당신들을 풀어주는 것인 줄은 알고 있소. 하지만 나는 진짜 메시아가 맞소." 이 지점에 이르면, 모두들 고개를 숙인 채 "아이쿠, 이제 귀에 딱지가 앉도록 저 소리를 계속하겠군" 하고 응수한다. 그러므로 당신에게 남은 선택사항은 다음 두 가지이다. 그리스도가 정말 자기가 말하는 메시아든지, 아니면 순전히 미치광이든지 둘 중 하나를 선택할 수 있을 뿐이다. 나는 지금 찰스 맨슨Charles Manson과 같은 수준의 미치광이를 말하고 있다. 이 남자는 우리가 앞서 얘기했던 사람들과 비슷한 인물이었다. 폭탄과 같은 사람이었으며 머리에 '유대인의 왕'이란 문구를 붙이고 다녔다. 군중이 그를 십자가에 달자 그는 "좋아, 이제 순교할 시간이야. 고통스럽게 해보라고! 얼마든지 감당하마" 하고 말하였다. 나는 지금 농담을 하고 있는 게 아니다. 지구의 반 이상이나 되는 문명의 흐름이 한 미치광이에 의해 바뀌고 거꾸로 뒤집힐 수 있었다는 것을 생각하면, 이 미치광이의 태도야말로 부자연스런 것이 아닐 수 없다…[7]

이 말이 맞다! 흔히들 품고 있는 세속적인 예수의 개념은, 복음서를 읽고 스스로 메시아라고 자처하는 그의 주장을 들으면 도무지 이해할 수 없는 것이다. 그것을 관철시키려면 윌슨처럼 바울이란 인물을 믿음의 창시자로 삼아서, 바울이 거짓된 주장을 꾸며 그것을 예수라는 갈릴리 사람의 입에 갖다 붙였다는 식으로 주장하지 않으면 안 된다. 신학자인 바버라 씨에링Barbara Thiering과 성공회 주교인 존 스퐁John Spong은 각각 나름의 성경해석법을 개발했다. 스스로 하나님의 아들이라는 예수의 당혹스런 주장을 적당히 넘어가는, 미드라시(*midrash*, 유대교의 성경주석 방법)에 대한 복잡한 지식을 전제로 하는 해석법이다. 《다빈치 코드*The Da Vinci Code*》의 저자인 댄 브라운Dan Brown은 콘스탄티누스 황제와 그의 가짜 복음서 기자들에게 비난의 화살을 돌린다. 그러나 우리가 복음서의 주장을 진지하게 받아들이면, 보노가 개관한 딜레마(예수가 그리스도이든가, 아니면 스스로 그리스도라고 착각했든가 둘 중 하나)에 봉착하게 된다.

우리는 보노의 입장을 좋아하지만, 공로는 아무래도 C. S. 루이스에게 돌려야겠다. 루이스가 바로 '선한 선생' 예수를 좋아하는 이들을 반박하기 위해 이 공식을 맨 먼저 제안한 인물이기 때문이다.

나는 여기서, 누구라도 예수에 관해 정말 어리석은 것을 말하지 못하게 막으려 애쓰는 중이다. "예수를 위대한 도덕 선생으로 받아들일 준비는 되어 있으나, 하나님이라는 주장은 수용하지 못하겠다"라는 식의 반응 말이다. 우리는 이런 식으로 말해서는 안 된다. 사람에 불과한 어떤 사람이 예수가 말한 그런 유의 주장을 했다면 그는 위대한 도덕 선생이 아닐 것이다. 그는 (자신을 삶은 달걀이라고 말하는 수준에 불과한) 미치광이든가 지옥의 마귀일 것이다. 당신 스스로 선택을 해야 한다. 이 사람이 과거나 현재나 하나님의 아들이든가, 광인이든가, 그보다 더 못한 존재든가 … 그러나 우리는 예수를 위대한 선생으로 부르는 헛소리는 입에 담지 말자. 예수는 우리에게 그럴 여지를 주지 않았다. 그렇게 할 의도가 없었던 것이다.[8]

이는 '거짓말쟁이든가, 미치광이든가, 주님이든가' 셋 중 하나라고 주장하는 접근으로서, 상당히 훌륭한 논증이다. 그런즉 당신은 예수를 선한 선생이나 평범한 갈릴리의 성인 정도로 치부해서는 안 된다. 또한 턱수염 기른 평온한 숙녀의 이미지나 외계인의 모습을 띤 유령 같은 예수상에 만족할 수도 없다. 복음서는 그런 대안을 허락하지 않기 때문이다.

**혁명가 예수**  앞서 언급했듯이 복음서 이야기를 보면, 예수와 그의 메시지를 가장 잘 이해했던 자들은 예수를 가장 죽이고 싶어 했던 사람들이었다. 예수는 유대교의 체계를 위협하는 위험 인물이었을 뿐 아니라, 어쩌면 감수성이 예민한 대중들에게도 위험한 존재로 간주되었다. 만일 예수가 턱수염 기른 숙녀나, 유령 같은 인물이나, 평범한 갈릴리 사람이었다면, 과연 누군가를 위협할 수 있었을지 도무지 상상하기가 어렵다. 그러나 예수와 동시대인들은 그를 제도적 종교를 공격하는 인물, 신성모독자, 이단, 술 취한 자, 탐식가, 거짓 선생 등으로 보았다. 예수는 하나님에게 버림받은 북부 출신의 못 배운 랍비로서, 미친 듯이 설치며 자기처럼 못 배운 민중을 선동하여 소동을 일으킨 인물이었다. 대적들의 눈에는 극단주의자, 과격파, 혁명가로 비쳤던 것이다.

과거에 김빠진 예수 묘사에 반발하여 일어난 반동적 움직임이 몇 차례 있었다. 1960년대에 급진적인 이탈리아 영화 제작자 피에르 파올로 파솔리니Pier Paolo Pasolini, 동성애자요 공산주의자요 무신론자이기도 했던 파솔리니는 마태복음을 기초로 굉장한 영화를 만들었다. 거기에 나오는 예수는 언제나 검은 후드를 걸치고 푸근한 이야기가 아닌 혁명적인 메시지로서 비유를 던지는, 불길한 인상을 가진 남자다. 자기는 평화가 아니라 칼을 주러 왔다고 주장하는, 엄숙하고 무뚝뚝하고 부담스런 인물이다. 남몰래 갈릴리 바다 근처를 돌아다니면서 때로는 많은 무리를 끌어 모으고 또 때로는 추방당하기도 하는 위험인물 예수, 파솔리니가 그리는 예수의 모습이다. 흥미로운 점은 파솔리니가 영화의 제목, 〈마태복음The Gospel According to saint Matthew〉을 마태복음에서 직접 가져왔고 부활도 분명하게 묘사하고 있다는 사실이다. 파솔리니는 고약한 인물로 알려진데다가 그의 영화에서 예수도 급진주의자로 등장하는 바람에, 교회 진영에서는 이 영화를 별로 상영하지 않았다.[9] 그러나 파솔리니는 경건한 윌리엄 헌트의 예수 이미지보다도 오히려 복음서에 더 가까운 보수적인 예수상을 그리고 있다.

피에르 파올로 파솔리니 감독의 〈마태복음〉의 한 장면

그 후 영국국교회의 이른바 '복음전도 십년'이 끝나는 해인 1999년에 이르러, 영국 전역에 다음과 같은 광고가 등장했다. 예수를 붉은 색 깃발 위에 체 게바라 같은 인물로 그려놓고 '마치 온유하고 온화한 것처럼 Meek, Mild, As If'이라는 표어를 단 광고였다. 우리는 멋진 아이디어라고 생각했으나, 원래 포스터 아래편에는 "4월 4일, 교회에서 진짜 예수를 발견하라"라는 문구가 적혀 있었다. 글쎄, 예수를 혁명가로 생각하는 이들이 4월 4일 주일에 영국국교회에서 그를 찾을 것이라고 믿을 수 있었을까? 그럴 가능성이 별로 없을 것이라는 생각이 들었다. 지역 교구가

체 예수
1999년 영국국교회 포스터

흔히 갖고 있는 이미지는 체게바라를 형상화한 예수의 이미지와는 거의 관계가 없는 편이다.

정확히 말하면 예수는 혁명가라기보다는 개혁자에 가까운 인물이었다. 예수는 자기가 속한 종교 체계 전체를 뒤집어엎으려고 작정한 인물이 아니었다. 대신에 "내가 율법이나 선지자를 폐하러 온 줄로 생각하지 말라. 폐하러 온 것이 아니요 완전하게 하려 함이라"(마 5:17)라고 지적한다. 예수가 했던 일은 이스라엘의 신앙을 거부하거나 폐하는 사역이 아니었다. 이스라엘의 신앙을 구현하고 이스라엘을 참 믿음으로 돌아오게끔 함으로써 이스라엘과, 더 나아가 온 세상을 변혁하는 사역을 하려 했다. 이런 급진적인 개혁은 이스라엘의 종교적 구조에 상당한 영향을 미쳤을 것이다. 이 구조에 기대어 사는 이들은 장차 그런 일이 일어날 것을 알았다. 이런 면에서 예수는 이스라엘을 향해 우리가 앞서 언급한 급진적인 토대주의로 돌아올 것을 요구했다고 할 수 있다.

오늘날에도 종교적 구조에 의지해 사는 이들은 혁명가 예수가 교회에 전파될까 염려하는데, 그리 놀랄 일도 아니지 않는가! 예수는 교회 지도자들이 가진 것을 파괴하고 싶어 하지 않는다. 다만 혁신적으로 개조하려 할 뿐이다. 지도자들이 이 사실을 깨닫기를 바란다.

**완전한 인간, 완전한 신** 고대에 만든 한 성상이 우리에게는 더 균형 잡힌 상징물로 보인다. 이 성상은 시나이 사막에 위치한 성 캐서린 수도원에서 발견된 것이다. 여전히 극적인 후광을 과시하지만 예수를 흔들림 없이 평온한 존재로 묘사하고 있다. 비록 예수의 얼굴이 팔레스타인의 랍비보다 로마 군인에 가깝지만 다른 그림들에서 볼 수 있는 유령 같은 모

**전능자 그리스도**
성 캐서린 수도원에 있는 성상, 밀랍 벽화

습은 전혀 없다. 미술가는 그를 대단히 지혜로운 선생으로 그렸다. 이 성상의 얼굴은 유령 같은 예수의 성상들과는 달리 대칭을 이루지 않는다. 다른 성상들에 비해 좀 더 흠이 있고, 덜 사랑스러워 보인다. 이런 종교적 초상화는 무척 드문 편이다. 로마네스크 양식으로 그린 예수 얼굴은 가면 같은 용모, 극단적인 표현주의, 뚫어지게 쳐다보는 시선 등을 특징으로 삼는다. 이 그림은 후광과 더불어 무언가 초월적인 느낌, 거룩한 느낌을 전달하려는 것 같다. 초대 그리스도인 화가들은 예수가 완전한 인간이자 완전한 신이라는 것을 의식하고 있었다. 하지만 막상 성상, 그림, 벽화, 스테인드글라스 등으로 그를 묘사할 때는 신적인 인간이 너무 인간적인 모습을 띠어서는 안 된다고 생각했던 탓에 신적인 면을 잘 표현하지 못했다.

/ 시대의 예수 /

이제까지 예수에 대한 참된 인식을 방해하는 부적절하고 잘못된 이미지들을 폭로했지만, 각 시대마다 수많은 사람의 마음과 생각을 사로잡은 예수의 다양한 면을 나름대로 조명하였다는 점은 인정한다. 이런 이미지들은 그분의 온전한 모습에 비춰보면 단편적인 것에 불과하지만, 그럼에도 그런 이미지들이 당대의 문화와 사회에 미친 영향을 살펴보는 일은 가치 있는 작업이다. 바로 이런 작업을 한 사람이, 《예수의 역사 2000년*Jesus Through the Centuries*》을 쓴 야로슬라프 펠리칸Jaroslav Pelikan이다. 이 책은 각 시대가 만든 예수의 이미지가 당대의 경향과 가치관(강점과 약점)을 이해하는 열쇠가 된다는 것을 알려준다. 목차만 봐도 지난

2000년에 걸쳐 등장한 다양한 이미지들이 한눈에 들어온다.[10]

랍비  초기 신약 시대, 특히 유대적 기독교의 시기를 특징짓는다.

역사의 전환점  1세기와 2세기에 예수의 중요성이 점차 커져갔던 것을 보여준다.

이방인의 빛  기독교 시대가 오기 전에 이방 세계가 소크라테스와 버질을 비롯한 시인 겸 철학자들의 모습으로 미리 나타난 그리스도를 대망하는 면을 부각시킨다.

왕 중의 왕  콘스탄티누스 칙령과 기독교 제국의 발흥으로 절정에 다다른 예수의 (시저의 주되심과 대조되는) 주되심을 부각한다.

우주적 그리스도  3세기와 4세기에 등장한 기독교적 플라톤주의의 특징으로서 로고스, 지성, 이성으로서의 그리스도에 초점을 맞춘다.

사람의 아들  5세기 아우구스티누스의 기독교 심리학과 인류학을 특징짓는다.

참 이미지  비잔틴 시기에 참된 미술과 건축에 영감을 준 그리스도를 부각시킨다.

십자가에 달린 그리스도  중세에 예수의 구원 사역을 강조하는 십자가가 예술과 문학에서 가장 중요한 이미지로 자리 잡는다(10세기와 11세기).

세계를 다스리는 수도사  베네딕트 세계관의 승리는 수도원주의의 승리를 대변한다.

영혼의 신랑  기독교 신비주의는 아가서를 그리스도와 신자 간의 사랑을 비유하는 알레고리로 해석한다.

신적 모델이자 인간적 모델  아시시의 프란시스는 예수의 완전한 인성을 회복하도록 돕고 13세기와 14세기의 제도적 교회가 변혁되도록 도모한다.

**보편적 인간** 기독교 휴머니즘을 회복한 르네상스 시기의 이미지.

**영원한 것의 거울** 종교개혁 시기를 특징짓는, 진선미의 거울로서의 그리스도.

**평화의 왕** 십자군 전쟁과 종교 전쟁은 특히 재침례파 진영에서 돋보이는 기독교 평화주의를 발흥시킨다.

**상식의 선생** 계몽주의 시대의 학문과 철학에 나타난 역사적 예수에 대한 탐구.

**영적인 시인** 정통파의 경직성과 합리주의적 진부함에 대항하여 등장한 19세기 관념론과 낭만주의 철학.

**해방자** 19세기와 20세기를 특징짓는 이미지. 마르크스에서 톨스토이까지, 간디에서 마틴 루터 킹에 이르기까지 경제적, 정치적 억압과 불의에 반대하는 예수의 선지자적 모습이 부각된다.

**온 세계에 속한 사람** 20세기에 들어와 예수의 메시지가 유례없이 널리 퍼지면서 제 3세계 민족이 기독교로 유입된다. 따라서 예수는 타종교와 깊이 관여하는 참으로 세계적인 인물이 된다.

물론 한 시대를 하나의 이미지로 요약하는 게 불가능하고 펠리칸의 선택이 다소 자의적으로 보이긴 한다. 하지만 역사가로서 수행한 그의 작업은 예수가 서양 문화와 역사의 형성에 지속적인 영향을 미쳤다는 사실을 부각시켜준다. 아울러 각 시대의 정신을 사로잡은 예수의 이미지들을 이해하는 데 큰 도움을 준다. 가장 바람직한 접근은, 예수를 위에 언급한 모든 역할을 아우르는 존재로 보는 것이다. 예수는 랍비요, 왕 중의 왕이요, 우주적 그리스도요, 이방의 빛이요, 등등. 그리고 문제는 이것이다. 예수를 한 이미지로 국한시키는 일은 곧 예수 안에서 발견하는 그 인물의 장대함을 제한하는 것이라는 점.

## / 예수는 과연 어떤 인물인가 /

얼마 전 마이클에게, 전통적인 교회를 불편하게 느끼는 일단의 사람들과 정기적으로 예배드릴 기회가 있었다. 교회 배경을 갖고 있었으나 그것을 거부한 이들과 교회의 문턱에도 가본 적이 없는 자들이 섞여 있었고, 예술가와 작가 등 문화 창조에 관여하는 사람들이 모여 있었다. 그들은 여름 내내 카페 위층 비좁은 미술 갤러리에서 보냈다. 갤러리 소유주들이 예수에 흥미를 느껴서 다함께 그분을 예배하기 위해 잡다한 사람들을 모은 것이다. 그 가운데는 실업자들도 있었다. 어떤 이들은 간헐적으로 예술 활동을 하고 있었고, 어떤 이들은 정신병에 시달리고 있었다. 마이클과 캐럴린(아내)은 돌, 깨진 항아리, 초, 빵과 포도주와 같은 간단한 상징물을 이용하면서 짧고 단순한 기도문과 음악을 갖고 예배를 인도하곤 했다.

모임의 프로그램 중 하나는 잠시 동안 요한복음을 연구한 뒤에 본문을 놓고 토론하는 것이었다. 요한복음은 세례 요한이 예수를 하나님의 어린 양으로 부르는 것을 출발점으로 삼아 가나에서 물을 포도주로 만드는 사건과 성전 정화, 그리고 예수가 밤늦게 니고데모와 중생에 관해 대화하는 장면으로 이어진다.

참 흥미로웠던 것은 이 그룹이 본문에 접근하는 방식이었다. 그들은 보통 기독교인들이 보지 못하는 것을 금방 알아챘다. 예수가 억눌린 자와 소외된 자들 편에 있는 것을 보았다. 요단강에서 일어나는 사건을, 요한과 예수가 잊혀진 자, 가난한 자, 짓밟힌 자를 광야에서 인도하여 깨끗케 하는 강물을 건너 소망과 능력을 향해 나아가게 하는 장면으로 해석했다. 또 예수가 정결의식용 물을 혼인잔치용 포도주로 바꾸는 사건을 성과 속을 분리하는 종교적 상징물을 취해서, 모두가 즐길 수 있는 맛있는 음식으로 변환시키는 행위로 보았다. 예수가 성전에서 격노한 것은 당시의 제도적 체계, 즉 가난한 참회자들로 하여금 돈을 바꾸고 제사를 위해 비둘기를 사도록 만들고 그들의 접근성과 형평성을 부인했던 체계를 무너뜨린 행위로 이해했다. 그들은 예수가 니고데모에게 하는 말, 곧 그가 주도하는 변혁은 부자와 권력자만 바꿀 수 있는 외부 세계가 아니라, 모든 사람이 통제할 수 있는 내면의 변화와 함께 시작한다는 메시지를 엿들었다.

사실 그들은 복음서를 대체로 망명과 복귀에 관한 이야기로 읽었다(그들이 이런 식으로 표현했을 것이라는 말은 아니다). 이는 자신들이 스스로를 제도적 종교에서 망명한 망명객으로 느꼈기 때문이다. 너무 더러워서 교회에 참석할 수 없다고 느끼는 이 망명객들에게 요단강변의 장면들이 상기시킨 것은 예수는 깨끗한 자뿐 아니라 모든 사람을 부른다는 사실이었다. 이들은 이제까지 하나님에게 다가가기 전에 먼저 깨끗해져야 한다는 소리를 들어왔다. 그런데 가나의 혼인잔치를 살펴보면서, 그들은 예수 왕국의 환영받는 손님이었고, 그들 모두가 즐길 만큼 포도주가 풍성하다는 확신도 얻었다. 마찬가지로, 성전 정화 사건은 회개하는 사람들이 하나님에게 나아가는 것을 막는 모든 방해물을 파괴하는 예수의 모습을 보여준다.

《그들이 꿈꾸는 교회 They Like Jesus but Not the Church》라는 책을 쓴 댄 킴볼Dan Kimball도 자신의 책에서, 교회에 다니지 않는 사람들에게서 겪었던 비슷한 경험을 나눈다. 이 책의 제목이 킴볼의 주요 논점을 잘 요약해준다. 이는 복음서의 예수에게는 끌리지만 교회에서는 자리를 잡지 못하는 상당수 젊은이들의 말을 요약해놓은 책이다.[11] 우리의 경험도 마찬가지이다. 그해 여름 갤러리에 모였던 절박한 구도자들은 1세기 당시 복음서에 등장했던 유대인들과 별로 다를 바가 없었다. 모두들 제도적인 기독교에서 망명한 망명객이었다. 하지만 복귀하고픈 심정이 절박한 이들이었다. 그러면 어떤 예수가 그들을 복귀시킬 수 있을까? 순결하고 차분하고 턱수염을 기른 숙녀 같은 예수? 자신이 부족하다고 생각하는 그들에게 죄책감을 느끼게 할 뿐이다. 유령 같은 예수는? 흥미는 끌겠지만 궁극적으로는 그들의 손이 닿지 않는 세계, 곧 스테인드글라스와 아치형 버팀벽으로 이뤄진 교회의 세계에 속하는 인물이다. 평범한 갈릴리의 선생은? 적어도 안전한 인물이긴 하다. 연민과 친절을 가르치는 선생이므로 다수가 다른 대안에 비해 그를 선호하겠지만, 그를 따라가면 아무 성과도 없을 것이다. 망명객의 경험을 공감은 하겠지만 복귀를 약속하지는 못한다.

## / 야성적인 인간 해방시키기 /

예수에 관한 이야기 하나는 이렇게 진행된다. 해가 지면 갈릴리 호수의 동편에 있는 절벽으로 감히 내려가서는 안 된다는 얘기가 사람들 사이에서 돌고 있었다. 아니, 밝은 대낮에도 특별한 이유가 없으면 그 가

파르고 황량한 기슭에서 떨어져 있는 것이 상책이었다. 야만인이 거기에 살고 있었다. 미쳐서 발가벗은 남자가 사방으로 쏘다니는 위험 지역이었다. 사람이기보다 동물에 가까운 그는 주변에서 방목하는 돼지의 음식을 먹고, 무덤가 죽은 자들의 뼈 사이에서 잠을 잤다. 그의 소름 끼치는 비명은 밤낮으로 들려왔다.

이 남자는 그 지역에서 전설과 같은 인물이었다. 부모들이 말 안 듣는 자식에게 으름장을 놓을 때는 이 남자를 들먹이곤 했다. 이 사람은 열 남자의 힘을 갖고 있어서 아무도 그를 제압할 수 없다고 말이다. 온통 굶주린데다 미친 나머지 털투성이인 몸은 상처와 딱지로 뒤덮여 있었다. 그는 실로 헬라어를 사용하는 거라사 동네의 주민들 사이에 웃음과 두려움의 대상이었다. 조만간에 굶어서 죽든가 어쩌면 병에 걸려 죽을 것이라고들 생각했다.

이 지방 바깥에 사는 유대인들은 거라사 주민을 구제 불능의 상태로 단념한 터였다. 갈릴리 호수 동편의 거의 모든 지역은 이방인들이 거주하고 있었다. 그리스도인들은 한참 동안 그곳을 식민지로 삼았고, 그곳에 도시를 열 개나 세웠다. 그 후 경건한 유대인이 오염되지 않으려고 이 지역을 떠난 지도 오래되었고, 남은 자들도 자기네가 이교도 지역에 있다는 것을 알았다. 그래서 이곳이 미치광이에 의해 점령당했다는 소문이 도는 것도 놀랄 일은 아니었다.

예수가 거라사 근처 바닷가에 도착하여 배에서 내렸을 때, 그 미친 남자는 무엇 때문에 그가 왔는지 궁금했을 것이다. 많은 유대인의 눈에는 그처럼 유명한 선지자가 거라사인에게 신경을 쓰는 것이 이상하게 비쳤을 것이다. 그들 멋대로 살도록 내버려두라는 식으로 비웃었을 것이다.

그들은 우리의 관심사도, 하나님의 관심사도 아니라고 하면서 말이다.

예수가 이 도시 근처 가파른 절벽 아래편에 있는 황량한 바닷가에 배를 댄 것은 실수가 아니었다. 배가 육지에 가까워질 때 거기서 이 야만인을 포착했을 가능성이 높다. 절벽에서 날쌔게 움직이며 울부짖는 이 남자의 모습이 금방 눈에 띠었을 것이다. 다른 뱃사람들은 미치광이에게서 먼 곳에 배를 댔겠지만, 예수는 일부러 그를 향해 나아간다. 예수의 발이 땅에 닿기가 무섭게 이 야만인이 예수에게 달려든다. 순간 많은 사람이 무서워하며 자리를 떴지만, 예수도 야성적인 면이 있는지라 움직이질 않았다.

"지극히 높으신 하나님의 아들 예수여, 나와 당신이 무슨 상관이 있나이까? 원하건대, 하나님 앞에 맹세하고 나를 괴롭히지 마옵소서" 하고 부르짖는다. 이런 지식은 그의 상태가 어떠한지를 은근히 드러낸다. 그는 악한 세력(들)의 지배를 받고 있는, 귀신 들린 자이다. 그 결과 인격이 파괴된 것이다. 그는 사회로부터 고립되고 도덕성이 깨어지고 순전히 몸만 남은 상태로 전락했던 것이다.

사람들의 멸시와 버림을 받은 이 남자는 뜻밖에 예수 앞에 엎드러진 것이 아니고, 일부러 예수가 그를 찾아온 것이었다. 마귀들은 스스로 자신들이 많다고 밝혔고, 병자는 "나는 군대라고 불립니다" 하고 부르짖었으며, 이 남자 안의 악한 세력은 예수께 제발 지옥으로 보내지 말고 가까운 돼지 떼에게 들어가게 해달라고 간청한다. 놀랍게도 마귀들과 협상을 거친 예수는 요청을 수용하여 그들을 돼지 떼에게로 들어가게 한다. 결국 돼지들은 절벽 너머 호수로 뛰어들어 죽고 만다.

아니, 어떤 메시아이기에 마귀들의 소원을 들어주는가? 어떤 메시아이기에 이 지방 양돈가의 수입원을 파멸시키는가? 이것은 마치 동네의 구멍가게를 폭파시키는 것과 비슷한 짓이다! 가련한 농부들은 익사한 돼지들이 갈릴리 호수에 떠 있는 모습을 차마 볼 수 없었을 것이다. 아니, 메시아는 가난한 자들 편에 서야 되지 않는가? 마귀들이 양돈업자보다 예수로부터 더 정중한 대우를 받고 있다. 아니, 도대체 선지자가 이럴 수 있는가?

이 선지자는 그 야만인에게 옷을 입히고 먹을 것을 주고, 모든 인간이 받아야 마땅한 존엄성과 존경, 관심과 사랑으로 이 광인을 대우하는 그런 인물이다. 동네 사람들이 뛰어와서 무슨 일이 생겼는지를 보니, 죽은 돼지들, 곤궁에 빠진 농부들, 발가벗었던 야만인이 지금은 옷을 입고 온전한 정신을 되찾은 모습이 눈에 들어왔다. 그 괴상한 장면이 그곳에 모인 이방인들을 부들부들 떨게 만들었다. 강력한 마술이 거라사 바닷가에 임했으며, 그들은 이상한 마술사에게 그곳을 빨리 떠나달라고 간청했다.

예수가 배에 올라갈 때에 이 사람이 예수의 팔을 붙든다. "저도 당신과 함께 가게 해주십시오. 여기는 제가 할 일이 없습니다. 이제는 평생 동안 당신을 섬기렵니다."

조금 전에 마귀의 요청은 수락되었으나, 이 야성적인 남자의 부탁은 거부된다. 할 수 없이 거라사 지방에 남게 된 그 사람, 이제 그는 자기보다 더 야성적인 나사렛 출신 메시아의 손으로 회복된 야성적 남자로서 영원히 이 지방의 전설로 남게 된다.

예수가 야성적인 것들 사이에서 편안함을 느끼는 것이 놀랄 일인가? 예수는 공적 사역을 시작할 때도 야생 동물이 돌아다니는 거친 광야에서 사십 일 동안 금식하지 않았던가? 예수가 길들여지지 않고 구속받지 않는 인물인 것은 그의 사역을 통해서도 분명히 알 수 있다. 가는 곳마다 미친 듯이 광풍이 불어온다. 사실 예수는 일종의 도망자로서 자기 사역을 수행한다. 앞서 살펴본 것처럼 누가복음 4장에서 일종의 취임 설교를 한 뒤에 절벽으로 끌려가서 거의 죽을 뻔 했다. 그때 폭도의 손아귀에서 벗어나지만, 그 후 예수는 한 명의 변절자로서 공적 사역을 수행하게 된다. 또 마가복음 3장을 보면, 예수가 고향으로 돌아갔을 때 이웃 사람들이 그의 가르침에 분노하여 예수를 미친 사람으로 취급한다("그가 미쳤다"). 가족들마저 예수의 행동에 격노하여 예수를 보호하기 위해 그를 통제하려고 한다. 그들은 예수의 야성적인 생각에 당혹감을 느꼈던 것이다. 요한복음 7장에는 예수가 갈릴리에서 숨어 지낸다고 그의 형제들이 책망하는 장면이 나온다. "스스로 나타나기를 구하면서 묻혀서 일하는 사람이 없나니 이 일을 행하려 하거든 자신을 세상에 나타내소서"(요 7:4). 같은 장 뒷부분(32절)에는 바리새인들이 성전 경비병을 보내어 예수를 잡으려 하나 예수가 피하여 도망하는 장면이 나온다.

그런데도 우리는 예수의 공적 사역이 감수성 예민한 일단의 젊은이들과 함께 '레이더망 아래서' 수행되고 있음을 제대로 보지 못할 때가 많다. 그 가운데 한 명은 열심당원 시몬이었다. 열심당은 로마인을 이스라엘에서 몰아내기로 헌신한 반제국주의 지하 운동이었다. 그들은 정치적 자유를 원했을 뿐 아니라, 이방 나라의 간섭에서 벗어난 전통적인 신정국가를 이룩하려고 했다. 예수는 호전적인 시몬과 더불어 야고보와 요한도 제자로 삼았다. 일부 신약학자들은 '천둥의 아들들'이란 별명에 근거하여 야고보와 요한도 반란을 도모했던 인물로 추정한다. 더구나 예수의 첫 제자들 중 일부는 금욕적이고 지극히 반사회적인 세례 요한의 제자 출신이었다. 예수는 처음부터 이런 반정부적인 과격분자들을 자기 편으로 삼았기 때문에 상당히 위험한 인물로 찍혔다.

어쩌면 당연하지 않은가? 예수의 친구들마저 그에게 어느 정도의 두려움을 느꼈다. 예수가 제자들에게 사람들이 자기를 누구라고 말하는지 묻자, 일부는 부활한 세례 요한으로 혹은 엘리야로 생각한다고 응답한다(눅 9:18-19 참조). 말하자면, 정말 나긋나긋하고 매력적인 사랑과 선의의 선생이라고 생각하지 않는다는 뜻이다. 오히려 세례 요한과 엘리야는 생전에 모두 야성적인 사람이었던 만큼, 예수도 그런 인물로 생각한다는 뜻이다. 이 소문은 세례 요한을 처형했던 헤롯왕의 귀에까지 닿았다(눅 9:7 참조). 세례 요한이 죽은 자 가운데서 살아났다? 얼마나 두려운 소식이었을까?

우리의 요점은 이것이다. 교회가 예수를 되찾으려면, 담대하고 급진적인 인물, 이상하고 멋진 인물, 이해할 수 없고 막을 수 없는 인물, 놀라우면서도 남을 보살피는 인물, 사람들을 흔들어놓는 강력한 인물, 바로 신인神人으로 돌아가야 한다는 것이다. 우리 주변의 많은 공동체는 그런 인물을 간절히 원한다. 사람들이 떼를 지어 달라이 라마의 강연에 몰려든다. 또 인기 있는 신앙 서적을 엄청나게 사댄다. 지구 곳곳을 돌아다니면서 성지를 찾는다. 약속된 이, 곧 회복과 평화를 안겨줄 자를 찾고 있는 것이다. 교회는 진정 이 예수와 연맹을 맺고, 베드로가 그랬듯이 그분을 쳐다보며 놀라는 표정과 떨리는 목소리로 "이 사람은 도대체 누구인가?" 하고 말할 수 있어야 한다. 바람과 파도조차 그에게 순종한다. 거친 마귀들도 그에게 순종한다. 바리새인들마저 예수를 그대로 내버려두면 무슨 일이 일어날지를 생각하며 떨고 있다.

# 5

## 그리스도 중심의 유일신 신앙

우리는 언제나 예수 그리스도라는 프리즘을 통해 하나님을
이해해야 한다. 그분이 바로 길이요 진리요 생명이기 때문이다.
이것이 바로 그리스도 중심의 유일신론이다.

# THE SHEMA SCHEMA
## ONE GOD, ONE LOVE

# The Shema Schema
# One God, One Love

유일신론은 일원론적 세계관을 얻으려는 인간적 노력으로 생긴 관념적인 가설이 아니라, 여호와의 배타적인 주장에 따른 결과다. _폴 미니어

조수아 벤 코르바가 이렇게 말했다. "이스라엘아, 들어라"(신 6:4-9)라는 말씀이 "내가 네게 명하는 이 말씀을 부지런히 경청하면 그것이 이루어질 것이다"라는 말씀 앞에 나오는 이유가 무엇인가? 그것은 사람이 하늘나라의 멍에를 먼저 짊어지고 그 후에 계명의 멍에를 짊어지게 하기 위함이다. _탈무드

그리스도
/
중심의
/
유일신
/
신앙

**5**

　예수와 제자도와 교회에 관한 이런 논의는 하나님을 아는 지식에 관련된 여러 질문을 제기하게 만든다. 그리스도와 선교적 교회에 관한 논의에서 하나님은 어떤 위치를 차지하는가? 이제 우리의 눈을 이 문제로 돌려서 성경에 나타난, 하나님에 관한 기본 계시의 틀 안에서 논의를 진행하고자 한다. 하나님은 유일한 분이라는 것, 그는 우리를 자신의 소유라고 주장한다는 것, 이 주장은 궁극적 충성심을 요구하는 다른 모든 주장을 배제시킨다는 것 등이 기본 계시이다. 앞으로 성경적인(실존적인) 유일신론과 더불어 그것이 삶과 믿음 그리고 선교적 세계관에 주는 실질적인 함의를 구체적으로 살펴볼 예정이다. 성경적 세계관으로 본 유일신론은 만유의 주님이자 창조주인 유일한 하나님이, 자기가 창조한 만물에 대한 정당한 주권을 갖고 계시다는 믿음이다. 이렇게 보면, 하나님 나라에 대한 예수의 가르침은 주권자 하나님의 주장을 표현하는 한 가지 방식이라고 할 수 있다.

어떤 독자는 이 장이 너무 신학적이라는 이유로 살짝 건너뛰고 더 실제적인 내용으로 넘어가고 싶은 유혹을 받을지도 모르겠다. 그렇게 하는 것은 심각한 실수라고 생각되는데, 이유인즉 실제적인 것이 중요하지 않아서가 아니라 이번 장의 내용은 하나님에 대한 지식과 직결되어 있기 때문이다. 이는 세계관과 관련된 문제이다. 만일 가장 초보적인 하나님에 대한 개념인 유일신론에 대해 잘못 이해하면, 신앙체계 전체가 위험에 처하게 된다. 이 지점에서 우리는 신학적인 오류와 관련된 윌리엄 템플William Temple의 경고를 되새길 만하다. 만일 근본적으로 잘못된 신 관념을 가지면, 우리가 경건하면 경건해질수록 더 나쁜 방향으로 나가게 될 것이라는 경고이다. 21세기 초반에 교회의 방향을 바로잡으려면, 먼저 기독론을 올바로 정립하고 그에 따라 교회론과 선교론이 혁명적으로 바뀔 필요가 있다고 믿는다. 하지만 우리에게는 인내심이 필요하고 가능한 한 정확해질 필요도 있다. 가령, 달로 여행을 떠나는 경우 출발할 때 1도만 틀려도 나중에는 수천 킬로미터나 목표에서 벗어나게 될 것이기 때문이다. 그렇게 되지 않으려면 신학적 수정 작업이 기독론에서 먼저 일어나야 한다. 하지만 기독론을 올바로 이해하려면 성경이 계시하는 하나님에 관해 탐구할 필요가 있다. 즉, 하나님은 오직 한 분이시고, 그분은 메시아 예수 안에서 또 예수를 통해 우리를 구속하고 자기의 것으로 삼는다는 사상을 살펴보아야 한다.

## / 유일한 하나님, 온전한 사랑 /

이 주제에 관한 대표적인 본문은 유대인들이 쉐마*Shema*라고 부르는 것이다. "이스라엘아 들으라. 우리 하나님 여호와는 오직 유일한 여호와이시니 너는 마음을 다하고 뜻을 다하고 힘을 다하여 네 하나님 여호와를 사랑하라." 의로운 유대인의 한 사람으로서 예수는 이보다 더 큰 계명이 없다고 단언한다(막 12:31 참조).

쉐마라는 단어는 신명기 6장 4절부터 9절에서 첫 번째로 나오는 단어이며 '들어라' 혹은 '주목하라'라는 뜻이다. 이 주목하라는 요청은 이어지는 내용을 부각시킨다. 다음에 오는 내용은 하나님, 그리고 하나님과 그 백성 간의 관계에 관한 진술이지만 그 이상인 것도 포함한다. 하나님에 대한 명료한 지식과 독특한 윤리적인 삶의 방식을 서로 묶어주고 있기 때문에 거기에는 성경적 세계관의 기본요소가 담겨 있다. 쉐마는 또한 하나님과 이스라엘 백성 사이의 인격적이고 명확한 관계, 곧 양자 간의 언약관계를 그 바탕에 깔고 있다. 율법을 준수하는 유대인들은 쉐마를 하루에 세 번씩 고백함으로써 그것이 성경적 신앙의 핵심 요약판이라는 점을 강조한다. 이 본문은 아주 중요하다. 유대인 신앙의 기본을 이루는 하나님에 대한 개념을 담고 있고, 모든 신약성경 기자들이 전제로 삼는 본문이며, 이슬람 신앙으로도 유입되었기 때문이다.

유일한 하나님이라는 개념은 이스라엘을 둘러싼 문화들의 종교사상과 큰 대조를 이룬다. 후자는 복수의 신들이 돌아가면서 인간의 삶에 큰 격변과 긴장을 불러일으킨다고 믿었다. 다신론자의 경우에는 신자가 신중하게 종교적 의무를 수행해도 안전이 보장되지 않는다. 이는 신들 간에 싸움이 일어나면 이것이 인간의 삶에 근본적으로 영향을 미치기 때문이다. 주어진 신이 한 개인에게 많은 것을 약속할지라도, 더 강력한 신이 재난을 몰고 올 가능성이 있다. 이에 따른 긴장은 종교 생활과 사상에 심한 비관주의를 가져왔다. 이것은 처음에 알려진 것처럼 그리 이론적이지 않다. 우리 곁에 있는 현대의 다신론자들도 삶의 중심점이 없기는 마찬가지이다. 그들은 경제, 민족주의, 섹스, 가족 등 온갖 우상 아래서 살아간다. 이런 것들이 한 사람의 삶과 의식을 지배할 수 있는 우상들이라는 사실을 확실히 인식하라. 역사는 이점을 분명히 얘기한다. 이런 우상을 얻는 데 필요하면, 사람을 죽이기까지 하는 게 우리 인간이다. 이 우상들은 서로 경쟁하는 가운데 충성과 존경을 요구하고 있으나, 인생의 궁극적 의미를 줄 수는 없다. 인생은 많은 부분으로 흩어져 있기 때문에 통합된 실재관이 생기는 걸 허락하지 않는다. 많은 신을 믿는 믿음과는 대조적으로, 여호와는 자기 백성을 구속하고 나서, 자기가 그들을 사랑한 것처럼 그들도 자기를 사랑하도록 요구하는 유일한 하나님이다.[1] 그리고 이 하나님의 본성과 그분의 사랑은 성경과 자연과 역사라는 형태로 우리에게 알려진다. 그분은 선하고 거룩하고 의롭고 긍휼한 분이며, 우리에게도 똑같은 것을 요구하신다. 그러므로 그분과 관계를 맺을 경우에는 의미와 초점, 도덕적 비전과 궁극적 실재를 발견하게 된다.

하나님을 유일한 분으로 계시하는 이 진리는 하나님의 유일무이함(복수의 신과 대조되는)뿐 아니라, 하나님 안에 있는 통일성과 그분이 창조한 세계의 통일성도 얘기한다. 우주의 하나님은 곧 역사의 하나님이다. 하나님에 대한 이 지식이 성경적 세계관의 뿌리에 있다는 것이 우리의 주장이다. 이것이 바로 신약성경이 말하는 믿음을 불러일으키고 있음이 분명하다. 신약성경에는 유일한 하나님(고전 8:4-6; 엡 4:6; 딤전 2:5; 롬

3:30; 약 2:19), 오직 한 분이신 하나님(롬 16:27; 딤전 1:17, 6:15; 유 25; 요 17:3 참조), 만물의 근원이신 하나님(롬 11:36; 히 2:10; 고전 8:6; 계 4:11)을 믿는다는, 유일신론에 대한 진술이 널리 퍼져 있다. 신약에 나타나는 이런 고백은 구약성경에 나오는 실존적인 유일신론(신 5:7), 이론적인 유일신론(신 4:35)과 연속성이 있음을 보여준다.[2] 그리고 이런 기본 신앙을 바탕으로 사도와 선지자와 제사장과 왕이 활동하고 있는 것이다.

그런데 이 유일신론은 다른 누구도 아닌 예수가 유일한 하나님을 특히 강조하는 대목에 등장한다. 마가복음 12장 28절-34절에서, 예수는 가장 큰 계명에 관한 질문에 대해 쉐마(신 6:4-5)를 직접 인용하여 응답함으로써 유일신론적인 신앙이 으뜸이라고 확증했다. 그리고 하나님에 대한 전적인 헌신을 강조하는 이 대목을 전부 인용한 뒤에, '둘째는 이것이니'라는 말로 시작하여 이웃을 자기 자신과 같이 사랑하라는 계명을 덧붙인다. 이는 쉐마의 신앙에 따른 독특한 윤리적인 결과에 해당되는 것이다.

마가복음 10장 18-19절도 이와 비슷한 점을 강조한다. 즉 하나님 특유의 선함을 고백하면("하나님 한 분 외에는 선한 이가 없다"), 그로부터 일련의 윤리적 명령이 따라오게 된다. 이처럼 예수가 유일신론적 신앙고백을 진지하게 여긴 것은 그에 대한 합리적인 도전이 만연되어 있기 때문이 아니었다. 유일신 신앙의 윤리적 함의가 매우 중요했던 까닭이었다. 유일한 하나님에 대한 헌신은 하나님의 윤리적 요구를 실천하는 것으로 입증되어야 한다는 것이 예수의 주장이었다.[3] 스코트 맥나이트의 책,《예수의 계명: 하나님 사랑과 이웃 사랑 *Jesus Creed: Loving God, Loving Others*》은 쉐마에 나오는 유일신론이 어떻게 예수의 가르침과 신약성경을 특징짓고

―포로된 자에게 자유를―

# 윌리엄 윌버포스
## William Wilberforce

윌리엄 윌버포스는 19세기 초에 대영제국에서 노예제 폐지 운동을 주도한 인물로 알려져 있다. 부유한 가문의 후손이자 영국 하원의원이며 체질이 허약했던 그가 작은 예수가 된 것은 어쩌면 예상치 못한 일이었을지도 모른다. 그러나 1784년에 복음적인 신앙으로 전향하면서 노예 폐지론자로 구성된 영국 교회의 복음주의 그룹인 클래펌 종파에 합류하게 된다. 윌버포스는 이 그룹을 통해서 사회개혁에 관심을 갖게 되었다. 1789년에 노예 매매를 반대하는 최초의 발언을 했으며, 그것을 시발점으로 노예제를 폐지하기 위해 수많은 실패와 좌절을 겪으며 끈질기게 싸운 기념비적인 정치 투쟁을 전개했다. 드디어 한참 뒤인 1807년, 노예 매매 폐지 법안이 상하원 모두를 통과하였다. 이것은 폐지론자의 대의에서 하나의 이정표로 칭송을 받지만, 노예 매매의 불법화가 노예제 자체를 끝낸 것은 아니었으며 많은 노예 상인들은 새로운 법을 조롱했다. 윌버포스는 이 운동을 새로운 단계로 발전시켜 노예제 자체를 영원히 폐지하려고 애썼다. 이 일로 몸이 탈진되고 건강이 위험한 상태에 빠지게 된 끝에 그는 1825년에 은퇴하게 된다. 그 후 1833년에 노예제 폐지 법안이 곧 통과될 것이라는 소식을 접했다. "하나님, 제가 영국이 노예제 폐지를 위해 2000만 파운드를 기꺼이 내놓는 날을 목격하기까지 저를 살려주셔서 감사합니다"라고 말했다고 한다. 그로부터 이틀 뒤에 윌버포스는 숨을 거두었다. 작은 예수로서 윌버포스는 인류의 격동기에 노예제 폐지와 인종 간의 평등을 도모하기 위해 끈질긴 노력을 기울인 인물로 칭송을 받고 있다.

있는지를 탐구한다.⁴

그런데 유일한 하나님에 대한 신앙과 신자의 생활방식 간의 상관관계를 윤리적 유일신론이라는 싱거운 호칭으로 불러왔다. 곧 이유를 밝히겠지만, 우리는 그것을 실존적 유일신론이라고 부르고 싶다. 윤리적 유일신론의 의미는 유일신론 개념 속에 내재되어 있으므로 성경적 하나님과의 진정한 관계는 언약의 하나님이 가진 본성과 맥을 같이하는 생활방식을 낳아야 한다는 것이다.⁵ 그런즉 쉐마는 하나님의 통일성과 하나됨에 관한 진술이라기보다는 하나님이 이스라엘 혹은 교회와 맺고 있는 관계에 관한 진술이다. 그래서 우리는 윤리적 유일신론과 연계되어 있는 것이 바로 이 계시로부터 태어난 백싱의 영성인 것을 알 수 있다. 그러므로 제자도, 예배, 선교는 우리 삶의 주인이 한 분밖에 없다는 사실로부터 실마리를 찾아야 한다. 이는 서구 기독교 사상을 오염시킨 모든 이원론(예: 성과 속, 몸과 영)을 제거하는 것을 의미하므로, 우리에게 주는 파급 효과가 상당히 크다. 이를 다음과 같이 도표로 만들 수 있다.

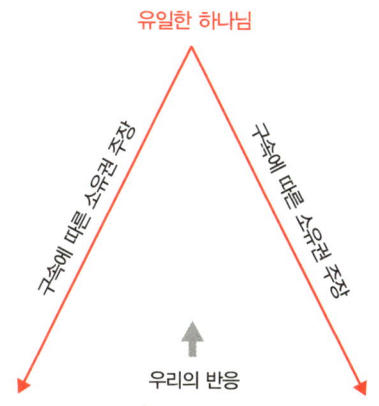

이 도표의 맨 위편에는 하나님에 대한 우리의 견해가 있고, 맨 아래편에는 우리의 반응이 있다. 우리의 반응은 우리가 품고 있는 하나님의 개념에 기초해 행동하는 방식이다. 이 도표는 하나님이 선택한 백성의 삶에 대해 주장하는 포괄적인 권리를 잘 보여준다. 모든 것이 그분의 구속에 따른 주되심에 포함된다. 우리가 여기서 '실존적인'이란 용어를 사용하는 것은 이 단어가 성경적 유일신론의 역학을 가장 잘 묘사해주기 때문이다. 말하자면, 하나의 철학이나 교리로서가 아니라, 유일한 하나님과의 만남이 그를 만난 이들의 삶 전체에 영향을 미친다는 것을 잘 나타낸다는 뜻이다.[6]

성경이 말하는 유일신론이라는 것은 영원한 존재의 본성에 대한 탐구라기보다 살아 계신 하나님과의 만남에 대한 반응이라고 할 수 있다. 하나님과 그분을 만난 사람의 바람직한 생활방식 사이에는 직접적인, 불가분의 관계가 있다. 하지만 하나님을 믿는 성경적 신앙은 윤리와 이지적인 지식의 차원을 넘어 그보다 훨씬 더 포괄적인 성격을 갖고 있다.[7] 하나님과의 만남은 우리의 삶 전체에 영향을 미치고 인생의 초점과 방향을 제공해준다. 이처럼 우리의 삶 전체에 대한 권리를 주장하는 하나님을 인정하는 일이 진정한 경건이다. 하나님이 우리를 찾아와 만나주셔서 모든 상황이 변했을 때, 입술로 "우리 주, 우리 하나님은 오직 한 분뿐인 주님이시다" 하고 외칠 수밖에 없는 것이다. 이는 전 존재와 삶을 모두 묶어서 드리는, 심오한 실존적인 고백이다.

실존적인 유일신론과 철학적인 유일신론 사이에는 상당한 차이가 있다. 철학자는 성경 저자들의 관점과는 아주 다른 방식으로 하나님의 본성에 관한 문제를 제기한다. 이들은 이 문제를 행동보다는 지식의 문제로 삼는다. 말하자면, 철학자는 하나님에 대한 개념을 하나님과의 만남이라는 실존적인 견지에서 보는 게 아니라, 객관적인 지식을 얻는 사변적인 문제로 보는 것이다.[8] 예수의 이름을 부르는 우리에게는 주권자가 오직 한 분, 곧 우리 주 예수 그리스도 안에서 만나는 그 하나님밖에 없다. 그리고 우리는 우리의 삶으로 반응하도록 부름을 받았다. 이에 대해 폴 미니어Paul Minear는 이렇게 말한다.

하나님을 유일한 주권자로 인정하려면 다른 신들, 곧 그분의 뜻에 반대하는 모든 세력과 단호히 싸우지 않을 수 없다. 달리 말해서, 성경의 저자들이 말하는 유일신론은 형이상학적인 사변의 단계나, 다신론에서 진화한 최종 단계나, (힌두교에서처럼) 모든 신을 하나로 병합하는 일에서 시작되는 게 아니다. 유일하신 하나님이 본인의 결정적인 실재가 되시고 이로써 다른 모든 신들을 왕좌에서 끌어내리는 순간에 시작되는 것이다.

그렇기 때문에 초기 그리스도인들은 예수에 대한 전적인 순종에서 궁극적인 하나님의 계시, 곧 역사를 초월하고 심판하고 구속하는 계시를 발견했던 것이다. 아울러 그들도 세상에 대해 죽음으로써 하나님을 아는 참 지식과 그분에게서 오는 참 능력을 경험했다. 그리고 유일한 하나님에 관한 메시지가 그들로 거짓 신들과 싸우도록 북돋워주었다. 초기 기독교인들이 보기에, 당시는 이방신들과의 싸움이 마지막 단계에 돌입한 시기였다. 어디서나 그들의 증언은 양면성을 갖고 있다. 우리에게는 그런 신들이 존재하지 않지만, 동시에 많은 마귀의 세력이 우리를 맹렬하게 공격하고 있다. 하나님과 아무것도 아닌 신들 사이의 투쟁에서 오는 양면성은 장차 모든 신들이 그리스도에게 정복당해 하나님의 주권

아래 들어올 때에야 사라질 것이다.

그리스도인의 믿음은 "오직 한 하나님밖에 없다"라고 말하는 데 있지 않다. 이 정도는 마귀도 알고 있다! 그리스도인이 하나님에게 올바로 반응한다는 것은 그분의 행위를 믿고, 그분의 능력을 신뢰하고, 그분의 약속 안에서 소망을 발견하고, 열심히 그분의 뜻을 행하는 것을 뜻한다. 이 같은 열정적인 소명을 따라갈 때에만 유일한 주님을 아는 지식이 생명력을 갖게 된다. 그리고 이 지식은 마귀 그리고 마귀의 사역과 싸우는 일을 없애주기보다 오히려 싸움을 요구한다. 키르케고르의 말을 풀어서 표현하자면, 무한한 열정, 무한한 단념, 무한한 정열에 따른 무조건인 순종을 통해서만 그런 '유일신 신앙'이 인간 실존 속에 온전히 나타나게 되는데, 그 본보기를 예수에게서 볼 수 있다.[9]

## / 먼저 그의 나라를 구하라 /

실존적인 접근은 우리의 주권자인 하나님과의 만남을 잘 정의해주는 동시에, 제자도와 하나님에 대한 진실한 믿음에 관해 가르치는 성경 진리와도 더 가깝다고 할 수 있다. 그리고 이 모든 측면은 하나님의 나라에 대한 예수의 가르침에 집약되어 있다. 실존적 유일신론의 관점에서 보면, 하나님의 나라는 삶의 모든 영역에 걸친 유일한 하나님의 권한이 '실제로 작동하는 부분'에 해당한다.[10]

신약성경 기자들이 말하는 '하나님의 나라'는 다름 아니라, 하나님은 한 분이고 그분이 진정한 왕이며 그분이 만물을 다스리는 주권자라고 말하는 것이다. 우리가 이점을 놓치는 것은 1세기 당시의 유대인들이 이해했던 유일신론을 모르기 때문이다. 예수가 '하나님의 나라를 어떤 의미로 사용했을지에 대해서는 의견이 다를 수 있을지 몰라도, 대다수의 학자는 하나님의 나라가 모든 곳과 모든 사람을 다스리는 하나님의 통치 활동을 가리킨다는 데 동의한다. 이는 삶의 모든 영역에 걸친 하나님의 활동을 뜻하는데, 먼저는 교회 내에서 그리고 그밖에 모든 장소에서 일어나는 일이다. 우리는 다음과 같은 유진 피터슨의 설명을 좋아한다.

> '나라Kingdom'라는 정치적 은유는 하나님의 통치 아래 모든 것과 모든 이를 복종시키는 복음을 주장한다. 하나님은 그저 캄캄한 밤을 따뜻하게 해주는 종교적 불빛 정도에 불과한 분이 아니다. 그리스도는 영지주의적 엘리트 그룹을 만드는 비밀스런 진리가 아니다. 기독교 신앙은 아주 공공연한 믿음일 뿐 아니라 모든 것을 입법화하고 정복하는 총체성을 지녔다. 하나님은 만물의 주권자이므로 그 무엇도 그 누구도 그분의 다스림에서 제외되지 않는다.[11]

유일신론 개념과 하나님 나라의 개념이 어떤 관계에 있는지는 쉽게 알 수 있다. 이에 대해 최초의 그리스도인들은 옛 이스라엘이 가졌던 여호와의 나라에 대한 믿음을 다시 진술하고, 또 그 나라/주되심의 활약을 예수에게서 찾음으로써 유일신론과 하나님 나라의 관계를 표현했다. 이에 비추어보면, "예수는 주님이다"라는 교회의 기본적인 신앙고백은 성경이 가르치는 하나님 나라의 모든 의미와 중요성을 포착하고 있는 것이다. 앞서 그린 도표를 다시 활용하면 이렇게 표시할 수 있다.

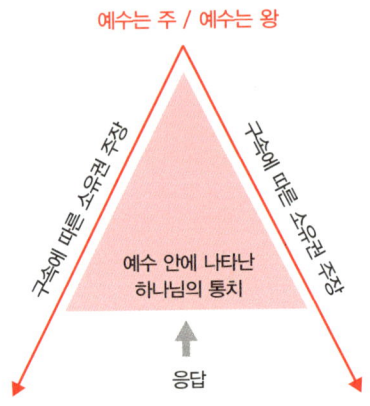

예수는 주님이시고, 하나님의 나라는 곧 만물에 대한 하나님의 주권적인 통치에 대해 우리가 반응하는 영역이라고 우리는 말한다. 이 영역은 모든 장소를 포함한다(어떤 것도 제외되지 않는다). 이렇게 보면 다시금 실존적 유일신론의 포괄적인 성격이 전면에 떠오르는 셈이다.

## / 내가 거룩하니 너희도 거룩하라 /

하나님의 요구는 인간의 마음 깊숙이, 그리고 삶의 모든 영역에 파고들기 때문에, 성격상 아주 개인적인 반응을 불러일으킨다. 쉐마는 신자를 하나님의 사랑과 묶어주되, 주도적인 사랑에 대한 적절한 반응으로 마음과 뜻과 힘을 다할 것을 요구한다. 우리가 하나님을 만나면 아무런 변화와 자극이 없이 떠날 수는 없는 법이다. 우리가 입술로 신앙을 고백하면 그것을 삶으로 실천하지 않을 수 없는 법이다. 하나님에 대한 참된 지식에는 거룩함에 대한 요구가 내포되어 있다("내가 거룩하니 너희도 거룩하라"). 다시 말해서, 유일한 하나님과의 진정한 만남은 삶의 모든 부분을 포괄하는 윤리를 낳게 되어 있는 것이다. 이에 못 미치는 것은 성경적인 신 관념이 아니다.

예를 들어, 문화와 복음을 논하는 우리의 동지이자 비평가인 마크 세이어즈Mark Sayers는 대다수의 서양인이 모종의 신을 믿는다고 말하지만,[12] 그 신은 너무 동떨어져 있고 신 관념은 너무나 모호하여 아무런 변화도 일어나지 않는다고 평한다. 이런 신을 가리켜 그는 '비상시에 창문을 깨듯 찾는 신'이라고 부른다. 우리가 곤경에 처하거나 국가적인 재난을 당할 때 불러오는 존재라는 말이다. 대중이 염두에 두고 있는 이 신은 너무 멀리 있어서 일상생활에 아무런 영향을 미치지 못한다. 다시 말해서, 새로운 종교운동이든 막연한 고차원적 능력이든 이런 신 관념은 윤리, 풍조, 도道 등 어떤 삶의 방식도 창출하지 못한다.

이처럼 하나님을 멀리 떨어진 신으로 보면 그분과 관계를 맺을 수 없다(206쪽에 있는 도표에서 신 관념으로 올라가는 점선과 거기서 내려오는 점선이 이를 시사한다). 이러면 개인의 삶에 빈 공간을 만들게 되고, 따라서 다른 것들이 그곳을 메우려고 몰려든다. 우리 시대에는 소비주의가 대표적인 우상이 되어 의미, 정체성, 공동체, 목적 등을 제공한다. 달리 말하면, 주로 소비의 축복을 통해 행복(선한 삶)을 추구한다는 뜻이다. 이런 면에서 소비주의가 우리에게 뚜렷한 영성을 제공한다고 세이어즈는 말한다.[13] 그런데 이 요소는 신의 부적실성 때문에 생기는 또 다른 요소인 개인의 신격화와 결합된다. 거룩한 타자로서의 하나님을 상실한 결과, 자아가 유일한 권위의 원천이 되고 따라서 윤리, 인도, 선택의 유일한 기반이 되는 것이다. 이런 일이 일어나면 우리는 공허한 쾌락의 감옥에 갇히게 되고, 시장 경영자의 그리 온유하지 않은 자비심에 묶여 옴짝달싹하지 못하는 지경에 빠진다. 맘몬의 신이 다시금 그 꼴사나운 머리를 쳐든다. 이를 도표로 그리면 다음과 같다.

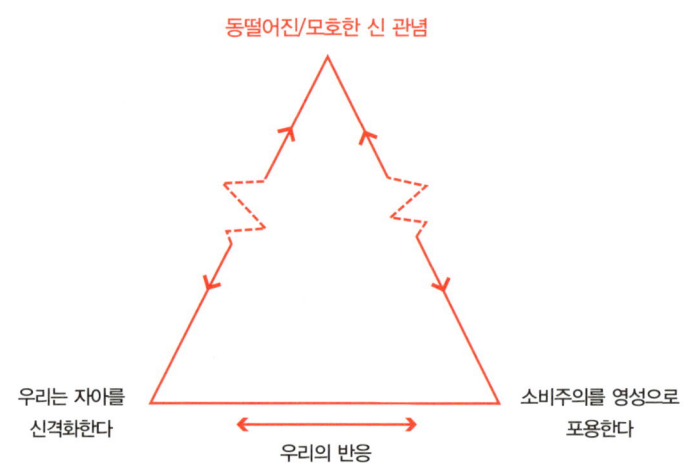

그리스도인이라고 이처럼 하나님을 하찮게 여기고 자아를 신격화하는 시험에서 면제되는 것은 아니다. 사실 객관적인 관찰자의 눈에는 서양 기독교의 중심에 소비주의가 있는 것처럼 비치는 실정이다. 유일한 참 하나님의 주권을 약화시키고 자아를 신격화하는 행위는 종교적 우상숭배의 한 형태에 지나지 않는다. 그리스도인이 갖고 있는 다양한 예수상에 대해 논의했던 4장을 상기해보라. 이제 그런 이미지들(턱수염 기른 숙녀 예수, 유령 같은 예수, 혹은 〈탤러데가 나이트〉의 아기 예수 등)을 위 도표의 꼭대기에 넣어보라. 그것이 삶에 어떤 영향을 미칠지는 어렵지 않게 알 수 있다. 가령, 〈도그마Dogma〉라는 영화에 나온 예수의 이미지가 있다. 그것을 일컬어 '짝꿍 예수'라고 부른다. 짝꿍 예수는, 내 뒤를 밀어 주는 만만한 친구나 동료로 예수를 축소시키는 견해다. 거기에는 경외심도 없고 만만한 친근감만 있을 뿐이다. 그런데 우리가 품고 있는 예수 상이 고향 친구나 짝꿍 정도에 불과하다면, 그것을 중심에 둔 종교가 소비주의 색깔을 띤 거짓 신앙이 되는 것은 결코 놀랄 일이 아니다.

그러면 진정한 영성은 어떤 모습을 띠고 있을까? 어떻게 하면 우리가 마음과 뜻과 목숨과 힘을 다하여 주님을 사랑하고, 쉐마가 권하듯이(신 6:5-9; 마 22:37-40) 이 영성을 다음 세대로 전수할 수 있을까? 이제 우리가 생각하는 두어 가지 방법을 제안할까 한다.

**성과 속을 뛰어넘는 영성** 유일신 세계관에서 나오는 하나의 결과는 성과 속을 나누는 이원론의 철폐이다. 만일 유일한 하나님이 현실의 근원이고 삶의 기준점이라면, 어떻게 삶을 단편적으로 나눌 수 있겠는가? 우리가 예수를 주님으로 주장하면서 어떻게 삶의 어떤 영역을 세속적인 것(하나님이 없는 곳)으로 치부할 수 있겠는가? 하지만 그렇게 하고픈 유혹이 드는 것은 삶을 유일한 주인 아래 통합하는 일이 지극히 힘든 작업이기 때문이다. 그럼에도 우리가 진정한 유일신을 믿는 신앙을 갖고 있다면 반드시 통합해야 한다. 폴 미니어의 말을 들어보라.

성경의 저자들은 성과 속을 나누는 잘못에 대항하여, 하나님의 통치 아래 있는 영토를 축소하는 것에 대항하여 항상 싸우고 있다. 흔히 신구약 어느 곳에서도 윤리와 종교를 따로 나눈다고 말하지 않는다. 삶의 모든 측면이 단일한 중심으로부터 조망되기 때문에 윤리적 종교와 종교적 윤리가 함께하는 것이다. 그런즉 각 측면은 잠재적으로 종교성을 갖고 있고, 어느 측면도 그 자체로 종교적인 것은 아니다.[14]

글로컬(Glocal: global과 local의 합성어) 사도인 밥 로버츠Bob Roberts는 우리 삶의 여러 영역을 가리키면서 하나님의 나라가 모든 영역(종교, 과학, 정치, 예술, 경제, 교육, 농업, 안보, 가정)에까지 확장된다고 주장한다.[15] 선교가 교회와 종교적인 이슈에만 국한되면 안 되고 모든 영역을 빠짐없이 포함해야 하는데, 하나님 나라의 활동을 교회 울타리 안으로 제한할 수 없기 때문이라는 것이다. 하나님의 나라는 인간과 인간 사회의 모든 영역을 포함하여 우주 전체에서 행하는 하나님의 활동이다. 따라서 성과 속을 구분하는 잘못된 이원론은 들어설 자리가 없다. 교회의 과업 중 하나는 세계를 변혁하기 위해 삶의 모든 영역에 관여하는 법을 배우는 일이라고 로버츠는 말한다.

우리는 하나님의 활동[에 대한 우리의 이해]을 단편적으로 나누었다. 그 결과 우리가 손해를 입었다. 단편적인 조각들이 어떻게 들어맞는지 보는 것보다는 큰 그림을 볼 때, 어떤 흐름이나 연속성을 읽을 수 있다. 나는 이 같은 배움의 방법을 '영역 도약'이라 부르는데, 이는 예전에 분리되었다고 생각한 것들을 다함께 모으는 것을 뜻한다. … 평생 동안 한 가지 영역이나 전문분야를 배우고 섭렵하는 대신에, 우리는 한 영역이 이웃한 다른 영역을 배우는 것으로 자연스럽게 이어지도록 놔둔다. 우리는 호기심이 많다. 우리는 어느 한 [종교적] 영역에만 캠프를 설치하지 않는다. 모든 영역이 어떻게 연관되는지를 알고 싶다.[16]

로버츠의 훈련 조직인 글로컬넷Glocalnet은 이른바 영역 지도를 이용해서 교회 개척자들에게 실질적인 차원에서 사회에 참여하는 법을 가르치고 있다. 이 지도의 핵심은 사람들로 하여금 자기의 직장을 통해 한 영역에 속해 있음을 보게 하고, 그것을 자신의 주된 사역으로 여기게 하는 것이다. 이처럼 하나님이 세상을 다스리시며 또 그 가운데 우리의 역할이 있다는 사실을 깨달을 때 이런 돌파구를 발견할 수 있다. 그리고 보면 우리는 이제까지 유대교가 줄곧 보존해온, 모든 것을 포괄하는 유일신론의 성격을 제대로 이해하지 못했다는 것을 절감하게 된다.

이제 우리가 이 유일신론을 그리스도의 견지에서 다시 조망하면, 이 세상에서 우리의 과업은 사회의 모든 영역에서 예수의 대리인이 되는 것임을 알 수 있다. 예수의 주되심은 우리의 성性, 정치생활, 경제활동, 가정, 놀이, 그밖의 모든 영역에까지 확장된다. 삶의 어느 영역이라도 예수가 자신의 주권을 주장하지 않는 곳은 없다. 우리가 이점을 바로 정립할 때, 예수의 주되심은 선교적 측면을 덧입게 된다. "예수는 주님이다"라는 말은 단순한 신학적 진술이 아니라 돌격을 명하는 함성에 더 가깝다고 할 수 있다.

**유일한 하나님과 통합된 삶** 유대교는 실존적 유일신론의 본질과 함의를 잘 이해하였고, 유대교 영성의 핵심은 쉐마와 직결되어 있다. 만일 하나님이 한 분뿐이고 삶의 모든 부분이 하나님의 주권 아래 있다면, 참된 예배 행위로서 삶 전체를 하나님에게 드리는 것이 올바른 반응이라는 진리를 유대 민족은 알고 있다. 그들은 이것을 이추드*yichud* 혹은 통합unification이라고 부르며, 이는 삶의 여러 요소를 모두 취하여 하나님에게 제물로 바치는 것을 뜻한다. 인간 실존의 어느 영역이나 어떤 분야라도 이 방정식에서 제외되지 않는다. 정치, 경제, 가정생활, 종교생활 등 모든 영역이 이 한 분을 지향한다. 이 제물을 드릴 때에는 온갖 종류의 우상숭배를 포기하고, 어떤 영역도 자율적인 것으로 여기지 않으며, 모든 동기를 구속하여 하나님을 향하게 하고, 그럼으로써 예배자는 자신의 실존을 하나로 통합한다. 이것이 진정한 거룩함이다(롬 12:1-3 참조).

이로 보건대, 진정한 성경적 영성은 하나를 이루라는 부르심에 대한 반응이라고 할 수 있다. 이스라엘과 마찬가지로 우리의 경우에도, 예배와 제자도와 선교는 한 분이신 하나님에 대한 반응으로서 모두 하나가 되는 것이다. 우리는 예수 그리스도를 그 초점으로 삼는다. 우리가 만든 기본 도표를 활용해서 이것을 표시하면 다음과 같다.

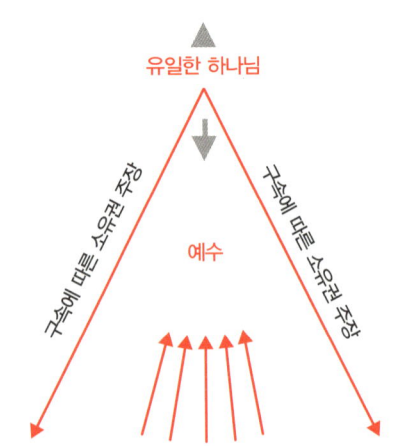

우리의 반응은 한 분이신 하나님 아래서 삶을 하나로 통합하는 것

이 도표에는 유일한 하나님에 대한 신앙고백과 더불어 예수 그리스도를 통해 우리를 구속한 하나님의 소유권 주장이 포함되어 있다. 이 주장에 대한 우리의 바람직한 반응은 예수 안에서 그리고 예수를 통하여 우리의 삶을 통합하고, 다양한 삶의 요소들이 모두 하나님을 향하게 하는 것이다. 여기에 바로 예배와 제자도와 선교의 영적인 의미가 있다.

그러므로 성경이 말하는 예배는 하나님을 찬송하는 경배의 노래를 부르는 것에 국한될 수 없다. 물론 이것도 포함하지만 이보다 훨씬 더 포괄적인 개념이다. 예배는 우리의 삶 전체를 예수를 통하여 하나님에게 돌려드리는 것이다. 즉 인간의 삶을 구성하는 모든 요소들(가족, 친구, 돈, 일, 나라 등)을 취해서 맨 먼저 그것들에게 궁극적인 의미를 부여해주신 유일한 하나님에게 되돌려드리는 것을 뜻한다. 제자도라는 것도 이와 똑같은 것이 아닐까? 물론 제자도란 나의 모든 것(몸과 영혼)을 취하여 평생 동안 예수를 통하여 그것을 하나님에게 향하도록 하는 것이다. 재빠른 독자는 이 말을 듣는 즉시 선교의 정의와 다를 바가 없다는 것을 알아차릴 것이다. 선교라는 것도 잃어버린 세계를 구속하여 그것을 하나님에게 돌려드리는 것을 뜻하기 때문이다. 이것은 또한 성경이 말하는 거룩함이기도 하다. 즉 모든 일상을 구속救贖하는 것, 한 분이신 하나님에 대한 반응으로서 모든 일상을 하나로 통합하는 일이 그것이다.

자기의 삶을 하나님의 영역과 세상의 영역으로 나누어, 하나님에게 속한 것을 그분에게 드리기 위해 세상에 속한 것을 세상에 주는 사람은 하나님이 명한 섬김을 그분에게 드리기를 거부하는 자이다. 하나님이 명하신 섬김이란 세상과 영혼 속에 있는 모든 에너지를 한 방향으로 사용

하고 일상을 거룩하게 성화하는 것을 뜻한다.[17]

우리와 같은 새 언약의 백성에게는 예수야말로 완전한 예배와 참된 거룩함의 모델이 된다. 예수는 하나님의 요구와 인간의 반응이 서로 맞물리는 중심점이다. 예수는 완전한 예배를 드리고 구속적인 죽음을 통해 세상에 하나님의 구원을 가져온 완전한 인간이요 참 이스라엘이다. 진정한 의미에서 예수는 하나님에게 드리는 예배요 제물이다. 그리고 그의 백성인 우리는 예수를 통해 하나님의 생명과 사랑 속으로 인도 받는다. 하나님에 대한 우리의 사랑도 예수를 통해 바쳐진다. 그래서 우리는 메시아 예수에게 속한 '그리스도-인人'이라 불리는 것이다. 바로 이 지점에서 기독론이 다시금 전면에 부상한다. 이 초점은 메시아 예수 안에서 그리고 그를 통하여 하나님에게 충성을 다하는 데 있다. 우리는 그에게 묶여있는 셈이다.

/ 우상숭배에 해당하는 예수관 /

이는 분명히 전인적인 반응을 요구하는데, 이것을 성경은 마음을 드리는 것으로 표현하고 있다. 유일신을 믿는 신앙은 마음을 드리는 것과 관련이 있는 것이다. 우리는 '내가 충성을 다해야 할 마음의 보물은 무엇인가?' 묻고 이 질문에 응답할 필요가 있다. 루터의 경우, '하나님'이란 단어 자체가 궁극적 충성심을 요구한다고 생각했다. 이것이 바로 첫 계명의 의미이다. 인간의 본성에는 거짓 예배를 드리고 싶은 충동이 내재되어 있다. 유일한 참 하나님의 요구는 많은 거짓 신들의 요구와 서로 대조를 이룬다. 다음의 도표에서 참된 유일신론을 가리는 우상숭배적인 신관을 볼 수 있다. 우리는 정도를 이탈하여, 하나님에게 이르지 못하는 여러 방향으로 나갈 소지가 있다.

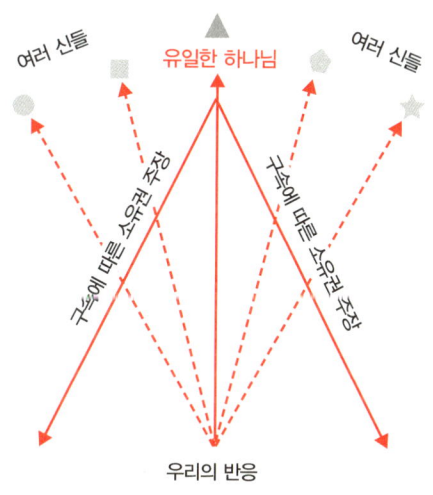

오직 참 하나님만이 인간에게 통일성과 온전함과 안전을 주실 수 있다. 그런즉 인간의 마음은 본래 목적에 충실하게 오직 한 하나님만 모셔야 한다. 그런데도 우리는 그분의 배타적인 주장을 거부하고 거짓 신들에게서 피난처를 찾으려고 한다. 우리가 당면한 사안은 우리의 마음을 이스라엘의 하나님과 예수 그리스도에게 드릴 것인가, 아니면 우상에게 줄 것인가 하는 문제이다. 폴 틸리히Paul Johannes Tillich의 실존신학 용어를 빌리자면, 유일신론은 우리의 궁극적 관심사에 관한 문제라고 할 수 있다. 유일무이한 하나님, 그분만이 우리의 궁극적 관심의 대상이 될 수 있는 것은 그분만이 궁극적 존재이기 때문이다. 유일신을 믿는 살아 있는 신앙이 없으면 우리의 삶은 어쩔 수 없이 조각나기 마련이다. 예이츠의 표현을 빌리자면, 중심을 붙들지 못하니 모든 것이 산산조각 나는 것이다.

우상은 참으로 교활하다. 우리의 마음속 깊은 불안감을 이용하고 두려운 감정에 호소함으로써, 영혼을 구속하고 정화하려는 거룩한 하나님의 사랑에서 도망치고 싶어 하는 우리의 타락한 본능을 부추긴다. 믿음이 있는 사람은 하나님을 올바로 이해하지 못하게 하는 시험에 늘 직면한다. 우리는 결코 주님을 좌우하거나 조종할 수 없다. 주님과의 관계는 우리 인간을 온전케 하기도 하지만 역설적이게도 남모르는 불안감을 조성하기도 한다. 우리가 어떻게 사는지, 무엇을 소중하게 여기는지, 어떻게 돈을 쓰는지, 성적인 본능은 어떻게 다루는지 등 수많은 의문을 제기한다. 하나님의 현존이 줄곧 우리의 삶에 긴장을 불러일으키는 것은 신성을 접촉할 때 일종의 거룩한 공포심이 생기기 때문이다.

> 우리와 하나님의 만남은 우리를 역사의 강물에 내던진다. 매 상황에는 궁극적인 가능성이 팽배해지고, 매 순간은 무한한 능력의 현존으로 인해 폭발적 성격을 갖게 된다. 하나님이 … 나타날 때는 인간 실존에 일어나는 반향을 묵살할 수 없다. 그분은 풀어야 할 문제가 아니다. 그분과의 친밀감, 위협, 끈질긴 요구, 저항할 수 없는 의향 등을 통해 문제를 창출한다. 우리가 그분에 관해 의문을 제기하는 게 아니라 그분이 우리에 대해 의문을 제기한다.[18]

예수와 만나면 그분에 의해 변화되고, 그분을 닮고자 하는 평생에 걸친 여정을 시작하게 된다. 하지만 작은 예수가 되는 일은 결코 작은 과업이 아니다. 그렇게 되려면 진정한 도덕적, 영적 노력이 필요하며 그것을 잘 해내는 사람은 아주 소수에 불과하다. 우리가 어떤 상황에 처해있든지 예수의 요구를 피하려는 우리의 공통된 성향을 큰 부끄러움 없이 시인할 수 있다. 폴 틸리히의 말을 들어보라.

> 사람은 하나님에게서 도망치고 싶어 한다. … 선지자와 개혁자, 성인과 무신론자 등 온갖 사람들이 똑같은 경험을 해왔다. … 하나님을 피하려고 한 적이 없는 사람은 (진정한) 하나님을 경험한 적이 없는 사람이다. … 어떤 신으로부터 도망치는 데 성공했다면, 이 신은 우상으로 증명된 셈이다. 하나님은 피할 수 없는 분이다. 피할 수 없는 분이기에 하나님이며….[19]

이처럼 하나님을 도피하는 길 중의 하나가 우상숭배의 길이다. 앞에서 우리는 우리가 품은 하나님의 이미지가 어떻게 신 관념을 명료히 하는지 혹은 왜곡시키는지, 또 진정한 하나님과의 만남을 어떻게 거짓된 경험으로 대치시키는지를 살펴보았다. 우상숭배는 또한 우리로 하나님이 아닌 것에 충성을 다하도록 유혹한다. 복수의 신들에게 충성하도록 초대하여서 우리를 영적으로 조각내는 것이다. 하나님과 관련하여 우상에 대해 말할 수 있는 것은 예수와 관련해서도 말할 수 있다. 예수가 바로 우리의 주님이고 기독교 신앙의 초점이기 때문이다.

누구나 나름의 신을 갖고 있다. 자기 인생에서 무언가를 으뜸으로 삼고 있다는 의미에서 그러하다. 사람에 따라 돈, 권력, 명예, 자아, 경력,

사랑 등 우선순위가 다를 수 있다. 당신의 경우에도 의미와 힘의 원천으로 작동하고 있는 것, 적어도 암묵적으로나마 최고의 권좌에 앉아 있는 그 무엇이 있을 것이다. 당신이 인생의 우선순위를 초월적인 사람이 되는 것에 두고 있다면, 대문자 'G'의 하나님God을 모시고 있는 셈이다. 반면에 최고의 가치를 어떤 대의, 이상, 혹은 이데올로기에서 찾고 있다면, 소문자 'g'의 신god을 갖고 있는 셈이다. 어느 편이든지 신적인 그 무엇을 갖고 있다.

예수의 신성을 믿는다는 것은 그를 당신의 하나님으로 삼는 것을 뜻한다. 이를 부인하는 것은 다른 누군가를 신으로 삼고, 예수를 가치의 순위에서 두 번째 자리에 두는 것을 뜻한다.[20] 우리는 예수 그리스도의 구속적 사랑을 통과하여 하나님에게로 간다. 그러므로 예수에 관한 거짓된 사상은 신약성경이 말하는 믿음의 구조를 파괴할 것이다. 거짓 사상은 예수의 도를 안에서부터 파괴한다. 적어도 우상숭배는 미성숙한 모습으로 예수를 쫓도록 만든다. 그렇기 때문에 잘못된 예수 이미지는 그토록 치명적이고, 이런 이유로 우리는 언제나 우리의 삶과 교회에서 예수를 되찾기 위해 힘써 노력해야 하는 것이다.

## / 연인을 떠나는 50가지 방법 /

예수의 제자까지 포함한 우리 인간들은 하나님의 포괄적인 주장에서 벗어나기 위해 교묘한 방법들을 고안해냈다. 따라서 하나님과의 참된 만남을 얘기하려면, 우리가 그분을 피하는 방법, 하나님과의 관계를 어느 선으로 제한하는 방법, 그분이 조성하는 긴장감을 해소하는 방법 등을 논의하지 않을 수 없다. 이 면에서 폴 미니어가 《신앙의 눈 The Eyes of Faith》에서 분석한 내용이 대단히 유용하기 때문에 이 대목에서는 그의 자료를 활용하고자 한다.[21] 여기서 실존적 유일신론의 포괄적인 성격이 어떻게 전면에 부상하는지를 주목해보라.

**우상숭배** 우상숭배는 우리 자신의 형상과 모양에 따라 나름의 신을 만드는 것이다. 우상숭배의 기본 형태 중 하나는 본인이 하나님과의 관계를 주도하고 그분을 통제하려는 인간적인 욕망이다. "사람이 우상을 예배하는 이유는 우상을 보고 알고 통제할 수 있는 능력이 본인에게 있기 때문이다. 그러나 우상의 아름다움과 능력을 성찰하는 것과 똑같은 방식으로 하나님을 관찰하는 것은 불가능하다."[22] 우상숭배자가 되면 우리의 삶에 대한 하나님의 능력과 임재를 줄이고자 애쓰고 우리에 대한 하나님의 영향력을 최소화하고자 한다. 이것은 예로부터 내려오는 회피 수단이다.

**무대를 비우는 것** 무대를 비우는 것은 개입을 마다하고 방관자가 됨으로써 서로의 역할을 뒤집는 일이다. 하나님은 행위자가 되고 우리는 비판적 관찰자가 된다. 우리는 '하나님의 주장들을 조사하는 자들'이 되려고 한다.[23] 그러나 이런 식의 도피 방법이 쓸데없는 것은 하나님은 우리의 관찰 대상이 될 수도 없고 되지도 않을 것이기 때문이다. 하나님은 우리가 실존적으로 개입할 때만 알 수 있는 존재다. 초연한 관찰자는 특히 자기 운명과 직결된 결정적인 문제에 관해 지식을 얻을 수 없다. 뿐만 아니라, 사람들은 자신의 죄를 스스로 용서할 수 없고, 죽음을 퇴치할 수도 없다. 이런 식으로 하나님을 피하는 건 불가능하다. "실존적인 관심은 사변적인 초연함을 쫓아낸다."[24]

**숨으려는 시도** 현실 속에는 숨을 곳이 없다. 하나님이 우리의 삶에 개입하면 우리를 구석에서 몰아내어 무대에 서게 한다. 그리고 우리는 어떤 방법으로든 하나님으로부터 숨을 수 없다. 시편 기자는 일찍이 "내가 주의 앞에서 어디로 피하리이까"(시 139:7)라고 말했다. 우리는 이 이슈를 우리 내면 깊숙한 곳에 안고 간다. 어느 인간도 하나님의 이슈를 완전히 피할 수 없다.

**종교성** 2장과 3장에서 살펴본 것처럼, 우리는 "하나님이 예전에 찾아오셨던 순간을 의례와 율법의 형태로 보존하고 그것들을 우상화하며, 율법 준수와 제사를 '하나님을 아는 지식'의 대체물로 여김으로써" 하나님을 회피하려고 애쓴다. 그리고 "종교적인 사람은 외견상 경외심을 표명하면서도 하나님을 3인칭으로 언급하기를 좋아하며, 신적 충동을 느끼는 자기장에서 스스로 물러나는 것을 선호한다. 사람은 하나님을 언급하는 순간에도 그분을 잊을 수 있는 존재이다."[25] 종교성은 인간에게 알려진 가장 큰 회피 수단의 하나이다. 그것은 하나님을 객관화시키고 그분을 통제하려고 한다.

**구획 만들기** 회피하는 사람은 구획을 만들어놓고 원하는 영역에서는 하나님의 권위를 인정하고, 원치 않는 영역에서는 자신의 자율성을 유지하려고 애쓴다. "그러나 하나님은 이런 인위적인 울타리를 존중하지 않는다. 인간의 총체적 실존이 그분에게 드러나 있다. 그분은 입을 열어 총체적인 주권을 주장하신다."[26]

**잘못된 이원론**  잘못된 이원론은 우리가 성과 속 사이에 벽을 세우고 하나님을 성스러운 영역에 국한시킬 때 생긴다. 하지만 성경에는 이와 같은 개념이 없다. "본질상 종교적인 것으로 정의될 수 있는 경험은 없으며, 어느 경험도 신적 활동 반경에서 벗어나지 않기 때문이다. [그러나] 하나님은 사람에게 어느 종교에 찬동하라고 요구하지 않으신다. 다만 삶 전체를 종교적으로(즉, 하나님과의 관계에 입각하여) 조망하라고 요구하신다."[27]

**육신과 영 사이에 선 긋기**  우리가 지적했듯이 성경의 하나님은 몸과 영을 모두 창조하신 분이다. 우리가 맺는 모든 인격적인 관계에 우리를 단일체로 참여하게 하는 분이 하나님이다. 그분은 육신과 영 사이에 잘못된 선을 그어놓고 어느 하나만 따로 다루는 분이 아니다. 우리의 본분은 우리의 몸을 산 제물로 드리는 것이다.

**사적인 삶과 공적인 삶에 잘못된 경계선 긋기**  우리는 개인적으로 중요한 사건과 사회적 영향을 미치는 사건을 구별하려고 한다. 그러나 실질적으로 보면, "모든 사건은 개인적인 관계망 안에서 발생하고 또 아무리 작은 범위일지라도 궁극적 관심사과 관련된 것이므로 사회적 성격을 갖고 있다."[28]

이런 도피 방법과 관련하여 성경의 저자들은 "성과 속의 잘못된 분리에 대항하여, 그리고 하나님의 통치 아래 있는 영역의 축소에 대항하여 싸운다."[29] 그리고 제자들로서 우리는 하나님으로부터 도피하는 것이 아니라, 그분과 깊은 관계를 맺고 그분을 닮아가도록 부름 받았다. 우리는 예수의 도를 좇는 사람들이다. 글렌 스타센Glen Stassen과 데이비드 구쉬David Gushee가 지적하듯이, 이 도가 "약해지고 소외되거나 회피당하게 되면, 교회와 그리스도인들은 항체를 잃게 되어 다른 주인을 섬기도록 유혹하는 세속 이데올로기에 넘어가기 쉽다. 지금 우리는 바로 이런 우상숭배를 우려한다."[30]

## / 그리스도 같은 하나님 /

유일신론을 다루는 글에서는 당연히 예수가 하나님에 대한 우리의 지식을 어떻게 바꾸는지 혹은 증진시키는지를 고찰해야 한다. 우리는 성경의 유일한 하나님과 메시아 예수 사이의 연결고리를 제대로 이해할 필요가 있는데, 이것이 예수 되찾기 프로젝트에서 중대한 함의를 갖고 있기 때문이다.

신약성경은 예수가 하나님과 신앙에 관한 우리의 이해를 근본적으로 바꾸어놓는다는 점을 분명히 하고 있다. 예수는 "기독교 교리의 모든 면에 영향을 미치고, 하나님과 인간, 죄와 구원, 그리고 종말에 관한 독특한 이해를 가능케 한다."[31] 이런 주장을 펴기 위해 데니스 킨로우Dennis Kinlaw는 예수가 하나님과 맺고 있는 영원하고 친밀한 관계를 밝히는 본문들에 주로 초점을 맞춘다. 그 가운데서도 특히 요한복음에 나오는 아버지와 아들의 관계가 갖는 의미에 주목하고 있다. 요한복음 1장, 5장, 9

장, 10장, 14장, 17장은 예수가 하나님의 영역 안에 속한 존재이고 그 내막을 아는 인물이라는 사실을 보여주는 본문으로 가득 차 있다. 이 단락들은 예수가 하나님과 같은 존재이며 하나님의 속성과 기능을 완전히 갖고 있다는 주장을 담고 있다. 그리고 마가복음 10장 17-22절에는 '한 분이신 하나님'에 대한 신앙고백과 '나를 따르라'라는 예수의 명령이 함께 등장하는데, 이는 유일한 하나님에 대한 신앙과 예수를 따르는 일이 아주 동일한 것이라는 점을 시시한다(막 2:7-12). 마태복음 23장 9-10절에는 유일무이한, '한 분이신 아버지' 하나님이 지상의 많은 지도자들과 대조되는 유일무이한, '한 분뿐인 지도자' 예수님과 나란히 등장한다. 이 점은 디모데전서 2장 5-6절, 곧 한 하나님/한 중보자와, 바울의 대적인 영지주의 신학이 주장하는 복수의 신들과 중보자들을 서로 대조시키는 본문에서도 강조되고 있다. 여기다가 골로새서와 요한계시록에 나오는 포괄적인 고등 기독론을 추가하면, 예수의 인격과 사역이 하나님의 유일성은 제한하되 성경의 기본적인 유일신적 계시를 결코 침해하지 않는다는 것을 알 수 있다. 톰 라이트는 이렇게 말한다.

모든 조짐으로 보건대, 최초의 그리스도인들은 여전히 유대교 유일신론자로 남아있으면서도 예수를 예배하지 않으면 안 된다는 놀라운 결론에 도달했던 것 같다. … 바울의 경우에는 이렇게 말한다. "우리에게는 한 하나님 곧 아버지가 계시니 만물이 그에게서 났고 우리도 그를 위하여 있고 또한 한 주 예수 그리스도께서 계시니 만물이 그로 말미암고 우리도 그로 말미암아 있느니라"(고전 8:6). 이처럼 기독교 가장 초기 단계에, 창조와 구속이 아버지 하나님에게서 말미암는 것과 똑같이 예수를 통해 실행되었다고 강조하는 … 깜짝 놀랄 만한 쉐마의 각색은 … 후대가 예수에 관해 애써 말하려고 하는 모든 것을 담고 있다. 이제부터는, 삼위일체 신학이 존재하지 않았다면 그것을 창안하는 게 필요할 것이라고 말해야겠다.[32]

그리고 아주 의외라고 생각할지 모르지만, 초대교회 당시 하나님에 관한 생각은 하나님을 성찰하는 데서 시작하지 않았다고 자신 있게 말할 수 있다. 이 생각의 초점은 먼저 예수에게 맞춰졌다. 예수는 스스로를 구원에 들어가는 문으로뿐 아니라(요 10:7), 유일한 참 하나님을 아는 지식에 들어가는 입구로 계시한다. 킨로우는 이 점을 분명히 하고 있다. "논리적으로 이것은, 우리가 신학적 연구를 예수와 함께, 곧 요한의 말처럼 '하나님을 나타낸'(요 1:18) 그분과 함께 시작해야 한다는 것을 뜻한다."[33] 이는 예수가 계시자인 동시에 중보자임을 의미한다(요 14:6 참조).

또 다른 주요 신약학자인 앨버트 놀란Albert Nolan은 다음과 같이 말한다. 그 내용이 우리가 다루는 주제와 상관성이 많은 만큼 좀 길게 인용하겠다.

> 내가 그리스도 같은 하나님이라는 이 접근법을 택한 것은 그것이 우리로 하여금 … 예수의 삶과 인격에다 우리가 품고 있는, 하나님에 대한 선입관을 억지로 부과하는 잘못을 피하게 하기 때문이다….
> 예수는 말과 행위로 '하나님'이란 단어의 내용을 바꾸었다. 그분이 우리가 갖고 있는 하나님의 이미지를 바꾸도록 허용하지 않는다면, 우리는 그분이 우리의 주님이요 우리의 하나님이라고 말할 수 없을 것이다.

그분을 우리의 하나님으로 선택한다는 것은 그분을 신성에 관한 정보의 출처로 삼고, 우리 나름의 신 관념을 그분에게 부여하기를 거부하는 것이다.

이것이 예수를 하나님의 말씀으로 보는 전통적인 주장이 가진 의미이다. 예수는 우리에게 하나님을 계시하지만, 하나님은 우리에게 예수를 계시하지 않는다. 하나님은 예수의 말씀이 아니라는 뜻이다. 말하자면, 우리가 품은 하나님에 대한 관념이 예수의 삶을 전혀 조명할 수 없다는 것이다. 예수로부터 하나님을 논증하는 대신에 하나님으로부터 예수를 논증하는 일은 말 앞에 마차를 두는 것이다. 사실 많은 그리스도인이 이런 식으로 논증하려고 애써왔다. 이런 시도는 대체로 일련의 무의미한 억측을 낳았으며, 그로 인해 핵심 문제가 가려지고 예수가 하나님을 계시하는 일이 방해를 받았다.

우리가 가진 하나님에 관한 지식으로부터는 예수에 관한 어떤 것도 추론할 수 없다. 오히려 우리가 예수에 관해 확실히 알고 있는 것으로부터 하나님에 관한 모든 것을 끌어내야 한다. 그래서 우리가 예수는 신성을 갖고 있다고 말할 때는, 이제까지 그에 관해 발견한 내용에 아무것도 더할 마음이 없고 또 우리가 그에 관해 말한 것 가운데 어떤 것도 바꿀 생각이 없다. 지금 갑자기 예수가 신성을 갖고 있다고 말한다고 예수에 대한 우리의 이해가 바뀌는 것은 아니다. 단지 신성에 대한 우리의 이해를 바꾸는 것이다. 우리는 돈, 권력, 명예, 혹은 자아와 같은 신들로부터 등을 돌릴 뿐 아니라, 우리의 하나님을 예수와 그가 상징하는 것 안에서 발견하기 위해 예전에 품었던 모든 하나님에 대한 이미지들에서 등을 돌리는 것이다.

그렇다고 우리가 구약성경을 없애고 아브라함과 이삭과 야곱의 하나님을 버려야 한다는 뜻은 아니다. 만일 우리가 예수를 신적 인물로 받아들인다면, 구약성경을 예수의 관점에서 재해석하고 아브라함과 이삭과 야곱의 하나님을 예수가 이해했던 방식으로 이해하려고 애써야 한다는 뜻이다. … 우리는 예수가 어떤 인물인지를 보았다. 이제 우리가 그를 우리의 하나님으로 대우하고 싶으면, 우리 하나님은 우리에게 섬김을 받는 것이 아니라 우리를 섬기고 싶어 하는 분이라고 결론을 내려야 할 것이다. … 이것이 진정한 하나님의 모습이라면, 하나님이야말로 어느 인간보다도 더 인간적인, 더욱 인간미 있는 분이다. 실로 하나님은 에드워드 쉴레벡스Edward Schillebeeckx가 말한 것처럼 데우스 휴마니시무스 *Deus humanissimus* 즉, 최고로 인간적인 하나님이시다.[34]

루터야말로 그리스도를 통한 하나님 이해와, 이것이 기독교 신앙에 주는 의미를 옳게 이해했던 신학자였다. 이에 대해 우리가 대단히 감사할 필요가 있는데, 루터가 그것을 재발견함으로써 복음의 능력을 서구 세계에 다시금 풀어놓았기 때문이다. 루터의 가장 중요한 논문 중 하나인 〈노예의지론The Bondage of the Will〉에 대한 어떤 비판에 관해 논평하면서 그는 "나는 … 라고 썼는데, 우리가 '예수 그리스도는 만군의 주요 다른 하나님은 없다'라는 찬송을 부를 때, 우리는 계시된 하나님(예수)을 바라보아야 한다. 그러나 그들(그의 신학을 반대하는 자들)은 이런 대목들은 모두 넘어가고, 내 글에서 숨은 하나님에 대해 다루는 부분들만 끌어낸다"라고 말했다.[35] 그리고 같은 책의 조금 앞부분에서 루터는 "당신이 그리스도를 모시면, 계시된 그분과 더불어 숨은 하나님도 모시는 셈이

다"라고 썼다.[36]

이 내용이 처음에는 좀 복잡하게 들릴지 모르겠지만, 루터는 여기서 기독론(계시된 하나님)보다 존재론(하나님의 존재, 숨은 하나님)에 초점을 두는 중세 신학의 성향에 반대하는 것이다. 사변적인 종교철학이 하나님이라는 존재의 신비로움에 대해 억측하는 바람에 일반 신자의 머리로는 도무지 그것을 이해할 수가 없어서, 복음을 통해 드러나는 하나님의 사랑에도 접근하기가 어려워졌던 것이다. 이는 당연히 루터의 분노를 불러일으켰다. 그래서 만일 우리가 진정 하나님을 보기 원한다면 예수를 보기만 하면 된다고 주장하면서, 예수 안에서 우리가 하나님의 충만하심을 빛있기 때문이라고 했다. 루터는 "우리가 볼 수 있는 하나님은 복음의 약속들로 싸여 있는 그 하나님밖에 없다"라고 말한다.[37] 예수도 일찍이 "나를 본 자는 아버지를 보았거늘 어찌하여 아버지를 보이라 하느냐"(요 14:9)라고 말한 바 있다.

삼위일체 하나님 내부에서 일어나는 이런 변동은 우리의 패러다임을 전환시킨다. 이제 임무를 수행하는 일은 예수에게 주어지고, 이와 함께 신자의 초점과 충성심도 그분에게 맞추어지게 된다. 이 전환은 너무도 중요해서 기독교 신앙 자체가 그것을 중심점으로 삼을 정도이다. 기독교를 다른 두 유일신 종교(유대교와 이슬람교)와 구별시키는 것도 바로 예수이다. 우리는 언제나 예수 그리스도의 프리즘을 통해 하나님에 대한 이해를 걸러내야 한다. 그분이 바로 길이요 진리요 생명이기 때문이다(요 14:6 참조).

이처럼 예수의 역할을 중심으로 성경적 유일신론이 재정의된 것을 우리는 그리스도 중심적 유일신론으로 부를 수 있다. 그것은, 하나님에 대

―무조건적인 연민―

# 마더 테레사
Mother Teresa

마더 테레사로 더 잘 알려진 아그네스 곤히아 브락스히야Agnes Gonxha Bojaxhiu만큼 작은 예수의 역할을 탁월하게 수행한 사람도 드물 것이다. 열여덟 살 때 아일랜드 더블린에 소재한 로레토 수녀회에 가입한 직후 수녀로 서약한 뒤에, 인도로 가서 캘커타에 있는 한 고등학교에서 가르치기 시작했다. 여러 해 동안 캘커타에 퍼져 있는 고통과 가난을 목격한 후, 1948년에 가르치는 직책을 떠나 가난한 자들 가운데서 일할 수 있도록 허락을 받았다. 그녀는 자원봉사자와 재정 후원에 힘입어 빈민가 어린이를 위한 학교를 열었다. 그로부터 2년 뒤에 수녀원을 운영할 수 있는 허락을 얻어냈다. 이 수녀원은 '굶주린 자, 벌거벗은 자, 집 없는 자, 장애인, 눈 먼 자, 문둥병자 등 사회 전반적으로 환영과 사랑을 받지 못한다고 느끼는 이들, 사회에 짐이 되고 누구나 피하는 그런 사람들을 돌보는 것'을 목표로 하였다. 처음 바티칸으로부터 '캘커타 교구의 회중'이란 이름을 받은 이 수녀원은 열세 명으로 시작되었다. 지금은 '사랑의 선교회Missionaries of Charity'로 알려져 있는 이 단체는 전 세계에 걸쳐 고아원, 에이즈 호스피스, 자선 기관 등을 통해 혜택을 받지 못하는 자, 불우한 자, 장애가 있는 자들을 돌보는 사천 명 이상의 수녀를 보유하고 있다. 마더 테레사가 평생 헌신한 또 다른 중점 사역은 사람들에게 존엄하게 죽을 수 있는 기회를 제공하는 일이었다. 가난한 자를 위한 무료 호스피스인 '죽어가는 자를 위한 캘커타의 집'은 거주자들에게 의료 혜택을 제공하고 '동물처럼 살았던 사람들이 사랑과 보살핌을 받으며 천사처럼 죽도록' 하는 곳이다. 마더 테레사는 1997년 9월 5일에 숨을 거두었다. 자기에게 되갚을 능력이 없는 자들을 사랑했던 그녀는 작은 예수로서 전혀 손색이 없는 인물이다.

한 우리의 충성심이 예수 그리스도의 인격과 사역을 중심으로 삼도록 조정해주기 때문이다. 따라서 예수는 우리와 하나님의 관계에서 중심점이 되고 우리도 마땅히 그분에게 충성을 다해야 한다. 예수가 바로 주님이기 때문에 그렇다! 그리고 이 주되심은 구약성경에 나오는 것과 똑같은 방식으로 표현되어 있다. 이는 언약을 통해 하나님이 우리의 생명을 자기의 것으로 주장하는 것이며, 기독교의 신조와 신앙고백의 변함없는 중심이 되는 것이다.[38]

앨런의 할아버지는 이런 민요를 부르곤 하셨다.

> 장미는 붉은 색
> 제비꽃은 보라색
> 예수가 아니었다면
> 우리 모두 유대인이 되었으리

이 노래가 지금 상황에서는 어색하지만, 예수가 하나님의 백성을 재정의하는 데 담당하는 역할만은 잘 부각시켜준다. 예수는 모든 것을 바꾸는 분이다. 우리가 예수를 중심으로 교회를 재조정하려고 한다면 이 사실을 반드시 알아야 한다. 톰 라이트도 우리가 가진 하나님의 개념에서 예수를 재발견하라고 요청한다.

> 나는, 우리가 '신'이란 단어의 의미를 알아서 예수를 거기에 맞출 필요가 있다고 주장하는 게 아니다. 오히려 우리가 역사적으로 한 인물, 지극히 위험하고 분명히 무모한 소명을 품은 채 눈물을 흘리며 (나귀를 타고) 예

루살렘에 들어가서 성전을 비판하고 로마의 십자가 위에서 죽었던 젊은 유대인에 관해 생각해야 한다는 것이다. 그럼으로써 '신'이란 단어의 의미를 어떻게든 이 인물을 중심으로 재정립하는 일이 필요하다.[39]

이것이 뜻하는 것은 분명하다. 먼저 하나님이 유일한 신이라는 개념을 완전히 받아들이고 이 신앙에 무게를 싣는 것이다. 그러고 나서 "여호와는 주님이시다"라는 고백이 신약성경의 으뜸가는 고백인 "예수는 주님이시다"로 변화되는 것이다. 그리고 하나님에 대한 충성이 이제는 예수를 중재자로 삼아 드려져야 한다는 뜻이다. 바울은 보통 성부 하나님의 것으로 여겨졌던 주님의 역할이 이제는 예수에게로 넘겨졌다고 주장한다.[40] 하나님은 예수 안에서 우리를 자기의 것으로 주장할 뿐 아니라 우리를 구원하기도 하신다. 하나님은 이 권리를 주장하면서 우리에게 삶으로 반응할 것을 요구한다. 우리가 누구인가 하는 것과 우리가 갖고 있는 모든 것이 이 권리 주장에 포함되어 있다. 나치 독일에서 고백교회(칼 바르트와 디트리히 본회퍼가 이끌었던)가 소위 나치 그리스도인들의 이단적인 주장에 반대하여 바르멘 선언을 만들 때 절대 간과할 수 없었던 사실이었다. 그들은 이렇게 고백했다.

우리는 예수 그리스도가 죄 용서의 보증인 사실과 삶 전체를 요구하는 하나님의 강력한 주장을 함께 (똑같이 진지하게) 고려해야 한다. 그분 안에서 우리는 이 세상의 무신론적 주장에서 해방되어 자기의 피조물을 자유로이 섬기는 모습을 접한다. 우리는 우리의 삶 가운데 예수 그리스도에게 속하지 않고 다른 주인에게 속한 영역이 있다고, 즉 그분을 통한 칭의와 성화가

필요 없는 영역이 있다고 주장하는 거짓된 가르침을 반박하는 바이다.[41]

여기에 제자와 하나님 사이의 접점이 있다. 그것은 곧 우리를 구속한 예수의 주되심이다. 그리고 우리가 주되심에 관해 얘기한다는 것은 곧 구속으로 말미암은, 우리의 삶에 대한 하나님의 주권과 그에 대한 우리의 실존적 반응을 논하는 것이다. 바로 이 지점이 우리에게 실질적으로 영향을 주기 시작하는 곳이다. 우리가 맨 먼저 그린 기본 도표로 돌아가서 이것을 표시하면 다음과 같다. 우리는 하나님을 유일한 참 하나님으로 본다. 우리의 반응은 예수의 구속적 사역을 통해 이루어지는 실존적인 반응이다.

우리는 쉐마에 유일신론에 관한 모든 요소가 나타나 있음을 알 수 있다. 유일한 하나님(유일신론)과 생활양식(윤리) 간의 연결고리는 온전하게 유지된다. 하나님에 대한 구약과 신약 간의 이해 차이는 메시아의 인격과 사역에서 확인된다. 여기에서 그리스도 중심의 유일신론이 유래한다.

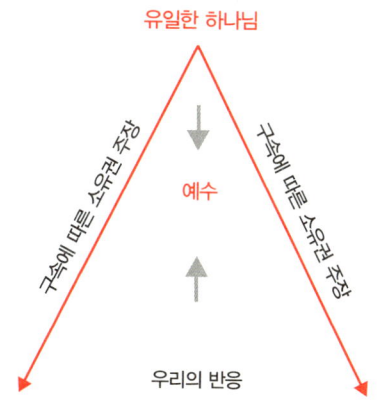

## / 삼위일체에 관한 첨언 /

지금쯤이면 신학적으로 민감한 독자가 이런 질문을 던질 법하다. "이런 식으로 온통 예수에게만 초점을 맞추면 하나님과 세상에 대한 기독교적 이해의 바탕이 되어야 할 삼위일체의 틀을 부수는 게 아닌가?" 사실 우리가 가장 꺼려하는 것이 삼위일체적 존재로 나타난 하나님의 계시에 도전하는 일이다. 우리는 도처에 있는 모든 정통파 그리스도인들과 더불어 이 교리를 신봉한다. 훗날 정립된 이 교리의 형식이 다소 복잡하고, 지나치게 존재론적인 관점을 갖고 있으며, 선교적으로 엉성한 면이 없지 않지만, 그 신조 자체는 정확한 것이다. 우리가 여기서 하려는 일은 좀 더 원시적인 형태의 삼위일체 교리, 후대에 개발된 무척 철학적인 형식보다 신약성경의 삼위일체론에 더 가까운 교리를 복구하는 것이다. 이것은 이 책에 제시된 노선을 따라 교회를 개조하는 데 중대한 의미를 갖고 있다. 교회를 갱신하려면 기본으로 돌아가고, 본질적인 메시지를 회복하고, 본질에 주목하기 위해 불필요한 것을 버리는 일이 필요하다. 선교학적으로 말하면, 과거 기독교 세계에서 여행할 때보다 더 가벼운 차림이 필요하다고 할 수 있다. 초기 그리스도인들이 하나님과의 관계를 이해했던 방식에 더 가까워지려면 가능한 한 신학적인 방해거리를 줄이는 게 필요하다고 믿는다. 이는 앨런이 《잊혀진 길》에서 입증했듯이, 선교운동과 재빠른 사상의 전달을 도모하는 데 있어 중요한 의미를 갖고 있다.[42]

그리고 우리는, 기독론적인 중심과 출발점에 관해서는, 삼위일체에 대한 모든 이해를 반드시 예수와 함께 시작해야 한다고 주장한다. 예수야말로 맨 먼저 우리에게 삼위일체를 소개한 장본인이기 때문이다. 삼위일체에 대한 어떤 접근이라도 기독론을 통과해야 하고 그리스도를 투영하는 하나님의 모습을 강조해야 마땅하다. 그래야 우리는 비교적 드러난 것으로부터 비교적 덜 드러난 것으로 움직일 수 있다. 더 나아가, 삼위일체의 계시를 제대로 이해하려면, 예수에게서 얻는 모든 지식을 메시아에 앞서 등장한 이스라엘 이야기에 비추어 볼 필요가 있다. 라이트의 신학으로부터 알게 되었듯이, 이스라엘 이야기가 없이는 예수를 올바로 이해할 수 없고, 또 다시 모든 것이 잘못된 방향으로 빠진다. 쉽게 말해서, 신약성경을 이해하려면 그것에 의미를 부여하는 배경 이야기를 알아야 한다는 뜻이다.[43] 이렇게 해서 우리는 그때나 지금이나 이스라엘의 기본 신앙고백인 쉐마로 다시 돌아왔다. 삼위일체에 대한 바른 이해는 성경적 유일신론의 본질에 대한 이해로부터 생기는 것이다. 그렇지 않으면 우리는 성경적 가르침에서 어긋나는 삼신론tritheism으로 끝나고 말 것이다.

이렇게 신앙의 본질로 돌아가서 실존적 유일신론이 가진 강력한 역동성과 정신과 신앙구조를 회복하는 것이 우리의 바람이다. 과거에 그리스와 라틴 계통 신학자들의 교리적이고 형이상학적인 관심사가 지배적인 위치로 떠올라, 정통신앙에 대한 필요성이 신앙의 실존적 요구(바른 실천)를 대치함에 따라 이런 유일신론은 상당히 퇴조하게 되었다.[44]

우리 자신의 삶과 공동체를 면밀히 조사해보면, 한편에는 방금 묘사한 대로 하나님으로부터 도피하려는 모습과 다른 한편에는 예수를 더욱 닮고 하나님을 더 온전히 알고 그분에게 알려지는 존재가 되고자 하는 간절한 열망 사이에서 갈팡질팡하는 모습을 보게 된다. 인간의 타락 이래 우리는 언제나 하나님으로부터 숨고 싶은 마음과 그분께 우리 자신을 노출시키고 싶은 마음 사이에서 갈등했다. 예수 안에서 하나님이 우리를 찾아오셨다. 예수를 통해 우리는, 하나님이 우리를 위하는 분인 것과 우리를 온전히 자기의 것으로 삼고 싶어 하는 하나님의 사랑을 알게 된다. 성육신이 우리에게 계시하는 하나님은 우리의 상태를 완전히 이해하시되, 우리를 위한 희생적 고난을 통해 우리를 맨 처음 의도했던 탁월한 사람들로 끌어올릴 능력이 있는 분이다. 하지만 이 구속救贖의 구도 속에서 예수가 차지하는 파격적인 위치를 우리가 간과하면 안 된다. 예수 안에서 우리는 구속을 받았을 뿐 아니라, 실존적 유일신론이 말하는 대로 하나님이 배타적인 소유권을 주장하는 그런 존재들이 되었다. 이 지점에서 우리는 바울의 말을 상기하고 그것을 우리의 입술로 고백할 수 있을 것이다.

> 우리에게는 한 하나님 곧 아버지가 계시니 만물이 그에게서 났고 우리도 그를 위하여 있고 또한 한 주 예수 그리스도께서 계시니 만물이 그로 말미암고 우리도 그로 말미암아 있느니라(고전 8:6).

# 6

## 예수를 새롭게 만나려면

순종하지 않고 연구만 해서는 온전한 삶을 살거나 성경을 올바로 이해할 수 없다. 제자는 바른 교리를 알 뿐 아니라 예수와 직접 관계를 맺도록 부름 받은 자이기 때문이다.

# THREE⋯
# TWO⋯ ONE⋯
# ENGAGE

ID# Three... Two... One...
# Engage

문명이 진보함에 따라 경이감은 줄어들 수밖에 없다. 경이감의 감소는 우리의 마음 상태에 대한 하나의 경종이다. 인류는 정보의 부족 때문이 아니라 이해의 부족 때문에 망할 것이다. 경이로움이 없는 삶은 살 만한 가치가 없다는 것을 깨닫는 데에 행복의 출발점이 있다. 우리에게 부족한 것은 믿으려는 의지가 아니라 놀라고자 하는 의지이다. _아브라함 헤셀

우리는 불에 삼키어 죽거나 사노니
우리의 희망은 장작더미의 선택에 있으니…
불에 의해 불로부터 구속받는 것이다 _T. S. 엘리엇

예수를
/
새롭게
/
만나려면

# 6

　우리는 예수 안에서 스스로를 계시하신 하나님의 소유가 되었으므로 예수와 하나님의 백성 간의 역동적인 관계에 대해 진지하게 생각할 필요가 있다. 어떻게 하면 우리가 하나님을 최대한 알 수 있을까?(엡 1:17-23 참조) 우리의 구원자를 경험하고 그분과 만남으로써 삶이 변화되는 과정에서 계시는 어떤 역할을 하는가? 어떻게 하면 성경의 그리스도와 더 직접적으로 관계할 수 있을까? 이와 관련하여 이제 우리는 이해와 앎의 방식, 주관적 지식과 객관적 지식 간의 관계, 예수에 대한 직접 접근과 간접 접근 등에 대해 재고할 필요가 있다. 무엇보다도 우리는 예수를 주님으로 또 신앙의 중심으로 참신하게 경험할 수 있는 새로운 길, 아니 예로부터 내려오는 길을 열어주고 싶다.

## / 히브리식 사고방식으로 전환하라 /

인생을 바꾸는 예수와의 참된 만남을 방해하는 걸림돌 중 하나는 세계관이다. 우리는 이미 기독론적으로 재해석된 실존적 유일신론이 어떻게 사물에 대한 이해를 근본적으로 바꾸는지를 살펴보았다. 하지만 세계관의 새로운 적용도 신 관념의 변화만큼이나 사물을 보는 관점을 바꾸고 우리의 세계를 하나로 통합할 수 있다. 세계관이란 우리가 끼고 있는 렌즈처럼 세계를 해석하는 틀이기 때문이다. 그런데 서양의 영적, 신학적 전통에서는 하나님에 대한 지식이나 이해와 관련한 세계관이 이상한 방향으로 나가버렸다. 서구 교회는 헬레니즘으로부터 유입된, 더 사변적이고 철학적인 세계관의 영향을 많이 받았다. 문제는, 성경이 그와 매우 다른 히브리적 세계관에 의해 형성되었다는 사실이다. 이에 관해서는 《새로운 교회가 온다》에서 길게 다루었는데, 일부 독자는 놀랍다는 반응을 보였다. 아니, 선교적 교회에 관한 책에 왜 히브리적 사고방식을 소개하는가? 이유는 서구 교회가 정도正道에서 크게 이탈한 원인이 바로 히브리적 사고방식을 이해하지 못하는 데 있다는 생각이었다. 서구 교회는 헬레니즘의 세계관에 입각하여 움직인 탓에 신약성경이 말하고 있는 것을 충분히 이해하기가 어려웠다. 교회론 분야가 그러했다면 기독론의 경우에는 더더욱 중요한 함의를 갖고 있다.

헬라적 세계관과 히브리적 세계관의 본질적인 차이를 설명하기 위해 일부 저자들은 헬라식 사유 작용을 단계별 논리step logic라고 부르고 히브리식 사유 작용을 블록 논리block logic라고 불렀다. 헬라주의자들은 전제로부터 결론에 이르기까지 치밀한 단계별 논리를 사용했다. 여기서 각 단계는 합리적이고 직선적이며 일관된 방식으로 다음 단계와 치밀하게 연계되어 있다. "그러나 결론은 보통 한 가지 관점, 인간의 현실 인식으로 국한되었다."[1] 이와 대조적으로, 히브리식 사고방식은 개념들을 각기 독립된 사고 단위 내지는 블록으로 표현했다. 블록들이 반드시 어떤 자명한 직선적인 패턴이나 조화로운 패턴 안에서 잘 들어맞는 그런 관계는 아니었다. 특히 한 블록은 진리에 대한 인간의 관점을, 다른 블록은 신적인 관점을 대변할 때가 그러했다. "한 블록이 다른 블록과 긴장 관계에, 그리고 종종 비논리적인 관계에 있기 때문에 이런 사고방식은 역설이나 이율배반 혹은 명백한 모순을 낳는 경향이 있다. 그래서 사고의 양극화 현상이나 변증법이 블록식 사고의 특징을 이루게 된다."[2] 그런데 우리는 헬라적인 사고방식을 배웠기 때문에 성경을 이해하려 할 때에 문제가 생긴다. 그래서 성경을 읽을 때 우리는 헬라식 사고에서 히브리식 사고로 '일종의 지적인 방향전환을 거칠' 필요가 있다.[3]

최근에 우리는 아폴로가 달에 도착하는 전 과정에서 우주선이 예정 경로에서 벗어나 있었다는 사실을 알고 깜짝 놀랐다. 사실 이 여정 가운데 80퍼센트 이상이 예정 경로에서 약간 벗어난 상태였다. 연료를 보존하기 위해 우주선은 지구의 중력을 힘입어 우주에 표류하고 있었던 것이다. 우주선이 정상 궤도에서 너무 멀리 벗어나 있을 경우에만 제트 엔진을 이용해 좌표를 재조정하여 본궤도로 돌려놓곤 했다. 간헐적인 엔진 폭발이 재조정 작업을 완수하여 우주선이 목표를 향하도록 해주었다. 이 우주선의 사례는 교회에 적용할 만한 유용한 비유라고 생각된다. 많은 이들은 오늘날의 교회가 정상 궤도에서 벗어나 표류하고 있으므로, 새롭게 하는 힘의 폭발을 통해 그것을 본궤도로 돌려놓아야 한다고 주장한다. 한편 우주선의 경우에는, 좌표가 정확하고 비행 계획이 잘 수

립되어 있을 경우에만 추진력이라는 게 효과가 있다. 그런데 요즈음에는 여기저기에서 목청을 높여 스스로 전압기와 같은 역할을 자처하며 현재 표류하는 교회를 본궤도로 올려놓겠다고 야단이다. 하지만 우리는, 교회가 최초의 계획 단계로 되돌아가서 비행 계획을 다시 세워야 한다고 주장한다. 처음 계획이 잘못된 경우에는 추후에 일어나는 에너지 폭발이 오히려 우리를 더 먼 우주로 밀어 넣을 것이기 때문이다.

우리가 재검토할 필요가 있는 영역 중에 하나는 세계관 부문이다. 신약성경의 바탕에 깔려 있는 히브리적 세계관을 제대로 알지 못하면, 우리가 올바른 작업을 하는 것처럼 보여도 결국은 더 멀리 실종되는 결과를 초래할 것이다. 우리는 헬레니즘에 입각해 사고함으로써 세계와 성경에 대한 고도의 철학적 접근법을 정립하곤 한다. 이 때문에 자크 엘륄은 우리가 가진 인식법의 근본 문제는, 역사에서 철학으로의 변화라고 일컫는, 계시에 대한 이해의 변화에서 비롯되었다고 지적한다.

> 기독교 사상에 있어서 모든 오류는 이 문제에서 연유된 것이라고 확신한다. 나는, 앞서 열거한 모든 신학자가 올바른 사상을 갖고 있었고, 그들의 신학이 옳았다고 말할 수 있다. 그리고 어느 신학에는 이단적 사상만이, 어느 신학에는 정통만이 있는 게 아니라고 말할 수 있다. 하지만 그들은 모두 철학적 순환과정에 빠졌고, 형이상학적 문제를 제기하려 든다. 모두가 존재론적인 사고방식으로 해답을 찾고 있다. 모두가 성경 본문이나 알려진 계시를 철학적 용어로 바꾸든지 사고의 기준점으로 삼으면서 이것을 철학의 출발점으로 간주한다. 그들은 지적인 의문, 형이상학적인 의문, 인식론적인 의문 등을 갖고 있었으며, 자신들의 의문에

대한 체계적인 응답을 제공하는 방편으로 성경 본문을 인용했다. 그들은 성경 본문이 정말 무엇을 말하는지 귀담아 듣는 대신에 자신들의 필요를 채우기 위해 그것을 사용했다.⁴

달리 말하면, 이어서 나오는 엘륄의 설명대로, 기독교가 실존적이고 역사적인 하나님의 계시에서 멀어지고 철학적 형식을 갖춘 사상을 지향하는 바람에, 교회가 선포한 진리의 속성이 무척 약화되었다는 것이다. 엘륄이 언급한 신학자들은 진리에 대해 큰 관심을 품고, 깊고 진정한 신앙을 표현했음에도, 애초에 "계시의 개념을 바꾸는 바람에 그 모든 사상이 약화되거나 심지어는 거짓으로 판명되었다"라고 할 수 있다. 이미 주사위는 던져졌다. 곧이어 철학적 사상이 발달하게 되면서, 마땅히 보존해야 할 성경적 진리보다 오히려 철학사상이 더 강화되는 결과를 낳았다. 신학자들은 가장 본질적인 문제를 망각하였다. 즉, 하나님은 철학체계나 도덕 규칙이나 형이상학적 체계를 수단으로 삼아 스스로를 계시하지 않고, 인간 역사에 들어와서 자기 백성과 동행한다는 이 사실을 잊어버리고 만 것이다. 엘륄은 이렇게 결론을 내린다.

히브리 성경(지혜의 책들에서도)은 하나의 철학적 구성물이나 지식체계가 아니다. 그것은 객관적이고 추상적인 진리들을 가리거나 벗기려는 신화가 아닌 일련의 이야기들이다. 이 이야기들은 하나로 된 역사, 하나님 백성의 역사, 하나님이 백성과 의견을 같이하기도 하고 달리하기도 하는 역사, 충성과 불순종을 담고 있는 역사이다. 오로지 역사만 거기에 있다 … 하나님이 우리와 함께하고 우리를 위하는 분이라고 일러주는

| 혁명적인 변호인 |

# 리고베르타 멘추
Rigoberta Menchu

작은 예수, 리고베르타 멘추는 범세계적으로 가난한 자와 원주민의 권리를 보호하고자 하는, 불굴의 의지를 가진 인물이다. 멘추는 "혁명적인 그리스도인들의 본분은 무엇보다도 사람들에게 자행되는 불의를 비난하고 정죄하는 일"이라고 말한 바 있다. 1959년, 과테말라에 사는 가난한 인도인 가정에서 태어난 그녀는, 어린 시절 가족과 함께 그 지역의 일반 농장과 대규모 커피 농장에서 일하면서 자랐다. 십대 시절에는 가톨릭교회를 통해 사회개혁 활동에 참여하게 되어 여권신장 운동에 깊이 관여했다. 당시는 상류층 지주들과 원주민들 사이에 치열한 싸움이 벌어졌던 사회적 격동기였는데, 가혹한 과테말라 정권은 멘추의 집안에게 게릴라 활동에 참여했다는 혐의를 씌웠다. 결국 그녀의 아버지와 어머니, 형제는 2년 터울로 보안대에게 죽임을 당했다. 이 비극을 계기로 젊은 멘추는 농민연맹위원회에 가입하여 인권 침해를 반대하는 운동을 벌였다. 훗날에는 이보다 더 급진적인 '1월 31일 인민 전선'에 가입하여 과테말라 원주민이 군사 탄압에 반대하도록 그들을 교육시키는 일을 담당했다. 1981년에 멘추는 과테말라를 떠났지만 여전히 본국의 억압 정권에 대항하는 조직을 만들었다. 멘추는 원주민들의 고통과 몸부림에 대해 침묵하지 않는 등, 원주민의 권리를 위해 싸우는 변호인으로 널리 알려지게 되었다. 특히 멘추의 자서전, 《나, 리고베르타 멘추, Rigoberta Menchu》에 힘입어 그녀의 운동은 온 세상에 널리 알려졌다. 멘추는 인도인 농민들의 대의를 변호하기 위해 과테말라로 세 차례나 돌아가려고 했다가 살해 위협 때문에 번번이 다시 망명할 수밖에 없었다. 멘추는 1992년에 노벨평화상을 받았고, 그 외에도 여러 국제적인 상을 받은 인물이다.

이야기이며, 하나님의 본질에 관해 논하지도 않고 하나님에 관한 이론을 제공하지도 않는다.[5]

역사에 닻을 내리고 있는 이 세계관은, 하나님의 성품에 대한 철학적 이론보다 하나님의 사역과 말씀을 더 가치 있게 여긴다. 또한 계시된 내용을 올바로 이해하기 위해 순종을 필요로 한다. 이 세계관에 따르면, 성경은 하나님의 자기계시에 관한 역사이다. 하나님은 말끔한 설명이나 단순한 공식에 반하는 분이며, 관찰 가능하고 독특한 방식으로 실생활에서 스스로를 계시하는 분이다. 그러나 헬레니즘 세계관은 성경을 다르게 접근한다. 하나님의 계시를 소크라테스가 가르쳤던 내용들의 절정으로 해석하고, 성경을 헬라철학의 지적인 도구를 사용해 해석한다. 이를테면, 토라 *Torah*를 12동판법이나 그리스-로마의 법령과 다를 바 없는 하나의 도덕률 정도로 여긴다. 이 헬레니즘 세계관에서는 이렇게 해서 얻은 결론을 가장 중요하게 생각한다. 신학자들은 본문 자체에 귀를 기울이기보다는 플라톤, 아리스토텔레스, 헤라클레이토스, 에피쿠로스 등을 모델로 삼고 본문으로부터 하나의 정합된 철학체계를 끌어내려고 한다. 즉 성경 본문에 대해 판에 박힌 접근을 하는 것이다. 또한 성경 이야기들을 신화로 취급하여 거기서 추상적이고 보편적인 사상을 도출하려고 했다. 그래서 기독교 신학 전통은 유대인의 인식론(앞의 방식)과는 동떨어진 낯선 철학적 접근을 수용하게 되었다.[6] 계시에 대한 참된 이해를 도모하는 히브리적 틀이 헬레니즘에 밀려난 것이다. 그래서 엘륄은 이렇게 글을 이어갔다.

어떤 이들은 나에게, 역사를 이해하는 데 있어서 우리에게 허용된 지식의 도구를 쓸 수밖에 없지 않느냐고 말할 것이다. 그건 사실이다. 그러나 나로서는, 히브리식 사고도 언어로 완전히 진술된 나름의 지식 도구를 갖고 있었다고 응답하겠다. 우리는 하나님의 계시를 그리스·로마 사고방식에 억지로 맞추는 대신에 겸손히 히브리식 사고로 전환해야 하고, 계시를 호랑이 우리에 가두는 대신에 … [우리가] 돌이켜야 하는 것이다! 이 위대한 단어의 강도가 그 동안 상당히 약화되었다. 3세기 이래 사람들이 도덕과 종교의 면에서는 기독교로 전환했으나 사고방식은 여전히 예전 그대로를 고수해왔다. 회심은 사고방식에도 일어날 필요가 있다. … 지금은 형이상학과 윤리와 법이 계시의 의미를 근본적으로 바꾸어버렸다. 물론 그 동안 엇나간 것들은 공식적으로 바로잡히는 것 같고, 해석은 충실해졌으며, 해석가들이 진지하고 경건해지기는 했다. 문제는 그들의 신앙이나 경건이나 지식이 아니고, 전반적인 의미가 잘못되었다는 점이다![7]

우리가 엘륄의 말을 제대로 이해한다면, 예수가 우리를 위해 정해놓은 본래의 길에서, 기독교가 (완전히는 아니더라도) 상당히 벗어나게 된 부분적인 이유를 파악했을 것이다. 엘륄은 예수에게로 돌아가고 싶으면 새로운 방향전환을 하라고 요청하고 있는 것이다. 예수를 참신하게 재발견하려면 히브리식 사고방식으로 전환하라는 말이다.

## / 성경이 우리를 읽게 하라 /

우리의 삶과 공동체에서 예수를 되찾으려면, 하나님께서 예수 안에서 우리에게 주신 계시를 통해 하나님과 관계를 맺는 일이 필수적이다. 이 말인즉, 우리가 성경의 가르침을 올바르게 이해하려면, 성경이 표현하는 내용 그대로를 읽고 대단히 진지한 태도로 성경을 대해야 한다는 의미일 것이다. 그러나 이 과정에서 성경이 우리 신앙의 중심인 예수를 대치해서는 안 된다. 어떤 면에서 우리는 흔히들 부르듯이 '그 책의 백성 people of the book'이 아니다. 우리가 알기로 이 호칭은 무슬림이 우리에게 붙인 것이다. 이보다 훨씬 더 근본적인 차원에서, 우리는 다른 무엇보다도 먼저 예수의 백성이라고 주장할 수 있다. 우리의 초점은 어디까지나 메시아에 맞춰져 있고, 메시아를 경험하고 이해하기 위해 성경의 인도를 받는 것이 마땅하다. 성경은 마치 C. S. 루이스의 《나니아 연대기》에 나오는 옷장과 비슷한 역할을 한다고 할 수 있다. 마치 다른 세계로 들어가는 관문과 같다는 뜻이다. 우리는 성경을 통과하여 하나님에 관한 지식과 그분의 사랑과 경이로움 속으로 들어가게 된다.[8] 이 점을 염두에 두면서, 성경을 손에 들고 우리 예수에 대한 사랑과 이해를 새롭게 할 수 있는 길을 살펴보기로 하자.

이 부분은, 진리와 관련해서 철학자들이 주관성 subjectivity이라 부르는 것을 가치 있게 여길 필요가 있다는 의미가 될 것이다. 이 점에서 키르케고르가 우리에게 가장 큰 도움을 준다. 키르케고르는 진리에 대한 순전히 객관적인 이해를 넘어 진리의 주관적인 이해로 이동하는 것이 얼마나 중요한지를 역설한 인물이다. 키르케고르의 저서 가운데 어떤 책은 모든 진리는 곧 주관적인 변화를 의미한다는 입장을 논증하고 있다.[9]

말하자면, 만일 당신이 어떤 것(이 경우에는 예수와 복음에 관한 진술)을 정말 객관적으로 참되다고 믿는다면, 그것이 어떻게든 당신의 삶에 영향을 주어야 한다는 것이다. 다시 말해 진리가 개인적인 것이 되어 당신의 진리가 되어야 한다는 말이다. 그렇지 않으면 그것은 당연히 진리가 아니다. 당신의 가치관과 당신이 진리와 맺는 관계야말로 당신이 정말 진리라고 믿는 것이 무엇인지를 알려준다.

예수를 생각해보자. 하나님 나라의 진리를 전파할 때 예수가 접근하는 방식이 진리의 주관성이라는 성경적 개념과 잘 어울린다는 것을 알 수 있다. 예수의 의사소통 방법은 평형을 깨뜨리는 것이었다. 예수는 개인과 진리 사이에 그냥 점잖게 서 있는 태도를 뒤흔들어놓는다. 키르케고르의 말을 들어보자.

> 예수의 방법은 그의 목표를 이루는 데 꼭 필요한 것이다. 예수가 '가르치는' 내용은 더 객관적인 방법으로는 가르칠 수 없는 것이다. 청중은 '그 교훈'의 역설적인 힘을 대면하지 않을 수 없고, 그럼으로써 자기 자신을 대면하지 않을 수 없게 된다.[10]

앞서 논의한 헬레니즘의 세계관을 감안하면, 우리가 성경에 접근하는 방식이 지나치게 합리주의적이라는 생각이 든다. 우리의 접근법이 얼마나 합리주의적이고 근대주의적인가 하는 것은 표준적인 주석들 몇 권만 보아도 금방 알 수 있으며, 그래서 우리는 답답할 때가 많다. 이와 같은 책을 쓸 때는 으레 성경 본문에 대한 통찰을 얻기 위해 여러 주석을 훑어보기 마련이다. 그런데 그런 주석들을 보면, 예수와 그의 가르침을 우리의 삶에 통합시키는 문제와 관련해서는 아무 쓸모가 없어서 답답할 때가 적지 않다. 성경학자들은 한 단락의 문법과 구조와 어원에 초점을 맞춘 채 다른 학자들의 견해를 비교하는 데 익숙한 나머지, 객관성을 전제로 삼는 언어를 사용하여 자기 생각을 표현하곤 한다. 따라서 하나님이 우리를 조사하는 게 아니라 우리가 하나님을 조사하는 훈련을 쌓는 셈이다. 그러나 순전히 합리적이고 직선적이며 역사주의적인 이런 접근으로는 본문의 참 뜻에 도달할 수 없는 법이다.

문제는 방법이 결과를 좌우한다는 데에 있다! 학자들은 본문에 언급된 예수와 관계를 맺지 않으며, 성경을 객관화하고 그것을 오직 지식의 문제로 만들어버린다. 마르틴 부버의 표현을 빌리면, '나와 그대'의 관계에서 '나와 그것'의 관계로 움직이는 셈이다. 그리고 바로 여기에, 성경 안에서 또 성경을 통하여 하나님과 관계를 맺는 것과 관련된 여러 문제가 있다. 기록된 말씀 이외에는 우리가 하나님에게 닿을 수 있는 영적인 장치가 없기 때문에 우리는 옷장 속에 갇힌 것처럼 오도 가도 못한다. 우리는 데카르트식 접근(자율적이고 객관적인 인식자의 관점)에 너무도 익숙해 있어서, 어떻게 해서든지 본문에서 자기 자신을 발견하는 기술, 다시 말해 본문에 공감하는 기술을 상실했다. 성경은 우리의 진정한 모습을 보는 거울과 같다고 야고보 사도는 말했다(약 1:22-25 참조). 성경 본문으로부터 하나님에 관한 객관적 지식을 채굴하려는 것은 야고보가 우리에게 경고하는 바로 그 잘못에 빠지는 것이다. 오늘날 성경 해석이라는 이름으로 통하는 많은 연구(성경 본문에 대한 비판적 설명)가 바로 이런 식으로 진행되고 있다.

우리가 취하는 해석 방법은 너무도 일차원적이어서 개인적으로 성경과 관계 맺는 법에는 무지한 것이 우리의 현실이다. 해석 작업(이는 우리가 해야 할 일이다)과 병행하여, 학문적 접근이 금하고 있는 방법이기는 하지만 우리 자신을 본문 속에 참여시키는 기술, 자신을 본문에 대입시켜서 읽어내는 영적인 기술을 배울 필요가 있다고 우리는 믿는다. 우리의 삶과 교회 안에서 예수를 다시 발견하고자 한다면, 성경과 성경 속의 하나님에 접근하는 기존 방식 가운데서 많은 것을 버려야 하고, 또 많은 것을 새롭게 배워야 한다. 이런 주문은 그렇게 무리한 것이 아니다. 대학에서 문학을 전공하는 사람은 누구나 스스로를 소설 속에 대입해서 읽는 기술을 배우기 마련이다. 독자는 소설에 나오는 어떤 인물의 배역을 취해서 그의 정서를 충분히 느껴보고 평가해보라는 주문을 받는다. 이런 접근을 성경에 적용해보면, 인간적인 온정과 정념과 관점을 더해주기 때문에 더욱 풍성하게 본문을 읽을 수 있다. 우리가 이미 살펴본 것처럼, 이런 접근이 바로 이그나티우스 로욜라가 예수회 회원들에게 요구했던 것이다.

사람들이 기록된 본문과 우리를 향한 역동적인 말씀 간의 거리를 극복하려고 노력한 방법 중의 하나는, 예로부터 내려오는 영적인 독서 *lectio divina* 훈련이다. 성경은 언제나 살아 있고 활동적이며, 나날이 새로운 하나님의 말씀이다. 영적인 독서는 하나님의 말씀이 우리의 마음에 들어와 우리와 주님 간의 친밀한 관계가 자라도록 하는, 기도와 성경 읽기를 합쳐놓은 전통적인 방법이다. 이것은 자연스러운 기도 방식으로서, 초기 수도사들이 개발하고 실천했다가 나중에 최초의 카르멜 수도사들이 더욱 발전시킨 방법이다. 이는 성경을 읽되 서서히 우리 자신의 의제를 내려놓고 하나님이 우리에게 말씀하기 원하는 것에 우리 자신을 열어놓는 것이다. 이는 하나님의 말씀을 공부하고 묵상하고 경청하면서 기도로 이어지는, 문자 그대로 성경과 함께 기도하는 방법이다. 성경의 본문이 너무 길지만 않다면 어느 대목이라도 영적인 독서가 가능하다. 영적인 독서는 본문의 해석과는 다른 방법으로서 성경을 개인적으로 읽고 자기의 삶에 적용하는 것이다. 예배자는 마음을 잠잠히 가라앉힌 채 염려를 내려놓고 본문과 소통한다. 영적인 독서는 다음 네 가지 '순간' 내지는 독서 단계를 포함한다.

**렉티오***lectio* 예배자는 본문을 여러 번 소리 내어 읽는다. 하나님의 말씀이 우리 속에 깊이 침잠하도록 천천히 그리고 묵상하듯이 읽는 것이 가장 좋다.

**메디타티오***meditatio* 두 번째로 읽은 뒤에 우리가 택한 본문에 대해 생각하고 반추하여 하나님이 우리에게 주기 원하시는 것을 취한다. 읽는 자는 특별히 중요하게 와닿는 문구나 단어에 주목한다.

**오라티오***oratio* 이는 본문에 반응을 보이는 단계이다. 예배자는 하나님께 자기의 마음을 연다. 이것은 지적인 활동이 아니고 직관적인 하나님과의 대화이다. 여기서 마음이 하나님께 말하도록 허용한다. 이 반응은 하나님의 말씀에 대한 우리의 묵상에서 직접 나오는 것이다.

**컨템플라티오***contemplatio* 이는 경청하는 단계이다. 우리는 현세적인 생각과 거룩한 생각 모두를 툴툴 털어낸다. 그리고 마음과 생각과 영혼을 하나님 앞에 열어놓는다. 하나님의 말씀 안에 안식하며 고요히 기다리면서 존재의 가장 깊숙한 곳에서 하나님이 미세한 음성으로 말씀하시는 것을 듣는다.

모든 대화는 쌍방 간의 의사소통으로 이루어지기 마련인데, 우리에게 아주 낯선 이 훈련은 하나님의 말씀을 듣게 해주는 훈련이다. 우리가 성경을 볼 때 가지는 편견의 하나, 곧 참된 대화를 막는 걸림돌은 우리가 성경을 읽고 있다는 생각이다. 우리가 주체가 되어 읽는다는 생각인 것이다. 그러나 유대인이 성경에 접근하는 방식은 우리가 성경을 읽는 것이 아니라 성경이 우리를 읽는다고 보는 것이다! 우리의 표준적인 관행은, 자신을 성경의 해석자요 성경의 뜻을 판단하는 자라고 생각하는 것이다. 유대인의 접근은 이와 정반대이다. 우리가 해석자가 아니고, 오히려 토라가 우리를 해석한다고 본다. 이는 성경을 통해 우리에게 말씀하는 분이 바로 하나님이기 때문이다. 그래서 계시의 개념이 성경적 세계관에서 그토록 중요한 것이다. "우리가 그분에 관해 의문을 제기한다기보다는 그분이 우리에 대해 의문을 제기하신다."[11]

하나님은 성경 안에서, 그리고 성경을 통해 우리에게 개인적으로 말씀하시고 도전하신다. 이제 성육한 로고스로서 '육신이 된 말씀'(예수)에 이르면, 이 의문의 제기가 역동적인 방식으로 연출되는 모습을 보게 된다. 하나님의 나라는 예수 안에서 세상에 압박을 가한다. 하나님의 통치는 우리를 쉽게 얽어매는 거짓된 우상들에게 도전한다. 예수는 그 가르침과 행위를 통해 계속해서 우리를 기본 전제로 돌아가게 하고, 행할 바를 행하도록 요구하고, 우리에게 책임을 묻고, 예수를 통해 표현된 하나님의 구속적 사랑에 반응하도록 요구한다. 한 가지 분명한 것은, 우리가 예수와 마주치면 결코 예수를 객관적으로 해석할 수 없다는 사실이다. 예수는 우리에게 그런 인식론적인 사치를 허용하지 않는다. 예수 안에서 사랑은 공세를 취하면서, 인생을 바꾸는 하나님과의 만남을 추구하라고 간절히 설득한다. 예수와 성경을 불러다가 당신이 품고 있을지 모르는 중산층의 소비주의와 대화하도록 한 번 주선해보라. 예수와의 진정한 만남이 있을 경우에는, 믿음과 순종으로 반응하든가, 아니면 허둥지둥 달아나면서 성경을 자기 입맛에 맞춰 재해석하든가 둘 중 하나일 수밖에 없다. 당신 자신도 "아, 중요한 것은 그 구절의 문자적인 의미가 아니고, 예수가 실제로 말하는 것…"이란 식으로 말한 적이 있지 않은가? 많은 설교자가 팔복이나 산상수훈이나 젊은 부자 관원 이야기에 표현된 하나님 나라의 도에 대해 어떻게 설교하는지를 관찰해보라. 우리는 본문을 영적으로 해석하거나 직접적인 함의를 얼버무림으로써 본문 자체의 위력을 꺾어버리는 경우가 너무나 많다.

/ 히브리적 관점에서 본 앎 /

우리는 성경 본문을 통해 하나님을 알고 그분과 교제하는 역량을 키울 필요가 있다. 앞서 언급한 세계관과 관련된 이슈들 때문에라도, 우리는 이 문제를 나누어야만 한다. 만일 신약성경의 예수를 새롭게 만나려면 말이다.

하나님에 관한 지식에 히브리적으로 접근하는 것에는 한 사람의 지적인 삶뿐 아니라 마음의 길, 순종의 길, 경이로움의 길, 행동의 길 등이 모두 포함된다. 여기서는 이 가운데 두 가지 곧 마음의 길과 행동의 길을 주로 살펴볼 것이다. 이 둘이야말로 가까이 계신 하나님을 믿고 우리가 전개하는 선교사역과 관련해 상당한 함의를 갖고 있기 때문이다. 예수는 우리의 마음과 삶을 원하신다. 이는 우리가 예수의 사랑에 마음을 열고 예수의 이름으로 행동할 때에야 비로소 성취될 수 있다.

**바른 감정, 마음의 길** 우리가 본 것처럼, 예수와 관계를 맺으려면 방관자의 입장을 넘어 참여자의 자리로 나가야 한다. 우리가 예수와 같이 되고 싶으면, 능동적으로 그분과 그분의 가르침을 우리의 삶에 적용하는 등 예수 안에 참여하는 법을 배워야 한다. 예수와의 관계에서는 초연한 방관자가 되면 안 된다. 사실 신약성경에 묘사된 사건들에 따르면, 중립적인 관찰자로 남으려는 욕구는 진정한 의미에서 실질적인 죄에 해당한다(예: 젊은 부자 관원, 빌라도). 예수의 손길이 자기에게 미치도록 허용한 자들은 결국 하나님의 나라에 들어간다. 하지만 바리새인들은 예수를 퇴출시키고 객관화하고 자기네 신앙관과 반대되는 인물로 찍는 바람에 마음이 굳은 인물들로 판정되었다. 그들은 하나님이 예수 안에서 행하는 일로부터 몸을 숨기는 인물들이었다.

문제는 마음에 있다. 성경이 말하는 마음은 감정의 근원뿐 아니라 의지와 충성과 헌신의 근원까지도 포함한다. 여러 면에서, 우리의 행동을 결정하는 것은 감정만이 아니라 우리의 마음이므로, 하나님을 대할 때는 마음으로 다가가는 것이 매우 중요하다(시 101:4; 사 29:13; 마 15:8). 이에 대해 위대한 부흥사였던 조나단 에드워즈Jonathan Edwards는 이렇게 말했다.

> 성경은 곳곳에서 신앙을 정서의 영역에 두고 있다. 두려움, 희망, 사랑, 미움, 욕망, 기쁨, 슬픔, 감사, 연민, 열정과 같은 정서 말이다. … 그것은 참 신앙이 정서의 영역에 놓여 있다는 증거이며, 성경이 마음의 죄를

굳은 마음에 두고 있다는 증거이다. … 여기서 굳은 마음이란 영향을 받지 않는 마음 혹은 덕스러운 감정으로도 쉽게 움직일 수 없는 마음을 뜻한다….[12]

마음이 없이는 하나님을 이해할 수 없다. 뿐만 아니라, 인간의 삶에서 정말로 위대한 것들을 보면 지성에서만 나오는 것은 하나도 없고, 모두가 지성이 포용할 수 없는 마음으로부터 나온다. 한 위대한 무명인이 쓴 신비적 저술인《무지의 구름 *The Cloud of Unknowing*》에 다음과 같은 표현이 있다. "하나님은 우리의 지성에만 불가해한 분이지 우리의 마음에는 그런 분이 아니다." 이 영적인 논리를 따르면, 기노는 우리에게 특성한 종류의 지식 곧 합리적인 수단으로 도달할 수 없는 그런 지식을 제공해준다.[13]

이 책을 읽는 사람의 대다수가 지식을 뜻하는 히브리어 야다*Yadab*를 알고 있을 것이다. 이 단어는 특이하게도 하나님을 아는 지식에 사용되는 동시에 성교性交를 의미하기도 한다. '인식하다, 알다'를 뜻하는 이 히브리어 동사의 본래 의미는 서양 언어들과는 달리 사색의 영역이 아니라 개인적 접촉의 영역에 속한다.

히브리어 개념에 따르면, 어떤 것을 알기 위해서는 그것을 관찰하는 게 아니라 접촉해야 한다. 이 근본적인 차이는 다른 존재와 영혼의 관계 안에서 나타나는데, 이 관계 안에서 상호성은 모든 것을 변화시킨다. 이 관계의 중심에는 서로에 대한 인식이 아니라 상호간의 접촉이 있다. 앎이란 주제는 하나님과 그분이 택한 자들 사이의 관계에서 가장 크게 부각된다.[14]

이런 방식의 앎과 밀접한 관계에 있는 것은 영성에서 열정이나 애정이 수행하는 역할이다. 열정은 참여와 개입과 믿음을 필요로 한다. 키르케고르는 "열정이 없어지면 믿음도 더 이상 존재하지 못한다"[15]라고 말한다. 하나님의 진리는 그런 열정적인 탐구에 의해서만, 그리고 전 존재를 실존적으로 쏟아 부어야만 찾을 수 있다. 참된 진리를 분별하는 평가 기준을 키르케고르는 '내면을 지향하는 의식inwardness'이라고 불렀다. 이는 진리에 대한 강렬한 관심이 있어야 진리를 이해하고 소화할 수 있다는 말이다. 이런 종류의 접근을 시도한 것으로 더 잘 알려진 인물은 미국의 부흥사였던 조나단 에드워즈이다. 그는 영성 분야의 고전인 《신앙과 정서 The Religious Affections》에서, 만일 마음이 하나님에 의해 움직이지 않으면 어떤 영속적인 행위도 일어날 수 없고 일어나지도 않을 것이라고 주장했다. 마음 중심에 있는 영성, 곧 그가 참 신앙이라 부른 그것이 우리의 영적인 열정을 회복시키고 이끌어내야 한다. 그것은 마음을 내포해야 마땅하다. 이어서 에드워즈는 모든 위대한 행위가 마음으로부터 나온다고 단언한다.

> 담대히 말하건대, 어느 누구든 교리나 말씀 혹은 설교나 가르침을 듣더라도 그로 인해 심정이 움직이지 않으면 그에게 아무 변화도 일어나지 않는다고 확신한다. … 한 마디로, 그런 것이 마음에 깊이 영향을 미치지 않으면 어떤 위대한 업적도 이루어질 수 없다는 말이다. … 참 신앙은 정서에 자리 잡는다.[16]

이런 것들은 하나님을 아는 수단인 동시에 동기를 유발하는 근거들이다. 우리가 여기서 말하고자 하는 핵심은 이것이다. 예수를 참으로 이해하고 그분과 같이 되고 오래도록 그분을 좇으려면 마음이 관여해야 한다는 것이다. 하나님과의 정서적 연결은 다른 어떤 것으로부터도 얻을 수 없는, 하나님에 대한 통찰력을 제공해준다.

사실 기도와 예배는 예배자에게 (아주 주관적일지언정) 하나님을 아는 참 지식을 준다. 이를 아키텐의 프로스페르Prosper of Aquitaine는 이런 식으로 표현했다. 우리가 예배하는 방식은 우리의 신앙을 반영하고 우리의 삶을 결정한다고. 기도 혹은 예배의 법은 곧 생활의 법이다. 좀 더 일반적으로 표현하면, 우리가 예배하는 모습대로 우리는 살 것이고 … 우리가 예배하는 모습을 닮은 인물이 될 것이다. "예배는 공동체의 믿음을 표현하는 동시에 그 믿음을 형성하기도 한다. 교리는 사람들의 기도생활과 예배생활, 곧 하나님과의 실제 관계에서 생기는 것이다."[17] 여기서 다시 한 번 '바른 감정orthopathy'의 역할이 전면에 부각되고 있다. 기도는 다른 어느 수단으로도 얻을 수 없는 일종의 지식이다.

**바른 실천, 행하는 방식** 우리는 다른 책에서 행동은 일종의 성례라는 사상에 관해 쓴 바가 있으므로[18] 여기서 그 내용을 되풀이할 생각은 없고, 다만 '우리가 하나님의 이름으로 어떤 행동을 하면 그분을 참신하게 만날 수 있다'라는 기본 생각만 강조하고자 한다. 랍비들의 가르침에 따르면, 우리가 거룩한 행위를 할 때는 하나님과 손잡고 세상의 구속을 도모하는 것이므로 결코 혼자가 아니라고 한다. 달리 말하면, 예수의 이름으로 행한 행위는 은혜의 방편 곧 하나의 성례라는 뜻이다. 《새로운 교회가 온다》에서 쓴 글을 인용하면 이렇다.

우리의 행위 혹은 더 구체적으로는 우리의 선교적 행위 역시 은혜를 베풀어준다. 어쩌면 이런 행위가 교회에서 집행하는 표준적인(어느 정도 추상화된) 성례보다 더 은혜로운 역할을 할 수도 있다. 사람은 고통을 줄이려고 행동함으로써 고통에 대항할 자유를 갖고 있다. 예수의 이름으로 행하는 행위 자체가 은혜이다. 이 행함은 수혜자와 시혜자 모두에게 은혜를 베푼다. 은혜는 양방향으로 움직이는 법이다. 그런 행위는 본인을 자기만의 관심사에서 끌어내어 타인을 향해 선교적으로 나아가도록 만들며, 행위의 주체와 객체 모두 하나님을 새롭게 발견하도록 해준다.[19]

노벨상을 받은 유대인 작가 엘리 위젤Elie Wiesel의 작품에 나오는 한 인물은 인간의 행위, 특히 인도주의적 행위의 성례전적 가치를 이렇게 단언하였다.

[피터가 언젠가 마이클에게 말하기를] 당신이 출입구에 걸린 당신의 초상화를 볼 수만 있었더라도 우리 존재를 소유하고 그것을 나눌 수 있다는 존재의 풍성함을 나처럼 믿었을 것이다. 이는 아주 간단한 것이다. 당신이 거리의 음악가를 볼 때 십 프랑이 아니라 천 프랑을 주면, 그는 하나님을 믿을 것이다. 당신이 우는 여자를 보고 부드럽게 미소를 지으면, 모르는 여자라 할지라도 당신을 믿을 것이다. 또 버려진 노인을 보고 그에게 마음을 열면, 그는 자기 자신을 믿을 것이다. 당신은 그들을 모두 놀라게 했을 것이다. 당신 덕분에 그들은 전율했을 것이고 그들 주변의 모든 것이 진동했을 것이다. 남을 놀라게 하고 자기도 놀랄 수 있는 사람은 복이 있다.[20]

이런 행위는 성례의 성격을 갖고 있을 뿐 아니라 그 자체가 하나의 계시이다. 말하자면, 하나님의 선하심을 계시하는 행위다. 탈무드에는 계시가 행위 자체에 들어 있다는 해석을 뒷받침하는 문구가 나온다. "모든 사람이 자신의 행위에서 하나님의 음성을 듣는다."[21]

히브리인의 신앙은 이처럼 행위의 성례전적 성격을 무척 강조한다. 그래서 우리가 어떤 일을 왜 행해야 하는지 모르거나, 우리가 하나님을 의심하거나, 거룩한 행위*mitzvah*를 하고 싶지 않을 때라도 그 행위를 하도록 권유받는 것은, 우리가 하나님의 이름으로 행할 때 하나님이 우리를 변화시킬 것이기 때문이다. 이런 유형의 지식에 이르는 열쇠는 바로 순종이다. 헬무트 틸리케Helmut Thielicke는 이렇게 말한다. "하나님의 뜻에 대한 순종만이 그리스도라는 인물을 아는 지식에 이르는 길을 열어준다."[22]

신약성경의 야고보서가 세상에서 그런 성례전적 행위를 하도록 우리를 권유하고 있다.

> 너희 영혼을 능히 구원할 바 마음에 심어진 말씀을 온유함으로 받으라. 너희는 말씀을 행하는 자가 되고 듣기만 하여 자신을 속이는 자가 되지 말라. 누구든지 말씀을 듣고 행하지 아니하면 그는 거울로 자기의 생긴 얼굴을 보는 사람과 같아서 제 자신을 보고 가서 그 모습이 어떠했는지를 곧 잊어버리거니와 자유롭게 하는 온전한 율법을 들여다보고 있는 자는 듣고 잊어버리는 자가 아니요 실천하는 자니 이 사람은 그 행하는 일에 복을 받으리라. 누구든지 스스로 경건하다 생각하며 자기 혀를 재갈 물리지 아니하고 자기 마음을 속이면 이 사람의 경건은 헛것이라. 하

―고통을 연민으로 승화시킨 인물―

# 에바 프라이스
## Eva Price

에바 프라이스는 미국 중서부에 살다가 1889년에 남편 찰스를 따라 중국 선교사로 갔던 여성이다. 당시에 어린 두 아들 더니와 스튜어트를 데리고 산서 지방의 외딴 선교부로 파송을 받았다. 바람만 휘몰아치는 고원에 위치한 선교부는 여름이면 찌는 듯이 덥고 겨울에는 만물이 꽁꽁 얼어붙는 곳이었다. 또한 열린 하수구와 썩어가는 쓰레기 더미와 오염된 우물 때문에 천연두와 장티푸스가 기승을 부리는 곳이어서 프라이스의 두 아들도 처음 몇 년 동안은 병고에 시달렸다. 선교사역도 별로 성공적이지 못해서 프라이스 가족이 1897년에 미국으로 돌아올 때는 죽은 두 아들 말고는 보여줄 만한 성과가 별로 없었다. 그러나 이 슬픔과 실망의 고통을 딛고 에바 프라이스는 새 사람이 되어 일어났다. 비록 첫 선교사역에서 두 아들을 잃었지만, 훗날 그녀는 "뼛속 깊은 곳까지 고난의 불로 연단된 모습으로" 찰스와 함께 중국으로 되돌아갔다. 프라이스는 말로 다 표현할 수 없는 예수의 사랑에 붙들렸다. "모든 슬픔의 훈련을 통해 사랑할 수 있는 힘을 키웠다"라는 글을 남기기도 했다. 에바 프라이스가 작은 예수였던 것은 짧은 생애 동안 수많은 고난을 견뎠기 때문만이 아니라, 자신의 고통을 깊은 연민으로 승화시켰던 보기 드문 인물이었기 때문이다. 프라이스가 새로운 삶에 눈을 뜬 것은 죽음을 맞이하기 직전이었다. 프라이스와 그녀의 남편이 중국으로 돌아온 직후에 의화단 사건이 일어나서 프라이스 부부는 살해되었다.

나님 아버지 앞에서 정결하고 더러움이 없는 경건은 곧 고아와 과부를 그 환난중에 돌보고 또 자기를 지켜 세속에 물들지 아니하는 그것이니라(약 1:21-27).

성경은 영적인 진리에 대한 이론적 지식을 가지라고 결코 권유하지 않는다. 아니, 오히려 그런 지식을 노골적으로 저지하고 정죄하기까지 한다. 히브리적 세계관을 배경으로 하는 기독교 지식은 경험과 불가분의 관계이다. 예수를 따르는 자는 경험이나 행동을 통해 지식을 넓히고, 그의 지식은 경험이나 행동으로 표현되게끔 되어 있다. 성경은 언제나 하나님 앞에서 책임 있는 행동을 하고 그분께 반응하는 것을 주요 목표로 삼는다. 이는 하나님이 설정한 언약의 일부 조건(출 24:7; 렘 11:3)인 동시에 예수가 남긴 대위임령(마 28:18-20)의 일부이기도 하다.

순종하라는 명령은 하나님이 우리에게 군림하기 위해서 주신 것이 아니다. 적어도 히브리적 세계관에 따르면 그 외에 다른 방도로는 하나님을 아는 지식을 얻을 수 없기 때문이다. 사실 순종하는 행위는 하나님에 대한 지식을 받고 그것을 이해했다는 증거이다. 성경에 따르면, 우리가 무엇을 알고 있으면 반드시 그것이 삶으로 나타나는 법이다. 만일 우리가 성경을 순종하지 않고 연구만 한다면, 온전한 삶을 살거나 성경을 올바로 이해하는 것은 거의 불가능하다. 이유인즉 제자는 '바른 교리 *orthodoxy*'를 알 뿐 아니라 말씀 및 예수와 직접 관계를 맺도록 부름 받은 자이기 때문이다. 그러므로 성경과 제자도를 해석하는 중심점은 예수에게 있는 것이다.

복음서의 기록을 살펴보면 놀라운 사실 한 가지를 발견하게 된다.

"예수는 존경을 원하지 않고 순종을 원했다는 점이다. 언제나 대적들에 게서 잃은 것보다 친구들에게서 잃은 것이 더 많았다. 칭찬은 언제나 그의 칼을 무디게 만들었다. 그것은 예수의 사명이 지닌 본래의 날카로움을 둔하게 만든다. 경외한다는 것은 예수가 정말 어떤 인물인지를 우리가 알고 예수의 요구를 승인한다는 것을 전제로 삼는다. 우리는 예수가 요구하신 내용의 위험성을 보지 못한 채, 상처에 대항하는 예방접종을 받는다. 사실 우리가 예수를 칭찬하게 되면, 예수 자신이 설파한 저주('모든 사람이 너희를 칭찬하면 화가 있도다. 그들의 조상들이 거짓 선지자들에게 이와 같이 하였느니라')를 그분 스스로 받도록 만드는 셈이다."[23] 우리는 이 글이 지적한 점이 옳다고 생각한다. 복음서 어디를 봐도 예수가 우리에게 자기를 예배하라고 요구하는 곳은 없다. 단 순종을 요구하는 것은 확실하다. 히브리적 관점에서 보면, 순종이 곧 우리가 그분께 드려야 할 예배이다. 예수가 하는 말에 지적으로 동의한다는 듯이 찬성을 표시할 경우, 우리는 예수의 요구를 순화시키고 마치 현인의 금언 정도로 취급할 소지가 많다. 예수의 말은 훨씬 더 위험하고 요구하는 바가 많다.

이렇게 성경을 접근하지 않으면 순종하라는 분명한 부르심을 회피하는 길로 빠질 수밖에 없다고 본회퍼는 말했다. 그래서 본회퍼는 제자도가 '해석의 문제'라고 말하면서 "원칙에 따른 순종을 제거함으로써 우리는 비복음적인 성경 해석으로 빠지게 된다"[24]라고 지적한다. 그러니까 바른 믿음으로는 충분하지 않다는 말이다. 예수의 추종자로서 우리는 순종의 대상인 그분을 알고 이해하기 전에 먼저 순종해야 한다. 더 나아가, 이 방정식에서 순종을 빼고 성경을 올바로 이해할 것이라고는 기대하지도 말아야 한다. 칼빈의 경우도 죄인들이 성경을 믿고 순종할 때에만 참 지식에 대한 인식론적 토대를 가질 수 있다고 주장한다. "하나님에 대한 모든 바른 지식은 순종 안에서 태어난다."[25]

엘륄도 이와 비슷한 노선을 취한다.

> 우리는 행위가 아닌 은혜로 구원을 받았다. 따라서 행위를 칭송할 수는 없다. 하지만 선행은 필수불가결한 것이다. 그것은 하나님이 미리 예비하신 것이고, 그분의 '계획' 속에 있으며, 우리가 그것을 행하도록 지음 받은 존재이기 때문이다(엡 2:10). 그런즉 바울에게 있어서 실천*praxis*은, 우리가 은혜를 진지하게 받았고 또 하나님의 계획 속에 들어갔다는 사실을 보여주는 가시적인 평가 기준이다. 예수가 그랬던 것처럼 바울의 경우에도 실천이 곧 진정성의 시금석인 셈이다. 이는 오랜 세월에 걸쳐 변함없이 내려온 전통이다.[26]

## / 바른 교리를 잊지 마라 /

옛 신학자들은 '좇음의 법은 곧 믿음의 법이다*lex seqendi, lex credendi*'라는 표어를 창안해냈다. 이는 예배뿐 아니라 그리스도인의 삶과 윤리와 선교도 예수 그리스도를 중심으로 삼는다는 뜻이며, 예수를 좇아야만 그분을 이해할 수 있다는 의미이다. 이 개념은 또한 예수에 관한 기독교 교리들도 부분적으로 그분을 좇는 경험에서 나왔다는 점을 시사한다. "그리스도인들은 예수 그리스도를 좇고 순종하는 관계 가운데서 자신을 발견했고 이 관계 속에서 생명을 발견했다. 믿는 것이 좇는 행위에서 흘러나온다는 것은 그리스도인의 삶과 마찬가지로 신학도 그리스도 중심적이어야 함을 강조한다."²⁷ 우리가 진정 예수를 좇지 아니하고 예수에 대한 이데올로기에 빠지지 않으려면 이 점을 기억할 필요가 있다. 이데올로기로는 언제나 부족하기 때문이다.

우리는 바른 교리 혹은 단순한 신조 그 자체만으로는 하나님을 아는 참 지식을 얻기에 충분치 않다고 말한 바 있다. 그렇다고 바른 교리가 중요하지 않다는 뜻은 결코 아니다. 전혀 그런 의도가 아니었다. 우리는 예수의 길을 좇는 제자도에서 올바른 믿음이 반드시 필요하다고 믿는다. 아울러 교회가 올바른 믿음과 신앙고백의 의미를 재해석하는 일도 필요하다고 생각한다. 교회는 하나님에 대한 지식이 순전히 인지적인 기능을 통해 온다고 생각한 나머지, 거의 언제나 바른 교리를 명제적 진리에 대한 믿음으로 보아왔다. 하나님에 대한 온전한 이해에 도달하려면 물론 하나님에 대한 우리의 생각이 옳아야 하지만, 하나님과의 완전한 관계에 도달하려면 그것이 바른 실천과 바른 감정으로 보완되지 않으면 안 된다고 성경은 말한다. 이를 도표로 그리면 다음과 같다.²⁸

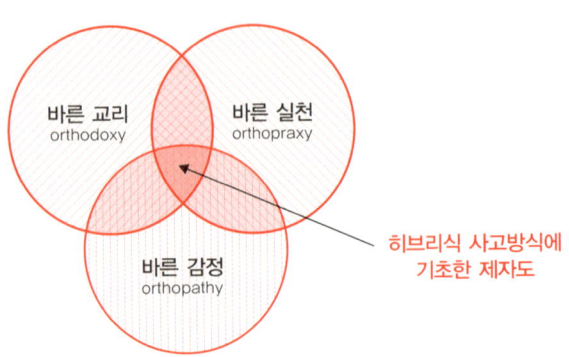

이 도표에서 볼 수 있듯이 바른 교리, 바른 실천, 바른 감정이 모두 만나는 지점에 하나님에 대한 온전한 이해가 위치하고 있다. 이 셋이 만나는 부분에서는 우리가 어느 하나를 다른 둘보다 더 선호할 때 생기는 그런 실수가 일어날 가능성이 적다. 가령, 우리가 바른 실천만 중시하는 입장을 지닐 경우에는 지칠 줄 모르는(그리고 지쳐버린) 행동주의자가 되어, 하나님을 기쁘게 하겠다는 나름의 노력에 의지한 채 자신과 남을 탈진시키고 만다. 만일 우리가 다른 것들은 배제시키고 바른 감정만 키운다면, 결국 비실제적인 신비주의자나 광신자가 되어 관조와 개인의 영적 체험에만 몰두한 나머지 하나님의 나라 안에서 쓸모없는 존재가 되고 만다. 혹은 우리가 알고 있듯이, 일차적인 혹은 배타적인 관심사가 바른 교리에만 있을 경우에는(오늘날 많은 교회가 이러하다), 성경에 계시된 예수와의 진정한 만남보다는 우리의 교리와 신학적 입장을 경배하는, 바리새인과 다를 바 없는 오만한 성경숭배자이며 이데올로기 신봉자라고 할 수 있다. 예수에게 이르는 길은 머리의 길과 가슴의 길과 손의 길이 만나는 곳에 있다. 존 윔버John Wimber가 그의 글에서 줄곧 상기시켜주고 있듯이, 하나님을 참으로 이해하려면 말씀과 행위와 기적이 다함께 작동하는 일이 필요하다.

우리가 앞장에서 살펴보았듯이, 이것이야말로 쉐마(신 6:4-9)가 목표로 삼는 것이고, 제자도와 하나님을 아는 지식의 핵심이라고 예수가 직접 단언하신 것이다(막 12:28-34 참조). 즉 우리는 마음과 뜻과 목숨과 힘을 다하여 하나님을 사랑해야 하는 것이다.

예를 들어 누가복음 7장에 나오는 이야기를 보자. 거기서 예수는 로마 백부장이 보낸 몇 명의 유대인 장로들로부터 백부장의 종을 고쳐달라는 부탁을 받는다. 복음서 내용 중에서 예수가 개인적으로 감명을 받는 경우를 찾아보면 결코 많지 않은 것을 알 수 있다. 그 가운데 하나가 세례 요한의 경우였다. 예수는 그를 모든 선지자 가운데 가장 위대한 선지자라고 불렀다. 이 백부장이 그와 비슷한 예이다. 예수에게 깊은 인상을 남긴 인물들을 보면 사실 좀 꺼림칙한 부분이 있다. 광야에서 미친 듯이 날뛰는 금욕주의자 사촌과 이방 군인이라니!

하지만 이 군인은 대단한 사람이었다. 가버나움에 주둔한 군대를 지휘하던 군사 지도자로 보이는데, 이 백부장은 적을 쳐부수던 이방 제국주의의 상징인 시저 황제를 대표했던 식민주의 세력의 일부였다. 이 모든 것은 유대인이 경멸했던 것들이다. 로마인들은 자신들이 정복한 적을 열등한 야만인으로 보았다. 이스라엘도 당시의 백부장들에게 뒤떨어진 민족으로 보였을 것이 틀림없다. 유일한 하나님을 섬기고 오랜 의례를 집행하며 이상한 모세의 도덕률을 따르는 이 고대 민족은 세련된 로마에 비하면 어리석고 유치한 백성으로 보였을 것이 분명하다.

그런데 어느 때부턴가 이 군인은 이스라엘을 사랑하게 되었다. 개인적인 자원과 연줄을 동원하여 가버나움에 회당을 짓기까지 했다. 이 사업으로 자기가 얻는 이익은 하나도 없었을 것이다. 주민의 비위를 맞추려고 이렇게까지 하는 사람은 일찍이 없었다. 아마 이스라엘의 하나님과 그들의 신앙, 그리고 복잡한 도덕률에 관심이 있었던 것 같다. 이 사람에 대해 가버나움의 유대인들은 예수에게 와서 "그가 우리 민족을 사랑한다"라고 말했다.

백부장과 예수의 관계는 미미했던 것으로 보인다. 서로에 대해 알긴 했지만 만난 적은 없었다. 하지만 백부장은, 예수의 소문을 듣고 그의 능력을 완전히 신뢰할 만큼은 알고 있었다. 백부장의 종이 병에 걸렸다. 추측컨대 최고의 의술을 동원해서도 고칠 수 없었던 것 같다. 이방인이 감히 랍비와 얼굴을 대하고 말할 수 없다는 것과 예수와 같은 지위를 가진 인물과는 더더욱 그럴 수 없다는 것을 그는 알고 있었다. 그래서 가버나움의 장로들에게 부탁을 한 것이다. 작은 사절단은 서둘러 예수에게 가서 백부장의 부탁을 전한다. 그리스도의 대적이 대부분인 유대인 지도자들이 메시아 앞에 서서 이스라엘의 대적이었던 한 이방인을 대변하고 있다니 얼마나 이상한 장면인가!

이 부탁에 흥미를 느낀 예수는 날마다 그런 부탁에 응해왔듯이 가기로 동의한다. 그들이 백부장의 집과 죽어가는 종을 향해 발걸음을 옮기는 도중에 또 다른 사절들을 만나게 된다. 이 로마인은 자기 종을 위해서가 아니라 그리스도를 자기 집에 초대하는 문제에 대해 다시금 생각하게 되었던 것이다. 백부장의 친구들이 전하는 메시지는 "주님이 내 집에 들어오심을 나는 감당하지 못하겠나이다" 하는 것이었다.

예수가 유대인 장로들을 흘긋 쳐다보고는 이렇게 말했다. "나는 그 사람이 당신네에게 회당도 지어주고 이스라엘도 사랑한다고 해서 내가 관심을 보일만한 자격이 있다고 생각했소. 그런데 그는 아무런 자격이 없다고 하지 않소. 내가 그 집에 있는 것조차 감당하지 못하겠다고 말이오!"

장로들은 슬그머니 서로 쳐다보았다. 어이가 없어 말이 나오지 않았다. 무슨 말을 하지? 이 로마인이 선한 사람인 줄 알면 예수가 당연히 그를 도울 것이라고 생각했던 터였다. 예수는 속은 느낌이었다. 이 로마인이 자기는 전혀 선한 사람이 아니라고 말하지 않는가! 유대인들은 예수가 기만당했다고 느끼고 도움을 취소하지 않을까 하고 노심초사하기 시작했다.

"그러면 그가 내게서 원하는 것이 무엇이오?" 하고 예수가 백부장의 친구들에게 묻는다.

그들은 이렇게 응답한다. "그는 명령을 내리는 것에 대해 알고 있다고 말했소. 그는 상관의 권위 아래에 있고 부하들도 거느리고 있소. 그가 명령하는 대로 그들은 순종하오. 그러므로 그대가 능력을 발휘하려고 굳이 거기까지 오실 필요가 없다고 하셨소. 그대는 시간과 공간을 초월하는 분이라고 하셨소. 그대가 정말 백부장이 생각하는 그런 분이라면, 그대야말로 우주의 주인이시오. 그대의 능력은 우주적이오. 마치 시저가 칙령을 내리면 제국 전체에서 수행되듯이, 그대도 그대의 뜻을 온 세상에 천명할 수 있소."

섬뜩한 침묵이 모인 사람들 사이에 흐른다. 유대인 장로들은 이 신성모독적인 발언에 얼굴이 새파래졌다. 백부장의 친구들은 예수의 반응을 기다리고 있다. 종의 생명이 좌우되는 순간이다. 예수는 못 믿겠다는 듯이 그들을 응시한 뒤에 드디어 입을 뗀다. "무척 감명을 받았소. 그가 회당을 지었기 때문만이 아니고" 하며 당황해서 애써 미소를 짓는 장로들을 쳐다보면서 말을 이어갔다. "내가 이스라엘 전역에서도 그만한 믿음을 본 적이 없기 때문이오." 이 말씀과 함께 멀리 있던 백부장의 종은 병이 완쾌되었다.

백부장이 예수에게 감명을 준 것은 그의 속에 바른 실천(회당을 짓는 등 여러 선행을 베푼 것), 바른 교리(예수의 정체에 대한 바른 믿음), 그리고 바른 감정(자신의 무가치함과 예수의 거룩함에 대한 바른 감각)이 모두 만나는 지점이 있었기 때문이다. 회당 건축 자체가 예수의 호감을 보장해주지는 않지만, 그것은 백부장이 신앙과 겸손을 겸비한 선행의 중요성을 알고 있다는 증거였다. 이런 것을 모두 갖춘 그 사람은 예수의 마음에 큰 기쁨을 불러일으켰던 것이다. 한 이방인 백부장이 그럴 수 있다면, 하나님의 나라가 분명코 제국 전역에 퍼져나갈 때가 된 것이었다.

## / 예수 되찾기 /

우리도 예수를 중심으로 혹은 규범으로 삼음으로써 바른 실천, 바른 감정, 그리고 바른 교리 사이의 연결점을 포용하라는 권유를 받는다. 한 가지 분명히 할 점이 있다. 여기서 예수 그리스도를 으뜸가는 규범, 중심, 토대라고 말할 때 우리가 염두에 두고 있는 것은 총체적인 그리스도이다. 즉 십자가와 부활의 사건이 있기 이전의 역사적 예수나 나사렛 예수만을 가리키는 게 아니라는 뜻이다. 또한 역사적 예수와 단절된 어떤 추상화된 그리스도를 가리키는 것도 아니다. "기독교 신앙의 중심과 토대는 나사렛 예수, 십자가에 죽었다가 다시 살아난 메시아, 지금은 성령의 능력으로 우리와 함께하는 분이다."[29] 예수라는 인물을 그의 사역과 가르침과 본보기로부터 단절해서는 안 된다. 이는 모두 동일한 현상의 여러 측면이기 때문이다. 우리 주님에 대한 이 같은 총체적인 이해에 미치지 못하면 이 땅에서 교회의 선교를 지지하거나 살아 있는 믿음을 지탱하기가 불충분하다. 교회 역사의 초창기부터 우리 그리스도인은 예수를 내세적인 신앙의 대상으로 만들거나 단순한 역사적 인물로 여기거나 하면서 갈팡질팡해왔다.

우리가 살펴본 것처럼, 교회에서 예수를 되찾는 과정은 어느 의미에서 히브리적 관점으로 돌아가는 것을 내포한다. 최근 많은 학자들은 역사적 예수와 그의 유대적 특성을 재검토하는 방향으로 움직여왔다. 그렇기는 해도, 헬레니즘 세계관은 복음서 연구에서 길을 잃게 만들 수도 있다. 오늘날 일부 접근법은 복음서를 그리스도를 닮은 하나님의 역사적인 계시로 보지 않고, 또한 우리를 읽어내고 우리에게 반응을 요구하는 원전으로 여기기를 거부하며, 오히려 고대 원전의 하나에 불과하다는 입장을 취한다. 여기서는 신약 해석의 역사를 제대로 요약하는 일이 불가능하지만, 신약 해석 분야에서 최근에 등장한 새로운 접근법 대부분은 20세기 루돌프 불트만Rudolf Bultmann의 모델에 빚진 바가 크다고 말하는 게 공평할 것이다. 이 새로운 접근들 가운데는 대중적인 것도 있고, 댄 브라운의 《다빈치 코드》와 같은 가상적인 것도 있으며, 존 도미닉 크로산의 《역사적 예수*The Historical Jesus*》와 마커스 보그Marcus Borg의 《예수: 한 종교적 혁명가의 삶과 가르침과 적실성*Jesus: Uncovering the Life, Teachings, and Relevance of a Religious Revolutionary*》과 예수 세미나의 저술 등과 같은 학문적인 유형도 있다. 양식 비평이라 불리는 불트만의 접근은 정밀 조사를 위해 복음서들을 다양한 조각들로 분해했다. 불트만을 필두로 윌슨, 스퐁, 보그, 크로산, 로빈슨 등 많은 이들이 품었던 전제는, 현대의 문학적 연구가 호머의 《오디세이*Odyssey*》나 《일리아드*Iliad*》 같은 고대 민속 이야기에 접근하는 것과 똑같은 방식으로 복음서들을 접근할 수 있고 또 그렇게 접근해야 한다는 것이었다. 이런 민속 이야기들은 오래 세월에 걸쳐 이렇게도 읽히고 저렇게도 읽히곤 했다. 그런 이야기가 마침내 글로 기록된 뒤에는 그 원전이 다양한 해석자들의 손을 거치며 편집되고 또 재편집되었다. 현대 문학자의 작업은 명료한 이해를 위해 원전을 문학 양식과 역사적 성격에 따라 다양한 부문으로 쪼개는 등 원전을 분해하는 일이라고 생각했다. 양식 비평가도 복음서에 대해 이와 똑같은 작업을 한다. 그것이 비유든지 격언이든지 수수께끼든지 상관없이 각 조각 혹은 인용구를 따로 분리하고 저자와 기록 의도와 진정성에 대한 판단을 내린다.

그러므로 가령 당신이 부활은 믿지만 동정녀 탄생을 거부하는 사람이나, 은혜의 비유들은 믿지만 심판의 비유들을 거부하는 사람을 만난다면, 그는 양식 비평의 영향을 받은 사람이거나 적어도 신학적 자유주의의 진세를 따르는 사람일 가능성이 높다. 사실 부신론자인 리처드 도킨스Richard Dawkins조차도 이런 접근은 아예 상관하지도 않았다. 자기 입맛에 따라 교리를 취하기도 하고 버리기도 한다고 생각했기 때문이다. 물론 도킨스는 모든 복음서 자료를 종교적 미신 정도로 생각하는 인물이고, 그것을 갖다 버리라고 충고하는 사람이다. 하지만 적어도 그는 자칭 그리스도인이라는 사람들이 어떤 부분은 구속력이 있고 다른 부분은 협상할 수 있다는 식으로 취사선택하는 태도에서 모순섬을 발견하고 있는 것이다.

이처럼 불트만과 함께 양식 비평이 신약학계를 지배하는 분위기에서 영국인 학자 톰 라이트가 등장하는 모습을 지켜보는 것은 무척 흥미로운 경험이었다. 라이트는 역사적 예수를 찾는 제3의 탐구운동에서 선두주자로 달려왔던 인물이다(불트만이 1921년에 쓴 책 《공관복음 전승사 History of the Synoptic Tradition》와 함께 이른바 제2의 탐구운동을 출범시켰다). 불트만과 그의 추종자들은 복음서의 조각들을 잘게 쪼개서 현미경 아래

―격정적인 이야기꾼―

# 해리엇 비처 스토
## Harriet Beecher Stowe

작가인 해리엇 비처 스토가 1862년에 링컨 대통령을 방문했을 때, 링컨으로부터 '이 큰 전쟁을 만든 작은 숙녀'라는 호칭을 받은 것으로 전해진다. 이 전설이 진실이든 아니든, 링컨의 말은 스토가 마침내 미국에서 노예제를 폐지하게 만든 남북전쟁의 촉매제 역할을 했다는 점을 분명히 밝혀주고 있다. 스토는 영문학에서 가장 큰 사회적 영향력과 정치적 폭발력을 발휘한 책을 쓴 작가로 알려졌다. 바로 《톰 아저씨의 오두막집Uncle Tom's Cabin》이다. 노예제 폐지 운동이 한창 전개되던 1852년에 완성된 이 소설은, 많은 미국인에게 남부 농장에서 살던 노예들의 생활을 잠시나마 들여다보게 해주었고, 북부에서 노예제 폐지를 지지하는 정서를 확산시킨 것으로 알려져 있다. 당시 노예 소유를 허용했던 켄터키 주 출신인 스토가 오하이오 강 유역에서 자란 배경을 바탕으로 쓴 이 소설은 본래 워싱턴의 반노예제 주간지인 〈내셔널 에러〉의 연재물로 실린 것으로서, 노예제 폐지 운동에 인간의 얼굴을 덧입혀주었다. 특히 사회적 소수의 삶이라는 그녀의 초상은 당대의 복잡한 현실을 잘 반영하였다. 그렇다고 《톰 아저씨의 오두막집》이 정치적 팸플릿에 불과한 것은 아니다. 그것은 또한 탁월한 이야기 형식으로 사회적, 정치적 안목을 제시하는 훌륭한 현실주의 문학 작품이기도 하다. 그녀의 이야기들은 자체의 아름다움으로 인해 대규모 독자를 끌어들이는 동시에, 거기에 담긴 진실이 미국 사회를 둘로 나누어 북부에는 엄청난 에너지를 제공하고 남부에는 굉장한 분노를 불러일으켰다. 이 책이 출판된 뒤에 스토는 미국의 노예제를 반대하는 강연을 하러 다녔다. 남북전쟁이 끝난 뒤에는 노예 출신을 위해 여러 학교와 집을 짓기도 했다. 해리엇 비처 스토는 1896년 7월 1일에 숨을 거두었다. 그녀가 작은 예수인 것은 사회적으로 적실한 아름다운 이야기들을 통하여 무력하고 소외된 이들에게 자비와 자유를 베푸는 일을 변호했기 때문이다.

에 놓고 연구한 반면에, 라이트는 그와 정반대 작업을 한다. 마치 후견인이 갤러리에 걸린 모네의 캔버스를 멀리서 감상하듯이, 라이트도 그 조각들로부터 물러나서 그림 전체를 통째로 보려고 노력한다. 자크 엘륄과 같이 라이트 역시 히브리적 세계관이야말로 (성경과 복음서들을 탄생시킨 역사의 중요성에 대한 인식과 함께) 복음서들을 조사하는 데 필요한 최고의 도구를 제공해준다고 말한다.

흥미로운 사실은 라이트가 주요 저서 중 하나인 《예수와 하나님의 승리 Jesus and the Victory of God》의 초두와 말미를 모두 탕자의 비유로 장식하고 있다는 점이다. 그리고 결론부에서만, 탕자의 비유를 역사적 예수에 대한 오늘날의 담구와 연결시키고 있다. 이스라엘은 망명을 경험한 뒤에 집으로 돌아와서 아버지에 의해 (예수의 사역을 경유하여) 지위가 회복되었다는 의미에서 분명히 탕자와 같다. 하지만 현대의 양식 비평을 좇다가 거의 영양실조에 걸리다시피 한 우리들도 먼 나라에서 겨우 살아남은 탕자와 다름없다. 라이트는 우리가 복음서들을 좀 더 유대적으로 이해하고 복음서에 대해 통합된 관점을 얻기 위해 집으로 돌아갈 필요가 있다고 주장한다. 예수가 우리에게 미지의 존재로 온다고 주장했던 알베르트 슈바이처의 말을 언급하면서 라이트는 이렇게 결론짓는다.

우리는 먼 나라에 가서 우리의 자산을 방탕한 역사주의에 낭비해버린 뒤에 이제 미지의 존재가 되어 그분께 기어 돌아온다. … 그러나 우리가 이 책과 함께 노력한 것처럼 그분께 다가가자, 그분은 우리에게 잘 알려진 존재로 달려오셨다. 그동안 우리는 학문과 심지어는 신앙의 이름으로 퇴짜를 놓았지만, 그분은 여전히 인내하며 다시 한 번 찾아주기를 기

다녔던 그런 분으로 다가오신다.[31]

라이트와 같은 학자들이 그랬듯이 우리 역시 복음서를 유대인 청중과 같이 접근함으로써, 복음서의 신빙성을 철저히 확신할 수 있다고 믿는다. 그러나 동시에 히브리적 세계관이 헬라적 사상가들이 취한 접근과는 다른 방식으로 고대 원전에 다가가도록 권유한다고도 믿는다. 말하자면, 우리가 성경을 읽기보다는 성경이 우리를 읽도록 허용할 필요가 있다는 뜻이다.

무척 어렵게 들릴지 모르지만, 예수와의 관계를 새롭게 하려면 마음의 변화뿐 아니라 세계관의 변화도 필요하다. 우리는 성경적인 인식론을 회복해야 한다. 예수를 올바로 알려면 성경적 세계관의 기원이자 버팀목에 해당하는 히브리적 관점에 흠뻑 젖고, 복음서에 푹 빠져야 한다. 그래서 복음서가 우리의 으뜸가는 이야기와 기준점이 되어야 한다. 예수를 참신하게 만나려면, 기도하는 자세로 복음서를 두루 섭렵하는 것, 그리고 거기서 만나는 놀라운 인물을 보는 신선한 통찰을 달라고 하나님께 간구하는 것보다 더 나은 길이 없다. 역사의 주축이신 하나님에게 우리의 마음과 생각과 영혼을 드리는 게 마땅하다.

7

# 예수가 세운 교회

서툴지만 그리스도를 닮아가고 평화를 사랑하고 예배로
충만하고 건강하려고 애쓰는 예수의 제자들로 이루어진
가족이 교회라면, 몸과 마음을 다 바쳐 사랑할 것이다.

# THE CHURCH THAT JESUS BUILT

# The Church That
# JesusBuilt

예수 그리스도와 교회 간의 분리는 우리의 신학을 무기력하게 만드는 근본적인 문제이다. _D. 리출

인도인들은 놀라운 사실을 발견한다. 기독교와 예수가 동일하지 않다는 사실이며, 서구의 기독교는 예수를 중심으로 세워진 체계를 배제하고 예수를 소유할지도 모른다는 사실이다. _스탠리 존스

예수가
/
세운
/
교회

**7**

　2006년에 다소 괴짜 같은 목사 짐 핸더슨Jim Henderson은 이베이e-Bay에서 한 영혼을 504달러에 임대했다. 당시 이 이야기는 전국적인 뉴스가 되었다. 그 영혼의 소유자는 최고가의 경매자에게 열린 마음을 제공하기로 했던 모양이다. 핸더슨은 맷 카스퍼의 영혼을 산 뒤에 둘이서 미국 전국을 돌아다니며 여러 교회를 비판했다. 그 결과 나온 책이 핸더슨의 《짐과 카스퍼, 교회에 가다*Jim and Casper Go to Church*》이다. 이 책은 현재 미국에서 시도되는 교회에 대한 여러 접근을 개관한 것으로서, 믿지 않는 외부인의 신선한 눈으로 바라본 교회에 관한 내용이다.[1] 짐과 카스퍼는 아주 다채로운 교회들을 두루 방문했다. 거기에는 릭 워렌의 새들백, 빌 하이벨스의 윌로우 크릭, 어윈 맥마누스의 모자이크, 조엘 오스틴의 레이크우드가 포함되어 있었다. 그뿐 아니라 드림 센터, 시카고 제일장로교회, 론데일 제이슨스 하우스, 포틀랜드 이마고 데이, 시애틀의 마스힐, 포틀랜드의 더 브리지, 댈러스의 더 포터스 하우스 등도 방문했다. 그들은 실로 초대형 교회로부터 신생 교회(그리고 그 중간에 속한 모든 교회)에 이르기까지 모든 종류의 교회를 섭렵했다고 해도 과언이 아니다.

그들이 발견한 것은 무엇일까? 글쎄, 맷 카스퍼의 경우는 선입견과 내부자 지식에 의해 물들지 않은 신선한 시각을 갖고 있다. 그리고 그의 비평은 외형을 중시하는 교회의 모습에 경각심을 갖게 해준다. 또한 교회가 헌금을 중시하거나 못 알아듣는 종교 용어를 구사하는 바람에 청중이 예수의 메시지를 놓치게 만들 수도 있다는 점을 잘 부각시켰다. 그러나 풀어야할 숙제는 "그리스도의 추종자가 된다는 의미에 대해 어찌하여 교회들 사이에 그토록 큰 차이가 있는 것일까?" 하는 것이다. 만일 그들이 모두 예수에 관해 얘기하고 있다면, 어떻게 해서 교회에 따라 예수의 모습이 그렇게 다를 수 있을까?

이 질문은 우리가 만났던 한 젊은이가 제기한 것과 비슷하다. 그는 복음주의 선교사 부모 아래서 자랐으나 캘리포니아의 한 동방정교회에서 회심했던 사람이었다. 이 젊은이는 정교회의 여러 관행에 대해 이의를 제기하긴 했으나, 1700년 동안 변함없이 내려오는 그 메시지와 전례를 개신교의 온갖 전례보다 더 선호했다. "복음주의자들은 하나같이 '예수를 전하고' 있을 뿐이라고 말하지만 그들이 여러 모습을 가진 예수들을 전하는 것을 보고 나는 헷갈리게 되었지요" 하고 불평을 늘어놓았다.

댄 킴볼도 《그들이 꿈꾸는 교회》라는 책에서 이와 비슷한 문제점을 지적하였다. 캘리포니아에서 교회에 다니지 않는 젊은이들과 인터뷰를 한 결과, 그들은 예수를 믿는 신앙에 대해 적대감을 갖고 있기는커녕 신앙에 대해 열려 있었다. 다만 교회가 이 신앙을 가르칠 수 있는지에 대해 의심할 뿐이었다. 그들은 교회가 정치적 의제를 가진 조직화된 종교이고, 남을 판단하는 부정적인 안목을 갖고 있으며, 대체로 남성 지배적이고 동성애 공포증에 걸린 근본주의 성향을 갖고 있다고 믿었다.[2]

킴볼은 대학생들의 기독교 신앙에 대한 태도를 인터뷰하기 위해 비디오카메라를 들고 캠퍼스에 들어갔던 경험을 묘사한다. 많은 캠퍼스 단체들이 흔히 묻는 질문("당신은 하나님께 이르는 유일한 길이 있다고 믿는가? 당신이 오늘 밤에 죽는다면…")과는 달리 킴볼은 단 두 가지 질문만 던졌다. "예수라는 이름을 들으면 무슨 생각이 떠오르는가?"와 "그리스도인이란 단어를 들으면 무슨 생각이 떠오르는가?"였다. 대학생들의 응답이 참 흥미로웠다.[3]

| 예수 | 그리스도인 |
| --- | --- |
| 아름다운 분이다 | 교회는 사태를 엉망으로 만들었다 |
| 샤만이나 구루 같은 현인이다 | 예수의 가르침을 독단적인 규율로 바꾸었다 |
| 여성을 해방시키러 왔다 | 예수가 준 사랑의 메시지를 적용하지 않는다 |
| 나는 그분을 닮고 싶다 | 모두 끌어내어 총살시켜야 한다 |

대학생들이 보인 태도를 요약하면서 킴볼은 간디의 금언을 인용했다. "나는 그리스도를 좋아하오. 하지만 그리스도인들은 좋아하지 않소. 그리스도인들은 그리스도와는 너무도 다르오."

지금쯤이면 자명해졌을 터인데, 우리의 신앙이 진정성을 가지려면 예수를 바라보고 예수 위에 굳건히 세워져야 한다. NASA가 달로 로켓을 발사할 때 0.05도의 오차만 생겨도 로켓은 달에서 수천 마일이나 벗어날 것이다. 이것은 복음에도 그대로 적용된다. 예수가 그리스도인의 정체성과 사역과 선교에서 근본적인 역할을 담당하기 때문에, 우리는 이 점을 바로 정립하고 계속 점검하는 일이 필수적이라고 믿는다. 교회 역사는 복음이 중심에서 빗나가는 움직임이 일어난다는 것을 분명히 보여준다. 이러한 움직임은 다른 이슈들이 압박을 가하고, 전통이 껍질을 만들고, 신앙의 핵심이 가려지면서 부지중에 조금씩 일어나게 된다. 과정이 어떠하든지 결국은 신앙 자체를 변질시키게 되는 것이다.

그러므로 교회가 창시자인 예수를 중심으로 재조정되어야 한다는 것이 우리의 주장이다. 예수를 중심으로 재조정된 교회의 모습은 어떤 모습일까? 예수는 어떤 교회도 세우지 않았다. 그가 파송한 한 무리 작은 예수들이 세계 곳곳으로 가서 신앙공동체를 설립했던 것이다. 하지만 예수가 잠정적인 공동체 내지는 원시적 교회를 만들었다고 해도 무방하다. 예수의 제자들로 구성된 순회공동체의 DNA 속에 교회의 재료가 있긴 했으나, 이 DNA가 구현되어 더욱 안정되고 토착적인 신앙공동체로서 그 모습을 드러낸 것은 사도 바울에 이르러서였다. 바울은 예수의 본보기를 취하고 성령의 인도를 받아 우선순위와 가치관을 갖고 이른바 성경적 교회론을 정립한 인물이다.

우리의 요점을 부각시키기 위해 질문을 하나 던지겠다. 만일 교회가 네 복음서밖에 갖고 있지 않았다면 어떤 모습을 띨 것 같은가? 추측컨대, 하나님의 나라 안에 그리고 하나님의 통치 아래 사는 것을 역설하는 등 제자도가 강조될 것이 분명하다. 단정한 생활방식과 더불어 사랑과 신실함과 자비와 정의로 충만한 모험적인 공동체를 크게 강조할 것이다. 그러면 이것이 기독교의 바람직한 모습일까? 이처럼 엉뚱한 질문을 제기하는 것은 신약의 정경을 바꾸기 위해서도, 바울의 사도직을 박탈하기 위해서도 아니다(이건 당치도 않은 생각이다). 정신훈련의 일환으로서 우리가 예수에게 초점을 맞추면 모든 기본 요소가 제자리를 잡을 것이라는 생각을 부각시키려는 것이다. 사실 바울의 편지들을 보면, 그가 특정 공동체와 관련하여 예수가 제공한 자료들을 갖고, 이 자료들에서 함의를 발견하고 논리적 결론을 개발하려고 노력하는 모습을 볼 수 있다. 우리에게 네 복음서만 주어지지 않은 것은 천만다행이다. 하나님이 신약성경의 나머지 책들을 통해 예수의 추종자들로 구성된 공동체가 어떤 모습을 지녀야 하는지 더욱 온전한 그림을 보여주셨기 때문이다. 우리는 예수의 본보기와 바울의 교회론 사이에 괴리가 없다고 믿는다. 후자는 전자로부터 나온 결과물이다. 그러나 그 씨앗들은 모두 네 복음서 속에 있다. 우리 시대에 교회를 새롭게 하는 일은 복음을 새롭게 발견하는 것에 달려 있다. 그리고 복음을 새롭게 발견하기 위해서는 신앙과 사고에 있어 예수의 중심성 회복이 필요하다. 우리는 교회뿐 아니라 신학에서도 마땅히 예수를 되찾아야 한다.

## / 예수 공동체를 꿈꾸는 바울의 비전 /

이제 바울의 교회론을 탐구하고 그것을 복음서에 나오는 예수의 본보기에 비추어보도록 하자. 바울은 에베소 교인에게 보낸 편지에서 교회와 관련된 일반적인 이슈들을 여럿 다루었다. 고린도 교회와 갈라디아 교회에 보낸 편지들은 각 교회가 씨름하고 있던 특정한 문제들을 다루는데 비해, 에베소서는 도처의 모든 교회에 적용할 만한 내용을 많이 포함하고 있다. 아마 소아시아 지방에 있는 여러 교회에 보내는 순회용 편지였기 때문에 그랬을 것이다. 에베소에 보낸 편지에 따르면, 에클레시아*ecclesia*는 일련의 핵심 진리에 그 토대를 두고 있다.

**예수는 '만물 위에 교회의 머리'가 되신다(엡 1:22)** 여기에 예수의 탁월성과 관련된 멋진 문구가 있다. 바울은 하나님이 만물을 예수의 발아래에 두셨다고 말한 뒤에, 예수가 교회를 위해 만물의 머리로 임명되었다고 한다. 여기서 예수가 만물의 머리라는 말은 분명히 이해할 수 있는 표현인데, '교회를 위해'라는 말은 무슨 뜻일까? 이는 예수가 교회의 유익을 위해 만물을 지배하는 범세계적인 권위를 행사하고 있다는 뜻인 것 같다. 말하자면, 예수의 다스림은 교회의 유익을 위한 것이다. 이 말은 예수가 그리스도인들에게 호의를 베풀려고 다른 모든 사람을 다스리는 듯한 인상을 풍기는 탓에 무척 교만한 소리로 들릴 수 있다. 사실 일부 교회 지도자들은 자신들이 뭘 하든 무조건 예수가 자기네 편이라고 주장해왔다. 그러나 계시록에 나오는 일곱 교회에 보낸 일곱 편지를 잠시만 살펴봐도, 예수가 때로 교회의 반대편에 서기를 서슴지 않는다는 것을 알 수 있다. 바울의 말은, 예수의 탁월한 통치가 이루어질 미래가 교회의 미래와 불가분의 관계에 있다는 뜻인 것 같다. 그분이 교회의 유익을 가슴에 품고 있다는 것이다.

**교회는 '그의 몸'이다(엡 1:23)** 바울은 이 은유를 고린도전서에서 훨씬 더 자세하게 다룬다. 여기서는 개념을 잠깐 소개할 뿐이다. 교회는 예수의 몸이다. 그를 머리로 삼는 영적인 몸인 것이다. 이 은유는 에베소서 1장에서, 예수와 그 추종자들 간의 친밀함과 연합을 의미하는 것으로 사용된다. 에베소서 4장은 예수의 추종자들에게 공동체 내에서 하나됨을 지키도록 권하면서 이 은유를 사용하였다. 그리고 고린도전서 12장에서는 예수의 추종자들이 다양한 은사를 갖고 모두가 조화롭게 일하는 것을 논의하는 데까지 확대한다. 전체적으로는 팀워크, 동반자, 신뢰, 존경, 친밀함과 관계라는 개념이 있다. 앞서 우리가 공저한 두 권의 책에서, 공동 과업이나 시련에 직면한 사람들끼리 형성하는 친밀감과 헌신, 공동체 정신에 관해 논의한 적이 있다. 바울은 몸이라는 이미지를 이용하여 바로 이런 개념들을 논하고 있는 것이다.

**교회는 '만물 안에서 만물을 충만하게 하시는 이의 충만함'이다(엡 1:23)** 이것은 실로 크나큰 교회의 개념이다. 예수가 본래 품었던 생각에서 거의 벗어나지 않는 사상이다! 앞장에서 히브리 사상과 삶에서 쉐마가 중심을 차지하고 있음을 살펴보았다. 그것은 여호와가 모든 영역에 걸쳐 삶의 모든 부분을 다스리신다는 일종의 선언이었다. 여기서 바울은 예수가 "만물 안에서 만물을 충만하게 한다"라고 말하면서, 예수와 총괄적인 다스림을 동일시하고 있다. 한 마디로, 예수의 전지함과 주권에 관한 진술인 셈이다. 여기에서 교회가 '예수의 충만함'이라는 언급에 주목하라. 달리 말해서, 예수를 따르는 이들의 공동체가 예수의 충만함을 이룬다는 뜻이다. 어떤 의미에서는 이렇게 말한다고 할 수 있다. "산과 바다를 보라. 거기서 당신은 예수의 현존이 나타난 모습을 볼 것이다. 하지만 그의 현존이 충만하게 드러난 모습을 보고 싶다면 교회를 보라!" 그런데 교회 지도자들이 이런 말을 할 때 은근히(때로는 노골적으로) 교회라는 기관을 가리킬 때가 적지 않다. "우리의 건물과 예배를 보라! 거기서 그리스도의 충만한 모습을 볼 것이다!" 그러나 바울은 이런 뜻으로 말하지 않았다. 당시에는 화려한 예배도 없었고 자기 건물을 가진 교회도 극소수에 불과했다. 바울이 말하는 바는, 예수를 따르는 이들 가운데서 발견되는 유기적이고 번잡한 관계, 문제도 많지만 때로는 조화를 이루는 관계망 속에서 예수의 충만함이 지닌 풍성함과 아름다움과 능력을 볼 수 있을 것이라는 뜻이다.

**교회는 하나님의 '영원한 계획'의 일부이다**(엡 3:10-11) 에베소서 3장에 나오는 이 뜻 깊은 대목에서, 바울은 하나님이 교회를 통하여 자신의 지혜를 천상에 알리셨다고 선언한다.

> 이는 이제 교회로 말미암아 하늘에 있는 통치자들과 권세들에게 하나님의 각종 지혜를 알게 하려 하심이니 곧 영원부터 우리 주 그리스도 예수 안에서 예정하신 뜻대로 하신 것이라(엡 3:10-11).

이는 참으로 놀라운 말씀이다. 그러니까 이제까지 하나님의 다양한 지혜를 천상의 공동체가 결코 이해할 수 없었던 것은 하나님이 하늘에 있는 통치자들과 권세들과 진정한 관계를 맺고 있지 않았기 때문이었다. 천상의 공동체는 하나님이 인류와 맺으려고 했던 친밀하고 독특한 관계에서 배제되었다. 그리고 교회가 예수를 통해 하나님과 관계를 맺는 인간공동체라는 사실이 드러났을 때에야 비로소 하나님의 지혜의 풍성함을 이해할 수 있게 된 것이다. 그러므로 하나님은 교회를 통해 모든 천사들에게 자기의 지혜를 나타내신다. 하나님의 지혜가 본질적으로 관계적 성격을 갖고 있다는 점을 보여주는, 이보다 더 큰 증거가 있을 수 있을까? 하나님의 지혜는 결코 우월한 지식이나 더 큰 지식의 문제가 아니다. 이 지혜는 예수를 따르는 자들 사이에 맺어지는 관계망을 통해 나타나는 법이다. 야고보서 3장 17절에서도 비슷한 사상을 발견할 수 있다. "오직 위로부터 난 지혜는 첫째 성결하고 다음에 화평하고 관용하고 양순하며 긍휼과 선한 열매가 가득하고 편견과 거짓이 없나니."

만일 하나님의 지혜가 이런 것들(본질상 관계적인 것들)이라면, 하나님은 그분의 백성과의 관계를 통해서만 이 지혜를 온전히 표현할 수 있을 것이다. 이것이 바로 영원 전부터 있어왔던 하나님의 계획이라고 바울은 말한다. 예수의 제자들은 하나님의 지혜가 표현되는 데 꼭 필요한 존재들이다.

**하나님은 '교회 안에서와 그리스도 예수 안에서' 영광을 받도록 되어 있다(엡 3:21)**
축도를 하기에는 좀 이른데도, 바울은 편지의 수신자들에게 손을 얹고 끝마치는 기도를 올린다(뒤에 세 장이나 남았는데).

> 우리 가운데서 역사하시는 능력대로 우리가 구하거나 생각하는 모든 것에 더 넘치도록 능히 하실 이에게 교회 안에서와 그리스도 예수 안에서 영광이 대대로 영원무궁하기를 원하노라 아멘(엡 3:20-21).

물론 하나님은 모든 영광을 받기에 합당한 분이며, 바울은 영광의 출처로서 하나님의 아들인 예수와 교회를 들고 있다.

**'그리스도께서 교회의 머리 됨과 같음이니 그가 바로 몸의 구주시니라'(엡 5:23)** 바울은 예수가 제자들을 다스리는 분인 동시에 그들의 구원자도 되신다는 점을 분명히 하려고 잠시 몸의 비유로 다시 돌아간다. 예수는 교회를 구원했기에 교회의 머리 혹은 통치자가 될 수 있다. 하지만 이것은 단지 소유의 문제만은 아니다. 이 본문은 남편과 아내의 관계를 논하는 중에 등장한다. 예수는 교회의 머리요 구원자이지만, 이는 어디까지나 특별한 상호관계의 견지에서 표현된다.

**예수는 '교회를 사랑하셨고 교회를 위해 자신을 내어주셨다'(엡 5:25)** 좋은 남편은 아내를 사랑하게끔 되어 있듯이 예수도 자기 교회를 사랑한다. 예수의 십자가 죽음은 최고의 헌신과 사랑을 보여주는 것이다.

**예수는 거룩하고 흠이 없는 교회를 드리기로 계획했다(엡 5:26-27)** 바울이 예수가 교회를 위해 하신 일을 얘기할 때는 과거시제를 사용했다. 예수가 교회를 사랑했고 구원했다고 말한 뒤에, 지금은 교회를 다스리고 있다고 말한다. 이제는 미래로 눈을 돌려서 교회가 현재진행형의 작품이라고 말하는 것이다. 우리를 더 나은 존재로 만들고 천천히, 그러나 확실히 자기 형상으로 재창조하는 작업은 예수의 몫이다. 예수는 제자들을 위해 다음과 같은 장래 계획을 가지고 있다.

> 이는 곧 물로 씻어 말씀으로 깨끗하게 하사 거룩하게 하시고 자기 앞에 영광스러운 교회로 세우사 티나 주름 잡힌 것이나 이런 것들이 없이 거룩하고 흠이 없게 하려 하심이라(엡 5:26-27).

**예수는 교회를 양육하고 보살핀다(엡 5:29-30)** "누구든지 언제나 자기 육체를 미워하지 않고 오직 양육하여 보호하기를 그리스도께서 교회에게 함과 같이 하나니 우리는 그 몸의 지체임이라"(엡 5:29-30). 다시 몸의 비유로 돌아간 바울은, 예수가 교회를 흠이 없고 빛나는 모습으로 드리려는 장래 계획을 성취하기 위해 교회에 필요한 것을 공급하고 잘 보살핌으로써 교회를 양육한다고 말한다. 이를 통해 생각보다 예수가 교회에 더 깊이 관여하고 있음을 알 수 있다.

## / 작은 예수들의 공동체 /

이렇게 살펴보고 나니 교회가 무엇이든 간에 우리도 교회의 일부가 되고 싶어진다. 교회가 오늘날에는 종교적 기관이 되어버렸지만 실은 그것을 훨씬 뛰어넘는 실체라고 우리는 믿는다. 교회는 예수를 따르는 자들의 친밀한 관계망이며, 예수에게 흠뻑 젖어 있는 공동체이다.

바울이 좋아하는 교회 이미지는 가족의 이미지와 흡사한데, 좀 더 정확하게 말하면 식구household의 이미지와 같다고 할 수 있다.[4] 당신이 바울의 편지들을 놓고 단어 검색을 하면 가족보다 몸을 언급하는 경우가 더 많은 걸 알게 될 것이다. 하지만 가족과 관련된 어휘(형제, 자매 등)를 모두 합하면 일차적으로 교회를 가족으로 보고 있음이 분명히 드러난다. 바울은 교회를 예수와 그리고 지체 상호 간에 깊은 인격적인 관계의 끈으로 묶여 있는 관계로 보았다.

이처럼 에베소서를 잠깐 공부하기만 해도, 바울이 교회를 예수로부터 나오는 그 무엇으로 보았다는 사실이 분명해진다. 이는 예수가 그의 추종자들을 위해 하신 일과 그들이 예수 안에서 어떤 존재가 되는가 하는 문제와 관련이 있다.

다음 도표는 우리가 이제까지 살펴본 것을 요약한 것이다.

| 예수가 하는 일 | 교회의 바람직한 모습 |
| --- | --- |
| 교회를 다스린다 | 그리스도의 성품과 삶과 행위를 반영하는, 예수를 닮은 공동체 |
| 온 세상을 다스린다 | 삶의 모든 영역을 예수의 주되심 아래 복종시키는 온전한 공동체 |
| 예수의 지혜는 관계지향적이다 | 인정 많고 순종적이고 자비롭고 풍성하고 공평하고 성실하며 평화를 사랑하는 공동체 |
| 교회로 인해 영광을 받는다 | 예수를 높이 받들고 예수의 주권을 선포하는 예배공동체 |
| 교회를 사랑한다 | 예수와의 친밀감을 경험하는 헌신된 공동체 |
| 교회를 구원한다 | 사역에 의지하는 은혜로운 공동체 |
| 교회를 깨끗게 한다 | 예수의 의로움을 추구하는 거룩한 공동체 |
| 교회를 양육한다 | 하나님의 말씀을 먹고 성령의 사역에 의존하는 건강한 공동체 |

우리가 앞서 공저한 책들은 오늘날 서구 교회가 운영되는 방식에 대한 날카로운 비판을 일부 담고 있다.[5] 그 때문에 일부 독자들은 화가 나서 마치 우리가 교회를 사랑하지 않는 것처럼 우리를 비판하기도 하였다. 하지만 교회를 사랑하기 때문에 그런 글을 쓰게 된 우리의 심정을 밝히고 싶다. 아울러 교회를 좋아하는 것과 예수의 명을 따라 교회를 사랑하는 것은 서로 별개라는 점을 명심할 필요가 있다. 분명히 하고 싶은

것은, 우리가 다음과 같은 교회는 좋아하지 않는다는 점이다. 주일 이외에는 서로 만나지도 않고 잘 알지도 못하는 낯선 이들의 모임, 낯선 자와 다름없는 이들이 설교하고 찬양을 인도하는 동안에 교인은 수동적으로 앉아 있기만 하는 교회, 서로 연결되어 있는 척하지만 실은 사이비 공동체에 불과한 교회, 월요일에서 토요일에 이르는 평일과 주말에 서로 다른 삶을 사는 교인들의 모임, 모이기만 하면 단지 대중적인 경배와 찬양만 하는 교회, 다함께 웃는 일, 다함께 불의에 대항해 싸우는 일, 다함께 먹는 일, 다함께 기도하는 일, 서로의 자녀를 양육하는 일, 다함께 가난한 자를 돕는 일, 혹은 다함께 아직 죄에서 해방되지 못한 이들에게 예수를 증인하는 일 등을 거의 하지 않는 교회를 좋아하시 않는다. 또한 서로 어울리지 않는 많은 신조와 이름과 교리를 신봉하고, 서로 모순되는 허다한 믿음을 가르치고, 근래에 만든 다수의 전통에 순응하도록 고집하는 콩가루 집안 같은 교회도 좋아하지 않는다. 그러나 서툴지만 그리스도를 닮아가고, 온전해지고, 평화를 사랑하고, 예배로 충만하고, 헌신되고, 은혜롭고, 거룩하고, 건강하려고 애쓰는 예수의 제자들로 이루어진 가족이라면, 우리는 몸과 마음을 다 바쳐 그런 교회를 사랑할 것이다.

이런 이야기가 있다. 알렉산더 대왕이 이끄는 군대의 한 젊은 군인이 초소를 버리고 탈영했다가 알렉산더의 부하들에게 체포된 적이 있었다. 당시에는 탈영병을 잡는 즉시 처형하는 게 통례였지만, 이 이야기에 따르면 추적자들은 이 젊은이를 왕의 존전으로 끌고 왔다고 한다. 알렉산더는 그 탈영병에게 이름을 물었다.

"저는 대왕과 같은 이름을 갖고 있습니다. 제 이름은 알렉산더입니다." 왕은 이 탈영병을 용서하기로 결정했는데, 풀어주기 전에 이렇게 말했다고 한다. "젊은이, 자네 인생을 바꾸든지 이름을 바꾸든지 하게."

예수를 따르는 자들도 마찬가지이다. 그들도 예수의 이름을 그들의 것으로 삼은 것이나 다름없기에 이 놀라운 이름을 반영하는 인생을 살아야 한다. 오늘의 교회도 마찬가지이다. 지금은 교회가 삶을 바꾸든지 아예 그 이름을 바꾸든지 둘 중 하나를 선택해야 할 때이다. 독창적인 그리스도인 음악가 모비Moby도 최근 자기 웹사이트에 쓴 글에서 이런 개념을 다루었다.[6] "그래서 당신은 지금이 새로운 종교를 만들어야 할 때라고 생각하는가?" 하고 말문을 연 뒤에, 오늘 우리가 인식하는 교회나 기독교가, 예수가 의도했던 모습과 너무도 다르기 때문에 아예 처음부터 예수를 좇는 새 종교를 시작할 때라고 생각하느냐고 묻는다. 모비의 말을 들어보자.

> 나는 그리스도의 가르침이 우리 자신과 세계를 보는 새로운 방식을
> 상당히 수용하고 있다고 생각한다.
> 문제는 그리스도의 가르침은 이것을 수용할 수 있음에도,
> 현대 기독교는 그렇지 못하다는 점이다.
> 여기에 가벼워 보이지만 심각한 문제가 있다.
> 그리스도는 두 존재를 모두 인정하지만,
> 기독교는 실망스럽게도 뉴턴의 물리학에 머물러 있다.
> 무슨 뜻인지 알겠는가?[7]

모비의 글은 킴볼이 인터뷰한 비그리스도인들의 말을 생각나게 한다.

단, 모비는 그리스도인인 만큼 그들보다 이 문제에 더 깊이 개입하고 있다는 차이가 있지만 말이다. 그런데 많은 그리스도인은 모비의 비평을 들을 때, 마치 지난 2000년에 걸친 기독 교회의 전통과 역사를 완전히 무시하거나 경시하는 것으로 간주하여 크게 반발한다.

하지만 기독교 역사를 통틀어 교회 내부에서 수많은 개혁과 갱신운동이 일어났다는 사실도 주목할 필요가 있다. 우리가 교회 역사로부터 배울 점이 있다면, 교회의 정체성이나 운영과 관련해 의문을 제기하는 일이 교회에 해를 끼친 적이 한 번도 없었다는 사실이다. 오히려 그런 비판에 귀를 기울이고 그것을 수용할 수 있는 일이야말로 교회의 크나큰 강점이었다.

우리가 모비의 비판을 달게 받고 교회의 원시 DNA를 재발견하기 위해 성경으로 돌아간다면, 거기서 갱신과 변혁을 지지하는 엄청난 격려를 받게 될 것이다. 예수가 처음 의도했던, 제자로서의 가족과 그들의 관계망은 과연 어떤 모습일까? 다음 도표는 이에 대해 몇 가지 실마리를 제공해준다.

| 교회의 바람직한 모습은? | 바람직한 모습을 이루는 방법은? |
| --- | --- |
| 그리스도의 성품과 삶과 행위를 반영하는, 예수를 닮은 공동체 | 다함께 복음서를 공부함으로써 우리 전통에 속한 어떤 인물을 영웅으로 받들기보다는 오히려 예수의 본보기를 우리 삶의 모델로 삼기 |
| 삶의 모든 영역을 예수의 주되심 아래 복종시키는 온전한 공동체 | 주일만 강조하는 것을 탈피하고 모든 신자가 날마다 삶의 모든 영역을 예수께 바치도록 훈련하기 |
| 인정 많고 순종적이고 자비롭고 공평하고 성실하며 평화를 사랑하는 공동체 | 공동체는 교회 밖의 대의에 헌신함으로써 더욱 연단된다는 것을 알고 남을 섬기는 방향으로 나아가기 |

| 교회의 바람직한 모습은? | 바람직한 모습을 이루는 방법은? |
| --- | --- |
| 예수를 높이 받들고 예수의 주권을 선포하는 예배 공동체 | 예배는 찬양도 포함하지만 거기에 국한될 수 없다는 것과 삶의 전 영역에서 예수를 높이는 일이 예배라는 것을 깨닫기 |
| 예수와의 친밀감을 경험하는 헌신된 공동체 | 기도와 홀로 있음과 금식과 선교활동을 통해 예수의 임재를 연습하기 |
| 예수의 구원사역에 의지하는 은혜로운 공동체 | 우리의 구원이 우리의 노력으로 인한 것이 아님을 끊임없이 깨닫기, 곧 신자가 다시 복음으로 거듭나는 일을 통해서만 구원이 성취된다는 진리를 깨닫기 |
| 예수의 의로움을 추구하는 거룩한 공동체 | 전통적인 중산층의 경건한 모양을 좇는 것이 아니라, 예수의 가치관을 배우고 그에 따라 살기 |
| 하나님의 말씀을 먹고 성령의 사역에 의존하는 건강한 공동체 | 공동체적으로 성경공부에 열중하고 영적인 은사를 열심히 사용하기 |

이 여덟 가지 사항을 실천하는 데 특별히 고안된 어떤 부대시설이 필요한 것은 아니다. 이 사항들은 예수를 좇기로 헌신한 공동체면 누구나 실행할 수 있는 것이고, 일상생활에서 실천할 수 있는 항목들이다.

/ 예수의 공동체로 되돌아가기 /

이제까지는 좋았다. 그런데 한 가지 유념할 것은 우리가 이 사항들을 바울의 에베소서에서 끌어왔다는 사실이다. 예수는 과연 바울이 에베소서에 쓴 내용에 동의할까? 물론 바울이 한결같이 교회의 토대를 예수의 본보기에서 찾았다는 점은 의심할 여지가 없다. 그러나 예수가 정말로 바울이 말한 것과 같은 공동체를 가르치거나 개발했다고 볼 수 있을까?

이 점을 살펴보기 위해 이제 복음서로 눈을 돌려보자. 우리는 위에서 열거한 여덟 가지 사항을 예수의 본보기에 비추어보고자 한다.

예수의 공동체는 예수의 본을 따를 것이다  이 책의 앞부분에서 우리가 시사했듯이, 장로교인은 존 녹스를, 감리교인은 존 웨슬리를, 구세군 교인은 윌리엄 부스를 닮으려고 하는 것은 바람직하지 않다는 것이다. 우리는 모든 신자가 예수를 더 닮게 되기를 바란다. 물론 녹스나 웨슬리나 부스 같은 인물이 기독교에 기여한 엄청난 공로를 깎아내리려는 것이 아니다. 또 이 지도자들로부터 배울 점이 많다는 것도 인정한다. 그래도 우리의 인도자요 주님이요 통치자는 어디까지나 예수라는 점을 상소하고 싶다. 이것이 바로 복음서에 나오는 예수 공동체의 핵심 요소이다. 예수를 따르는 자들이 계속 주목해야 할 것은 바로 예수의 본보기이다. 예수가 중심에 있었다는 말이다.

예수는 히브리 철학에 혁신을 가져왔던 급진적 랍비에 불과한 인물이 아니다. 그는 야외 신학 강좌를 개설한 인물 이상의 존재다. 예수는 대안적인 생활방식이 어떤 것인지를 보여주는 모델이다. 순회전도자의 본이고(눅 9:57-62), 하나님의 공급에 대한 온전한 신뢰의 본보기이다(눅 12:22-31). 예수는 어린이들(눅 18:15-17)과 여자들(눅 8:1-3, 10:38-42)을 어떻게 대우해야 할지를 친히 보여준다. 또 어떻게 기도해야 할지에 대한 본보기를 제공하는 분이다(눅 11:1-2). 또한 제자들을 내보내어 자신의 치유사역과 복음전파를 그대로 수행하게 하셨다(눅 9:1-6). 제자들이 자기의 비유에 대해 묻도록 허용하셨다(눅 8:9). 제자들 중 일부는 예수가 변형되는 모습을 목격했다(눅 9:28-29). 그리고 제자들은 모두 예

─ 가난한 자를 옹호한 인물 ─

# 도로시 데이
Dorothy Day

도로시 데이는 지칠 줄 모르고 사회정의와 평화를 추구하며 가난한 자를 옹호하는 일을 했던 인물이다. 이 작은 예수는 언젠가 이런 말을 남겼다. "나는 우리의 구원이 가난한 자에게 달려 있다고 굳게 믿는다." 1910년대와 1920년대에 뉴욕시에서 보헤미안으로 살던 데이는 딸을 낳은 뒤에 가톨릭교회를 나가면서 영적인 여정을 시작했다. 데이는 새로운 그리스도인으로서 당대의 성적인 관습을 뒤로하고, 보헤미안 문화의 중심 요소였던 평화주의와 노동자의 권리를 위해 헌신했으며, 이런 가치들이 예수의 중심 메시지였다고 믿었다. 1933년에는 피터 모린과 함께 가톨릭 노동자운동(이하 CW)을 창립했다. 이 요주의 단체는, 사회 주변인들의 정의를 위해 일하며 그리스도를 섬기는 일에 헌신하였다. 〈가톨릭 워커〉라는 소식지는 가톨릭 노동자운동의 사명을 증진시키는 기관지이다. 이 운동은 뉴욕 빈민가에서 가난한 자들에게 숙소와 식사를 제공하는 '성 요셉의 집'을 열었다. 곧이어 미국 농촌에 가난한 자들이 함께 모여 살 수 있는 농가를 줄줄이 열기도 했다. 이 운동은 금방 미국의 다른 도시로 확산되었고 국경을 넘어 캐나다와 영국에까지 퍼져나갔다. 1941년에 이르러 CW 가입체가 서른 개를 넘어섰고 오늘날까지 가입체가 계속 늘고 있다. 지금은 백 개 이상의 공동체가 운영된다. 데이는 제2차 세계대전 중에 평화주의를 주창하고 또 1960년대 성혁명에 반대하는 바람에 웃음거리가 되기도 했지만, 자기의 신념을 조금도 굽힌 적이 없었다. 데이는 반전 운동가들의 존경을 받았고 1970년대 내내 반전운동을 전개해왔다. 어떤 이들은 데이를 성인으로 추대했으나 그녀는 이를 거부했다. "나를 성인으로 부르지 마시오. 나는 그렇게 쉽게 잊히기를 원치 않소." 데이는 1980년에 죽음을 맞이하기까지 성 요셉의 집에서 가난한 자를 섬기며 살았다.

수의 부활을 목격한 증인들이다(눅 24:36-37).

이것이 바로 작은 예수의 음모가 시작되는 출발점이다. 예수는 첫 제자들의 삶을 통해 자신을 재현한 인물이다. 자신의 삶과 사역을 집중적으로 공부시킨 다음에, 낌새를 알아차릴 수 없는 사랑과 은혜의 쓰나미처럼 그들을 세상에 풀어놓았다. 오늘날 우리 곁에 혈과 육을 가진 예수는 없지만, 예수의 영이 우리의 인도자로 우리 안에 계시고, 복음서들은 우리의 추진력이 되었다. 따라서 우리가 예수의 삶과 사역을 재현하려면 다함께 시간을 내어 복음서를 공부하지 않으면 안 된다. 그것이 예수를 좇는 이들의 주된 양식이기 때문이다. 복음서는 주일학교 어린이가 먹는 젖이 아니라 끼니마다 그리스도인이 먹는 밥이 되어야 한다.

**예수의 공동체는 모든 제자들을 준비시킬 것이다** 예수의 삶과 사역을 보면 안식일만 강조하는 것을 탈피하는 본보기가 여럿 나온다. 가령 누가복음 14장에는 이런 대목이 있다.

> 안식일에 예수께서 한 바리새인 지도자의 집에 떡 잡수시러 들어가시니 그들이 엿보고 있더라. 주의 앞에 수종병 든 한 사람이 있는지라. 예수께서 대답하여 율법교사들과 바리새인들에게 이르시되 안식일에 병 고쳐 주는 것이 합당하냐 아니하냐, 그들이 잠잠하거늘 예수께서 그 사람을 데려다가 고쳐 보내시고 또 그들에게 이르시되 너희 중에 누가 그 아들이나 소가 우물에 빠졌으면 안식일에라도 곧 끌어내지 않겠느냐 하시니 그들이 이에 대하여 대답하지 못하니라(눅 14:1-6).

예수는 당시에 오가던 학문적인 논쟁거리를 택하셨던 것이다. 만일 당신의 아들이 안식일에 죽어가고 있다면 그를 구하는 것이 합당한지 여부를 놓고 유대인 학자들이 많은 토론을 벌여왔던 터였다. 일부 학자는 소를 구하는 것은 합당치 않으나 아들을 구하는 것은 합당하다고 주장했다. 실제로 어린이나 소가 우물에서 살아 나가든 말든 이런 논쟁은 순전히 학문적인 차원에서만 일어나기 마련이다. 예수는 그들로 하여금 현실에서 동떨어진 학문적 논쟁거리를 직시하도록 도전하였다. 걷지 못하는 사람을 그들 앞에 놓은 것이다. 일을 할 수 없는 이 거지는 굶어 죽을 수도 있고 음식 찌꺼기와 동냥으로 연명할 처지에 놓일 수도 있다. 안식일 준수의 합법성에 관한 그들의 응답이 이 가련한 사람의 생사에 직접 영향을 줄 수도 있다는 것을 알고 당황스러워 그들은 침묵으로 일관했다. 그러나 예수는 행동하는 분이었다. 현실에 단호히 뛰어드는 인물이었다. 안식일이든 아니든 거지는 예수의 손길이 필요했고, 예수는 고상한 신학에 마비된 채 가만히 서 있기를 거부했다.

그런데도 예수의 이름을 지닌 종교가 모든 면에서 예수의 반대자들만큼이나 안식일 중심으로 변한 것은 참으로 놀랄 일이 아닐 수 없다. 오늘날 대다수의 교회는 주일 아침 교인석에 사람들을 앉히는 일을 최고의 목표로 삼고 있는 실정이다. 교회는 한 주간 삶의 모든 영역에서 하나님과 교통하는 것을 거룩함이라고 보기보다는, 이 거룩함을 교회 출석으로 판단하는 나름의 율법주의를 만들어냈다. 안식일보다 주일을 선호하는 쪽으로 전향하긴 했으나, 바리새인의 입을 막았던 율법주의에 의해 마비된 것은 그때와 다를 바가 없다. 누가복음 6장에서 바리새인들은 안식일에 낟알을 먹는 예수의 제자들을 책망한다. 그러자 예수가 재빨리 대응하는 장면이 나오는데, 어찌하여 우리가 이 장면을 놓치는지 모르겠다.

> 다윗이 자기 및 자기와 함께 한 자들이 시장할 때에 한 일을 읽지 못하였느냐. 그가 하나님의 전에 들어가서 다만 제사장 외에는 먹어서는 안 되는 진설병을 먹고 함께 한 자들에게도 주지 아니하였느냐. 또 이르시되 인자는 안식일의 주인이니라 하시더라(눅 6:3-5).

예수는 스스로를 유대교 예배 의식의 중심에 두고 있다. 우리가 살펴보았듯이 예수는 자기 자신을 성전의 신체적 구현체로 본다. 성전이 하게끔 되어 있는 일을 예수 자신이 하는 것이다. 이제 그는 안식일의 주인이라고 선포한다. 지금은 그의 날이라는 뜻이다. 예수는 안식일 준수의 초점을 여호와로부터 자기 자신으로 옮긴 것이 아니었다. 예수가 곧 여호와이지 않은가! 실은 언제나 그의 날이었다. 예수는 지금, 안식일을 포함한 삶의 모든 영역에서 본인이 주인이라고 선포하는 것이다. 동일한 사건을 묘사하는 마가복음에서는 예수가 "안식일이 사람을 위하여 있는 것이요, 사람이 안식일을 위하여 있는 것이 아니"(막 2:27)라고 기록한다. 말하자면, 안식일은 사람을 섬기기 위해 만들어진 것이지 사람이 안식일을 섬기기 위해 창조된 것이 아니라는 뜻이다. 안식일은 주인이 아니라 종과 같은 것이었다. 예수는 유대인들에게 안식일의 율법을 사람의 필요에 대한 자비와 배려를 담아 적용해야 한다고 일러주고 있다. 그리고 자기에게 안식일을 지키는 방법을 규정짓는 권세가 있다고 말하는 중이다. 요컨대, 인간의 필요(제자들의 굶주림, 병자의 수종병)가

맹목적인 안식일 준수보다 더 중요하다는 말이다.

예수는 친구들이 밀 껍질을 비벼서 가벼운 식사를 하도록 그들을 풀어주었다. 또 율법주의에 묶이지 않고 병자를 보살폈다. 오늘날의 교회도 이를 적용해야 한다. 정기적으로 세상에서 물러나 조용히 묵상하는 시간이 반드시 필요한데, 이 시간도 우리의 필요에 따라 사용되는 도구일 뿐이라는 점을 되새겨야 한다. 시드니 중심가에서 일하는 마이클의 친구는 매주 두세 번 점심을 들고 근처 성당에 가서 예수를 묵상하고 평온한 분위기를 즐긴다고 한다. 이 친구에게는 자기가 원하는 대로 안식을 누릴 자유가 있다. 예수는 날마다, 모든 장소, 삶의 모든 영역에서 주인이 되는 분이다. 할렐루야!

**예수의 공동체는 남을 섬기는 방향으로 움직일 것이다** 예수의 공동체는 가만히 배우기만 하는 집단이 아니다. 열심히 움직이고 살아 숨쉬는, 작은 예수들로 이루어진 유기적인 팀이다. 예수는 나사렛에 기지를 세우고 이론으로 무장된 새로운 세계관을 다운로드한 게 아니다. 제자들을 넘어서는 대의 안에서 그들이 서로 활동하고 협력함으로써 공동체가 단련된다는 것을 보여주시기 위해 예수는 그들과 함께 길을 나섰다. 이 제자들은 반대자들의 비판에 시달렸고, 남들의 반발 때문에 혼란스러웠지만, 예수의 본보기에는 감동을 받았다. 예수는 제자들을(다른 58명의 제자들과 함께) 둘씩 짝지어서, 복음을 전파하고 병자를 고치고 귀신을 쫓아내도록 파송하였다. 그 후에 제자들은 '기뻐하며' 돌아와서 자기네가 본 것을 보고한다(눅 10:17). 제자들은 형제, 자매라는 끈으로 서로서로 묶여 있었다. 예수는 심지어 세리(레위/마태)와 열심당원(시몬)까지 그 팀에 합류시킨다. 당시에는 로마인과 그 협력자를 죽이겠다고 맹세한 민족주의적인 열심당원과 세리 같은 협력자들은 서로 철천지원수 관계였다. 이는 《반지의 제왕The Lord of the Rings》에 나오는 레골라스와 난쟁이 김리의 관계와 다를 바가 없다. 그들은 서로 적대관계였지만 반지를 모르도 산에 돌려주기 위해 서로 협력하게 되었다. 이처럼 보통은 시몬과 마태를 분열시켰을 정치적, 신학적 차이점이 예수의 사명에 대한 공동의 헌신에 묻혀버린 것이다.

물론 당시에는 나름대로 예수의 사역을 즐거워하던 일시적인 관찰자들도 있었다. 산상설교와 오병이어의 기적 이야기를 보면 예수가 대규모 청중을 몰고 다닌 것을 알 수 있다. 하지만 사도 요한은 대다수의 사람이 예수의 가르침을 소화할 수 없었다고 지적한다. 요한복음 6장에 따르면, 예수가 오천 명을 먹인 뒤에, 많은 사람들이 타협을 모르는 예수의 가르침을 불편해하며 예수에게 등을 돌렸다고 한다(요 6:60, 66). 그럼에도 예수는 당황하지 않았고 소수만이 자기를 충실하게 따르리라는 것을 알고 있었다(요 6:64-65). 예수의 공동체는 일시적인 관찰자들이 아니라 예수와 완전히 운명을 같이 하기로 헌신한 이들과 함께 세워진다. 예수가 베드로에게 떠날 수 있는 기회를 주자 그가 외친 애처로운 소리를 귀담아 들어보라. "주여 영생의 말씀이 주께 있사오니 우리가 누구에게로 가오리이까"(요 6:68).

오늘날 우리 교회는 이처럼 구경꾼을 위한 스포츠가 되고픈 유혹에 어떻게 대처할 수 있을까? 어떻게 하면 소비주의 풍조에 빠지지 않고 그에 대항해 싸울 수 있을까? 수적인 성장을 추구하는 교회들은 광고 전략을 동원하고 더 큰 만족, 더 좋은 종교 상품과 서비스를 약속함으로써 시장 점유율을 높이려고 필사적인 노력을 하기 십상이다. 캘리포니아에 있는 어떤 교회는 주일에 가장 많은 방문객을 교회로 데려온 교인에게 매년 할리데이비슨 오토바이를 선물로 준다고 한다. 아니, 예수가 추종자들을 동원할 때 이런 방법을 썼던가? 그들의 탐욕과 자기 이익에 호소했던가? 예수가 만든 공동체는 그분의 이타심과 섬김을 모델로 삼아 자기네 인생을 가꾸려 했던 헌신적이고 이타적인 종들이 모인 집단이었다. 그들은 공동의 대의를 끈으로 삼아 서로에게 묶여 있었다.

**예수의 공동체는 삶의 전 영역에서 예수를 높이 받든다** 예수의 공동체는 확실히 선교적 공동체였다. 하나님 나라의 도래를 알리는 예수의 사명에서 정체성을 찾고 이 일로 인해 빚어진 공동체였다. 오늘날 '선교적 교회'라는 용어는 다양한 교단에서 그리고 전 세계적으로 온갖 사람들의 입에 오르내린다. 이 용어의 의미 또한 다양하게 사용되고 있는 것 같다. 아울러 이 용어가 요즘 유행하는 '이머징emerging', '이머전트emergent', '참신한 표출', '새로운 표출', '선교를 표방하는' 등과 같은 어휘와 더불어 최신 유행어가 되고 있지 않나 우려된다. 그러나 선교적 패러다임은, 예수가 제시하고 의도한 범세계적인 기독교 운동의 모양새를 고찰하기 위한 성경적인 틀이다. 그러므로 우리가 선교적 교회를 언급할 때는 '성경적 교회'라는 용어와 같은 의미로 사용하는 셈이다.

우리에게 선교적 교회는, 조직이 활동하고 존재하는 원리를 선교로 삼은 공동체를 일컫는 말이다. 물론 교회에는 여러 가지 목적이나 기능이 있다는 것을 알고 있다. 이를테면 예배, 제자도, 인격 형성, 복음전도, 교제와 같은 것들이다. 선교적 교회는 선교를 교회의 여러 기능 중 하나로 보기보다는 교회의 중심에 있는 조직 원리로 간주한다. 예컨대, (대다수의 전통 교회가 생각하듯이) 예배를 중심 요소로 보는 게 아니라, 교회가 선교를 중심으로 조직되면 예배가 더 풍성해진다고 믿는 움직임이 커지고 있는 중이다. 제자도나 가르침이나 은사의 활용도 이 점에서 마찬가지이다.[8]

그러면 선교란 무엇인가? 하나님의 백성이 밖으로 뻗어나가게 추진시키는 힘이다. 그것은 복음전도나 사회정의를 뛰어넘는 것으로서, 성령이 그의 백성을 보내어 만유 안에 그리고 만유 위에 계신 예수의 주되심을 선포하게 하는 불가항력적인 추진력이다. 이는 복음을 전하는 일, 교회를 개척하는 일, 굶주린 자를 먹이는 일, 불의에 항거하는 일 등 여러 모양으로 나타날 수 있다. 이런 것들이 바로 선교활동이다. 선교 그 자체는 하나님의 백성이 사회의 모든 분야에 침투하여 삶의 모든 영역에서 예수의 통치가 성취되도록 하기 위해 보냄을 받는 것을 가리킨다.

선교적 교회는 이처럼 보냄 받았다는 의식이 교회의 삶 전체에 스며 있는 교회이다. 이와 대조적으로, 예배를 조직 원리로 삼는 전통 교회는, 복음전도를 새로운 사람들을 충원하여 예배 및 조직과 관련된 봉사에 참여시키는 것으로 본다. 전통 교회는 그리스도인의 교제를 예배 공동체를 세우는 것으로 본다. 하지만 선교적 교회는, 창의적인 선교 과업을 중심으로 서로 동맹을 맺은 이들에 의해 공동체가 가장 잘 세워진다고 믿는다. 이들은 하나님의 주권이 삶의 모든 영역을 관할하는 것을 경험하기 때문에 열광적으로 예배한다. 또한 더 나은 선교사들이 되어가기 위해 서로서로 제자훈련을 한다. 선교는 교회의 바람직한 모습을 이해하도록 돕는 섬광이요 추진력과 같은 것이다.

— 병자를 돌보는 삶 —

# 몰로카이의 다미앵
### Damien of Molokai

1840년 벨기에에서 요제프 드 뵈스테르Jozef de Veuster라는 이름으로 태어난 다미앵 신부. 그는 1873년에 문둥병(오늘날에는 한센병으로 알려진)으로 고생하는 이들을 섬기기 위해 선교회의 일원이 되어 하와이의 몰로카이 섬으로 건너갔다. 거의 1000명에 달하는 문둥병자들이 머무는 몰로카이의 정착촌은 난공불락의 산악지대로 둘러싸여 있었다. 이 정착촌은 하와이 정부로부터 버림받아 더럽고 부도덕하고 무법적인 '죽음의 식민지'로 전락했다. 호놀룰루의 주교는 그곳에서 기독교 사역을 수행할 필요성은 인식하고 있었으나 선교사를 보내면 전염될 것이 뻔했기 때문에 선교사를 보내기를 주저했다. 그런데도 다미앵 신부는 그 일을 자청했고, 주교는 이 식민지에 다미앵 신부를 이렇게 소개했다. "이 신부님은 당신들의 아버지가 될 분이고, 당신들을 너무도 사랑하여 당신네와 같이 되는 것을 주저하지 않는 분이며, 당신들과 함께 살다가 죽을 분입니다." 이 소개의 말 그대로 다미앵은 자기의 역할을 사제의 임무에만 국한하지 않았다. 다미앵이 이 공동체에 들어온 일은 중요한 전환점이 되었다. 종기를 치료하고 집을 짓고 침대를 만들고 관을 짜고 무덤을 팠다. 다미앵의 지도 아래 기본법이 실행되고, 오두막이 페인트칠한 집으로 변모했으며, 농장이 꾸려지고, 학교가 세워지고, 소녀 합창단까지 구성되었다. 뿐만 아니라, 주교의 말대로 다미앵은 1884년에 49세의 나이에 문둥병에 전염되어 그들과 함께 죽음을 맞이했다. 작은 예수로서 다미앵 신부는 고통받는 이들을 위해 자기 목숨을 기꺼이 바쳤던 사람이다.

누군가 하늘에는 선교가 없고 예배만 있을 것이라고 우리에게 도전한 적이 있다. 우리는 전혀 그렇게 생각하지 않는다. 물론 거기서는 가난한 자를 먹이거나 교회를 개척하는 일은 없을 것이다. 모든 무릎이 꿇리고, 모든 입술이 고백하고, 모든 눈물이 닦이는 날에는 그런 선교활동은 그칠 것이다. 그러나 다가올 세상에서도 우리는 예수가 삶의 모든 영역을 다스리는 분이라고 선포하는 임무를 여전히 맡게 될 것이다. 우리는 새 시대에 아무런 방해가 없이 선교사역을 수행할 날, 우리의 세계를 하나님께 되돌려드림으로써 그분을 예배하는 날을 고대한다.

우리는 예수 공동체가 예배드리는 모습을 전통적인 방식으로 그리지 않는다. 예수의 공동체는 선교에서 손을 떼는 법이 없다. 하나님을 향한 예배는 그들이 세상을 향해 가는 순간에 일어난다. 이 공동체는 예배를 선교의 수중에 둔다. 이와 관련해서는 예수의 본보기로부터 배우는 게 좋을 듯하다.

**예수의 공동체는 예수의 임재를 연습한다**  이 말은 선교가 예수 공동체의 조직 원리가 되면, 사적으로 조용히 묵상하는 예배와 기도의 시간이 없을 것이라는 뜻인가? 전혀 그렇지 않다. 예수가 자기 공동체에게 다음과 같은 말씀을 하셨는데, 바로 그런 시간을 갖도록 권면하는 대목이다.

> 또 너희는 기도할 때에 외식하는 자와 같이 하지 말라. 그들은 사람에게 보이려고 회당과 큰 거리 어귀에 서서 기도하기를 좋아하느니라. 내가 진실로 너희에게 이르노니 그들은 자기 상을 이미 받았느니라. 너는 기도할 때에 네 골방에 들어가 문을 닫고 은밀한 중에 계신 네 아버지께

기도하라. 은밀한 중에 보시는 네 아버지께서 갚으시리라. 또 기도할 때에 이방인과 같이 중언부언하지 말라. 그들은 말을 많이 하여야 들으실 줄 생각하느니라. 그러므로 그들을 본받지 말라. 구하기 전에 너희에게 있어야 할 것을 하나님 너희 아버지께서 아시느니라(마 6:5-8).

개인적인 기도와 홀로 있음과 물러남은 예수 공동체의 본질적인 부분이다. 사실, 이런 것들이 신앙생활의 필수 요소임을 예수가 친히 보여주었다.

새벽 아직도 밝기 전에 예수께서 일어나 나가 한적한 곳으로 가사 거기서 기도하시더니(막 1:35).

예수는 물러가사 한적한 곳에서 기도하시니라(눅 5:16).

예수의 삶이 가장 밑바닥에 처해 있었던 겟세마네 동산에서도 그는 남들로부터 물러나 기도하신다. 마태복음 6장에서 예수가 공동체에게 해준 말을 우리가 진지하게 여긴다면, 기도는 남들에게 보이기 위한 과시 행위가 아니라 본인과 하늘의 아버지가 나누는 사적이고 집중적인 교제라고 생각해야 마땅하다.

여기서 금식의 문제도 다룰 필요가 있겠다. 당시에 예수의 공동체는 세례 요한의 제자들과 달리 금식 훈련에 참여하지 않는 것이 눈에 띄었기 때문이다.

그때에 요한의 제자들이 예수께 나아와 이르되 우리와 바리새인들은 금식하는데 어찌하여 당신의 제자들은 금식하지 아니하나이까. 예수께서 그들에게 이르시되 혼인집 손님들이 신랑과 함께 있을 동안에 슬퍼할 수 있느냐. 그러나 신랑을 빼앗길 날이 이르리니 그때에는 금식할 것이니라(마 9:14-15).

예수가 땅에 있는 동안은 금식의 때가 아니라 기뻐하고 즐거워할 때였다. 장차 예수가 사흘간 제자들로부터 떠나 있는 기간에는 제자들이 슬픔의 표현으로 금식을 할 것이라고 말씀하신다. 그러나 예수는 부활한 뒤에 제자들에게로 돌아왔고 오늘까지 그분의 교회와 함께 계신다. 지금도 여전히 축제의 기간이다. 그러면 오늘날 그리스도인이 금식을 실천할 여지가 있는가? 솔직히 말해서 별로 없다. 예수의 말씀에 따르면 그래야 할 이유가 없는 듯이 보인다. 그리스도인들이 자기 부인의 훈련으로서, 또 개인적인 기도 시간(음식을 준비하고 먹는 시간을 줄여)을 만들기 위한 목적으로 금식하는 것이 유익할 수 있으나, 그 이상은 아니라고 생각한다. 그러니까 유익하긴 하지만 필요한 것은 아니라는 뜻이다. 이울러 예수는 금식의 훈련도 은밀히 하라고 권하면서 과시할 목적으로 해서는 안 된다고 경고한다(마 6:16-18).

**예수의 공동체는 우리가 계속해서 재복음화되어야 한다고 말한다** 너무도 많은 그리스도인이 선행과 교회 봉사로 구원을 얻으려고 하는데, 이런 관행은 당장 중단되어야 하고 저지되지 않으면 안 된다. 이 때문에 예수를 따르는 사람들은 정기적으로 재복음화될 필요가 있다. 그래서 예수가 제자들과 이른바 친교의 식사를 나누면서 자신의 희생적인 속죄의 죽음을 항상 기억하라고 말한 게 아닌가 생각된다. 본래 예수는 성찬이나 종교적 향연을 벌이려는 것이 아니었다. 먹는 일과 같은 일상적인 행위와 복음을 연결시키기 위해 성찬을 베푸신 것이다. 우리가 앞서 살펴보았던 이스라엘의 쉐마와 별로 다르지 않다고 본다. 이스라엘이 압제를 받던 당시를 배경으로 볼 때, 그들 신앙체계의 핵심 사상은 너무도 급진적이고 반문화적이었다.

> 네 자녀에게 부지런히 가르치며 집에 앉았을 때에든지 길을 갈 때에든지 누워 있을 때에든지 일어날 때에든지 이 말씀을 강론할 것이며 너는 또 그것을 네 손목에 매어 기호를 삼으며 네 미간에 붙여 표로 삼고 또 네 집 문설주와 바깥 문에 기록할지니라(신 6:7-9).

당시와 같이 공격적인 다신론이 판치던 세상에서, 그들이 유일신 신앙을 상기시키는 표시를 손목에 매거나 문설주에 기록하는 일이 얼마나 중요했을지는 충분히 이해할 수 있다. 당시와 같이 한다면, 당신이 집을 떠났다가 다시 돌아올 때마다 이스라엘의 실존적 유일신론이 주는 자유를 다시금 상기할 것이다. 또 우리는 자기도 모르는 사이에 어떤 모호한 신을 거스르게 될지도 모른다는 우려에서 벗어날 수 있다. 삶의 모든 부분이 여호와의 통치 아래서 하나로 통합되었기 때문이다.

마찬가지로 주님의 만찬도 본래 종교 기관의 특별한 전례 의식으로 창안된 것이 아니었다. 예수는 제자들에게, 떡을 떼거나 포도주를 마실 때마다 예수의 죽음으로 말미암는 자유를 상기하도록 명하였다. 이것은 날마다, 아니 하루에도 여러 차례 재복음화될 수 있는 방법이었다. 바울이 다함께 나누는 사랑의 향연을 염두에 두고 고린도 교인들에게 교훈을 준 것은, 성찬을 특별한 기독교 의식으로 고정시키려는 의도가 아니었다. 제멋대로 사는 고린도 교인들에게 공동 식사의 바탕이 되어야 할 참된 분위기와 믿음을 상기시키고 싶었던 것이다.

오늘날에도 예수 공동체는 다함께 모일 때마다 십자가의 사역을 기억하고 그것을 경축하는 일을 결코 잊어서는 안 된다. 우리를 해방시키는 것은 우리의 경건이나 신앙이 아니다. 우리의 죄를 위해 기꺼이 죽음의 길을 가신 예수의 무조건적인 사랑이다.

**예수의 공동체는 예수의 가치관을 배우고 실천한다**  흔히, 도시의 중산층 교회들은 예의바른 모습을 가장 제자다운 면모로 생각한다. 그러나 복음서를 살펴보면, 예수는 그리 예의바른 사람이 아니었다. 물론 예수는 선했고 사랑이 많았다. 또 연민이 풍부한 인물이었다. 하지만 항상 예의바른 사람은 아니었다. 교회는 예의바른 신앙을 선호하는 고정관념을 버리고 예수가 가르친 하나님 나라의 가치관을 다시 회복해야 한다. 한 가지 예를 들어보겠다. 얼마 전에 마이클이 시드니의 한 신문에, 시드니에서 가장 큰 교회인 힐송Hillsong의 영향력에 대한 논평을 기고한 적이 있다. 이 글은 미디어의 여러 공격으로부터 힐송교회를 변호하는 동시에, 번영의 교리(소위 건강과 부의 복음)를 강조하는 힐송교회의 입장에 대한 우려를 완곡하게 내비쳤다. 그 후 마이클에게는 편지와 이메일이 쇄도했는데, 어떻게 공공연하게 다른 교회를 비판할 수 있느냐고 꾸짖는 내용이었다. 그 가운데 상당수가 어떤 식으로든 교회를 비판하는 일은 그리스도

─ 타협할 줄 모르는 헌신 ─

# 시몬 베유
## Simone Weil

T. S. 엘리엇은 시몬 베유를 "천재적인 여성, 성인들과 비슷한 부류에 속한 천재"라고 묘사했다. 베유는 프랑스의 철학자요 선생이요 행동주의자로서, 지적으로 조숙했고 어린 시절부터 노동자 계급을 위한 연민을 보였던 인물이었다. 베유가 여섯 살이 되었을 때 제1차 세계대전이 진행되고 있었는데, 당시 베유는 프랑스 군인들에게 설탕이 배급되지 않는다는 이유로 설탕 먹기를 거부했을 정도이다. 십대 초반에 이미 여러 현대어를 섭렵했으며 형제와 고대 그리스어로 말하곤 했다. 젊은 시절에는 볼쉐비즘과 마르크스주의를 지지했기 때문에 일부 사람들로부터 '붉은 처녀'라는 별명을 얻기도 했다. 베유는 육체노동자와 공장 근로자의 곤경에 주목하도록 촉구하는 일에 헌신했고, 그들의 필요를 더 잘 이해하려고 철학을 가르치는 일과 육체노동을 병행했다. 가난한 자와 함께 있는 것을 좋아한 베유는 그들이 자주 가는 허름한 식당에서 식사를 했고 자기 봉급을 실업자들과 나누었다. 스페인 내전 결과에 환멸을 느낀 그녀는 마침내 공산주의 사상과 사회주의 사상을 버리기에 이른다. 훗날 기독교에 관심을 갖기는 했으나 세례를 받는 것은 거부했고 공식적으로 교회에 가입한 적도 없다. 1942년에는 나치의 점령 아래 있던 프랑스에서 도망하여 잉글랜드에 정착하였다. 1943년, 결핵에 걸렸고, 자기를 잘 돌보지 않아 34세의 나이에 죽음을 맞이했다. 그녀의 죽음은, 하나님께 돌아가려면 스스로를 '해체시켜야' 한다는 그녀의 믿음이 구현된 것이었다. 베유의 인생은 한 마디로 타협할 줄 모르는, 자기 믿음에 대한 헌신 그 자체였다.

인답지 않은 행동이라고 주장했다. 그런 글을 미디어에 싣기로 한 마이클의 결정에 당신이 동의하는지 여부는 중요하지 않다. 중요한 것은 대다수가 목사인 이 발신자들이 예수가 신앙 공동체의 종교 지도자들을 철저히, 그리고 통렬하게 비판했다는 사실을 인식하지 못하고 있다는 사실이다. 뿐만 아니라, 요한계시록에 나오는 일곱 교회에 보낸 예수의 일곱 메시지(계 2:1-3:22)는 교회를 향한 가혹한 비판을 상당히 많이 담고 있다. 따라서 교회를 비판하는 것을 그리스도인답지 못한 행동이라고 주장하는 것은 예수의 본보기를 무시하는 처사이다.

이런 처사는, 예수가 가르친 가치관보다 공손함과 예의범절을 우위에 놓는 전형적인 모습인 것 같다. 우리는 전통을 존중하는 교양 있는 태도로, 하나님의 나라에 대해 예수가 품었던 급진적인 새 비전을 축소시켜서는 안 된다. 후자는 전자를 훨씬 뛰어넘는다. 후자는 너무도 전통적이지 않아서 예수와 제자들을 곤경에 빠뜨린 적이 한두 번이 아니었다. 그러면 예수가 가르친 가치관은 어떤 것인가? 일부만 열거하면 다음과 같다.

- 온유함(마 5:5)
- 자비로움(눅 15:4 10)
- 평화로움(마 5:9)
- 결혼관계에서의 성적 순결(마 5:27)
- 염려 없이 하나님의 공급에 의지하는 태도(마 6:24-34)
- 원수를 사랑하는 것(눅 6:27-30)
- 우리에게 잘못한 자를 용서하는 것(눅 6:31-36)
- 화해하는 것(마 5:21-24)

- 진실을 말하는 것(마 5:37)

바울이 우리에게 "티나 주름 잡힌 것이나 이런 것들이 없이 거룩하고 흠이 없는" 거룩한 공동체가 되라고 권할 때(엡 5:26-27), 우리의 행동 표준이 아니라 우리를 위한 그리스도의 구원사역을 말하려는 것이었다. 우리는 공손함이나 예의 바름으로 예수의 사랑을 획득할 수 없다. 예수의 사랑은 값없이 주어지는 것이다. 따라서 신경증 환자처럼 주일 예배와 봉사로 예수의 은총을 얻어내려고 해서는 안 되며, 자유로이 하나님 나라의 가치관을 끌어안아야 한다. 바로 이 가치관이야말로 예수의 제자들을 그들이 속한 제국으로부터 구별시켜주는 것이다. 기독교의 발흥에 관한 연구서에서, 역사가 로드니 스타크Rodney Stark는 다음과 같은 글로 책을 마무리한다.

> 이 연구를 마무리하는 지금 기독교를 발흥시킨 궁극적인 요인이 무엇인지를 살펴볼 필요가 있는 것 같다. … "하나님이 세상을 이처럼 사랑하사"라는 어구는 교육받은 이방인을 어리둥절하게 만들었을 것이다. 그리고 우리가 서로 어떻게 대하는지에 신들이 관심을 갖고 있다는 관념은 터무니없는 것으로 치부되었을 것이다. … 바로 이런 도덕적인 분위기에서, 기독교는 자비를 으뜸가는 미덕의 하나로 가르쳤다. 자비로운 하나님은 인간이 자비롭게 되기를 요구하신다고 … 이는 가히 혁명적인 가르침이었다. 사실 이 가르침은 수많은 불행 아래서 신음하던 로마 세계를 부흥시키는 문화적 기반이 되었다…:[9]

모든 사람에게 우리가 예수의 제자임을 알리는 것은 우리의 사랑이다. 예수의 이름을 내거는 신앙 공동체라면 예외 없이 평화와 사랑과 자비와 자유의 공동체이어야 한다. 계속해서 스타크는 이 점이 기독교 역사의 초기에 어떻게 나타났는지를 탐구하였다.

> 내 판단에 따르면, 기독교가 제국 내에서 부흥 운동에 이바지한 주된 방법은, 민족성을 완전히 벗겨버린 일관된 문화를 제공하는 것이었다. 누구나 굳이 민족적 연줄을 끊지 않아도 환영을 받았다. … 기독교는 또한 양성兩性 간의 관계와 가족 내의 관계를 자유롭게 만들어주었다. … [그리고] 계급 간의 차이도 크게 완화시켰다. 수사학의 차원을 뛰어넘어 노예와 귀족이 그리스도 안에서 서로를 형제로 대우하는 모습이 그랬다. 끝으로, 기독교가 개종자들에게 주었던 것은 다름 아닌 그들의 인간성이었다.[10]

**예수의 공동체는 성경 공부에 열중하고 영적인 은사를 사용한다**  바울은 "누구든지 언제나 자기 육체를 미워하지 않고 오직 양육하여 보호하기를 그리스도께서 교회에게 함과 같이 하나니 우리는 그 몸의 지체임이라"(엡 5:29-30)라고 말한다. 그런즉 예수는 모든 시대에 걸쳐 자기 백성을 양육하고 보호한다. 예수가 자기 사람들을 돌보는 모습이 복음서에서는 분명하게 나타나 있다. 그런데 오늘날의 우리에게는 어떻게 그렇게 할 수 있는가? 이를 위해서 하나님이 교회에 영적인 은사를 주지 않았나 생각된다. 즉 우리 가운데서 일어나는 성령의 사역을 통하여 우리가 세워지고(길러지고) 양육되는(보살핌을 받는) 것이다. 우리 각자 속에 거하는 예수가 우리 각 사람을 이용하여 서로를 양육하고 보살피게 한다는 것은 참으로 기발한 생각이 아닌가.

고린도전서 11장에서 바울은, 몸의 다양한 지체들이 하나로 움직이는 것과 마찬가지로, 교회의 각 지체도 교회를 세우는 데 자기 은사를 조화롭게 사용하여 각자 역할을 담당하라고 권면한다. 그리고 나서 사랑의 장으로 유명한 고린도전서 13장으로 넘어가는 것은 자연스러운 일이다. 교회 지체들 간의 진정한 사랑이 없이는 각 은사의 표출이 그들을 갈라놓을 것이기 때문이다. 바울은 사실상 '다양성 속의 통일성'을 권하는 셈이다. 우리 삶의 현장에서 모든 은사를 사용해 각자의 사역을 세워가기에 우리는 함께 강해지는 것이다. 바울은 이제 고린도 교인들의 공적 모임에 눈을 돌리면서 이렇게 권면한다.

> 그런즉 형제들아 어찌할까. 너희가 모일 때에 각각 찬송시도 있으며 가르치는 말씀도 있으며 계시도 있으며 방언도 있으며 통역함도 있나니 모든 것을 덕을 세우기 위하여 하라. 만일 누가 방언으로 말하거든 두 사람이나 많아야 세 사람이 차례를 따라 하고 한 사람이 통역할 것이요. 만일 통역하는 자가 없으면 교회에서는 잠잠하고 자기와 하나님께 말할 것이요. 예언하는 자는 둘이나 셋이나 말하고 다른 이들은 분별할 것이요. 만일 곁에 앉아 있는 다른 이에게 계시가 있으면 먼저 하던 자는 잠잠할지니라. 너희는 다 모든 사람으로 배우게 하고 모든 사람으로 권면을 받게 하기 위하여 하나씩 하나씩 예언할 수 있느니라(고전 14:26-31).

여기에 무리 없이 성령과 협조하며 서로 협력하는 교회, 각자 자기 역할을 담당하고 나름대로 기여하는 교회의 모습이 있다. 예수가 어떻게 우리를 양육하고 보살피는지 묻고 싶은가? 바로 신앙 공동체의 다른 지체들을 통해서 그렇게 하시는 것이 한 가지 방법이다.

이 점을 진지하게 받아들이는 인물 중 하나는 산타크루즈에 위치한 빈티지페이스교회의 댄 킴볼이다. 킴볼은 예배 인도자들에게 예배가 신앙 공동체에서 차지하는 합당한 위치를 상기시키는 방법으로 다음과 같은 질문을 만들었다.

1. 예배를 통해 예수를 우리 교회의 중심으로 높이 받드는가?
2. 예배 모임에서 우리 교회의 규범적인 지혜로 성경을 읽고 가르치는가?
3. 예배를 드리러 모일 때 기도가 본질적인 부분을 차지하고 있는가?
4. 예배 모임을 통해 우리가 한 공동체인 사실을 표현할 기회를 주었는가?
5. 공동의 식사는 우리 예배에서 통상적인 일인가, 아니면 중심이 되는 일인가?
6. 우리 교인들은 예배로 모일 때 선교적 삶을 살 의무를 상기하게 되는가?
7. 예배 모임을 계획할 때 누구나 자기 은사에 따라 합당하게 공동체 전체에 기여할 기회를 갖도록 하는가?[11]

우리는 예배를 준비하는 모든 이들이 이 질문을 정기적으로 접하기를 바란다.

/ 복사판의 복사판의 복사판 /

　다가올 세상에서도 우리는 삶의 모든 영역에 걸친 예수의 통치를 선언할 책임을 담당하게 될 것이다. 바울은 의도적으로 예수가 보여준 모범을 재현하려고 애썼다. 바울의 노력은 예수 공동체 원형을 취해서 세계 곳곳의 다양한 상황에 맞추어 변형시키려는 시도였다고 할 수 있다. 우리는 바울이 베낀 복사판의 복사판을 만들려고 애쓴다. 이것이 오늘날 교회가 안고 있는 난관이다. 어떤 서류를 복사한 뒤에 그 복사판을 다시 복사해보라. 이런 식으로 계속 복사를 거듭하면 나중에 어떤 복사판이 나오겠는가? 희미하고 읽기도 어렵고 사용할 수도 없는 상태가 된다. 그러면 어떻게 해야 당신이 원하는 처음 형태로 돌아갈 수 있을까? 당신은 분명 원본으로 돌아가고 싶을 것이다. 바울이 우리에게 자기의 복사판을 복사하도록 요청했을 리가 없다. 바울은 원본을 자기의 모형으로 삼고 있었는데, 우리도 그래야 마땅하다. 지금은 우리의 교회 안에서 예수를 재발견하여 원본의 복사판처럼 만들어야 할 시점이다.

　이 책의 초반부에서, 우리는 로마와 모스크바의 거대한 성당 방문기를 소개하였다. 그러면서 교회라는 종교 기관이, 맨 처음 나사렛 랍비가 세운 역동적이고 관계 지향적이며 반문화적인 집단에서 얼마나 멀어졌는지를 물었다. 앞에서 언급한 여덟 가지 특징은 오늘날 예수를 따르는 모든 집단이 채택할 수 있다. 또한, 주류 교회가 반드시 필요하다고 생각하는 설비나 소유물이 없어도 개발할 수 있는 것들이다. 우리는 지금 전혀 새로운 모델을 제시하는 것이 아니다. 교회의 존재와 사역에 대해 어떤 혁신적인 접근을 고안하는 것도 아니다. 다만 예수를 좇는 신앙 공동체에게 창시자의 가르침과 본보기와 비전을 재발견하도록 촉구하고 있는 것이다. 물론 이제까지 오랜 세월에 걸쳐 그리스도인이 개발한 전통을 멸시하거나 무시하면서 개혁만 하자는 이야기는 아니다. 아울러 이런 사안들에 대해 우리에게 무슨 고차원적인 통찰이 있다고 주장하는 것도 아니다. 하지만 우리는 복음서와 신약성경에 제시된 본보기와, 오늘날 우리 주변에 있는 (전문화되고 제도화된) 교회의 전형을 비교해볼 수 있고, 거기서 발견되는 괴리에 대해 심각한 질문을 던질 수는 있다고 생각한다. 지금은 얄팍한 소비주의 시대의 마케팅 전략을 중심으로 교회를 운영할 것이 아니라, 예수를 중심으로 교회를 재조정해야 할 때이다.

## 나가는 말

바울에게 복음은 곧 예수이다. 메시아의 자격을 가진 예수, 다윗의 혈통으로 태어난 예수, 하나님의 영에 의해 의인으로 확증된 예수, 죽은 자들 가운데서 부활한 예수!

# CONCLUSION: READ THIS BIT LAST

# Conclusion: Read This Bit Last

"그리스도가 하나님이 아니라면 복음은 있을 수 없다. 한 위대한 선지자가 태어났다는 사실은, 나에게 흥미로운 소식이 아니다. 과거에도 위대한 선지자들이 있었다. 진리를 증언하는 것만으로는 이 세상이 악으로부터 구속될 수 없었고 앞으로도 마찬가지일 것이다. 그러나 나에게, 하나님이 태어났다고, 하나님이 친히 우리의 본성을 취해서 그것을 하나님과 하나가 되도록 했다고 말해 달라. 하나님이 내게 오셨으므로 이제는 내가 하나님께로 갈 수 있으니, 내 가슴 속에서 즐거운 종소리가 울릴 것이다. _찰스 스펄전

나가는
/
말

 이 결론 부분은 마지막에 읽을 내용이다. 만일 이 책을 방금 사서 앞부분을 뛰어넘어 이 결론 부분을 열었다면, 되돌아가서 처음부터 읽어라. 당신이 우리와 이 긴 여정을 함께한 뒤에, 예수가 제공한 또 다른 비전을 재발견하기를 바라는 까닭이다. 이 여정에는 당신이 한동안 모아놓은 모든 예수상을 버리는 일이 포함되어 있다. 아울러 예수를 유일무이한 하나님의 현존으로 인식하고 따르는 히브리적인 체계와 다시 조우하는 여정도 들어 있다. 뿐만 아니라, 예수가 세운 교회가 어떤 모습인지를 탐구하는 일도 이 여정의 일부이다.
 일단 우리와 함께 이 여정을 함께 한 뒤에 다음 이야기에 주목했으면 하는 바람이다.

## / 여인숙에 들어간 두 남자 /

중년 남자 두 명이 자그마한 마을의 허름한 여인숙에서 만난다. 그들은 서로 포옹하며 두텁고 탄탄한 손으로 뜨겁게 상대의 넓은 등을 두드린다. 그러고는 서로의 뺨에 각각 입을 맞춘다. 무언가를 공모하듯이 식탁에 등을 구부리고 앉아 함께 식사를 시작한다. 얼굴을 뒤덮고 있는 먼지 때문인지 눈가의 주름은 더욱 돋보인다. 희끗희끗한 턱수염은 그들의 나이를 가늠케 한다. 수많은 전투를 겪은 전사들, 곧 두 마리 늙은 사자의 모습이다. 그리고 오늘 그들은 또 다른 싸움에 임한다.

한 사람이 손등으로 콧수염에 묻은 빵 부스러기를 닦더니 능글맞게 웃으면서 "자네, 빨리도 늙었구먼" 하고 말문을 연다.

상대방은 그를 쳐다보며 미간을 찌푸린다.

"아니, 내 말은" 하고 남자가 말을 잇는다. "자네를 한동안 못 봤는데 그 어간에 상당히 늙은 것 같다는 말일세." 또 한 번의 능글맞은 웃음.

다른 남자는 자기를 변호하려다가 그 친구의 말을 부인하듯이 손사래를 친다. "그런 소리에는 대꾸할 필요도 없지" 하며 웃음을 머금는다. "자네도 이젠 과거의 그 다부진 젊은이의 모습은 아닐세."

둘 다 미소를 짓더니 처음 말문을 연 남자가 친구의 팔 위에 손을 얹는다. 말투가 심각하게 바뀌더니 "이제는 여행이 정말 힘겨워"라고 고백한다.

"나도 그래. 그래서 실망스럽다네. 낯선 숙소와 사고와 여행 자체는 견딜 만해. 그런데 동지들이 우리의 대의에 등을 돌린다거나 여러 세포조직이 우리의 교리에서 탈선한다는 소식을 들으면 무척 실망스럽고 정말이지 견디기 힘들어. 그런 서글픈 소문이 나를 더욱 늙어보이게 만들지" 하고 친구의 표정을 살피면서 말한다.

"정말 아주 늙어보이게 하지." 그들은 함께 웃었다. 그러고는 침묵이 흐른다.

시간이 조금 흐른 뒤에 처음 입을 뗀 남자가 "바울 선생, 고린도 교인들이 아직도 골칫거리요? 당신의 희끗한 콧수염은 모두 그들 탓인가?" 하고 묻는다.

"베드로 선생, 골치와 콧수염은 아무것도 아니야. 최근 소식 못 들었나? 아마 알고 싶지도 않을 걸세. 질투와 말싸움에다가 분열까지. 그들 중 일부는 나의 사도직까지 부정하고 있다네. 더 은사가 많은 지도자를 원하는 것이 분명해! 믿을 수 있겠나?! 그늘은 지혜가 성령으로부터 온다는 것을 모르지. 그렇게 많은 시간이 흘렀어도 여전히 영적인 유아로 남아 있으니…. 그들의 죄악을 입에 담고 싶지도 않네. 성적 부도덕, 동지들끼리의 소송 문제, 자유의 남용, 부도덕한 형제에게 베푸는 넘치는 아량, 영적인 은사 자랑, 무질서한 예배, 부적절한 부활신학, 그리고 사랑이라고는 눈곱만큼도 없고. 이런 문제에 대해 편지를 네 차례나 썼지만, 매번 더 미궁 속으로 빠져드는 것 같네. 이제 편지는 그만 쓰고 싸워야겠어. 이제는 편지가 못 주는 교훈을 주먹으로 가르칠 작정이야. 사실 선생이 나보다 더 잘 싸울지도 모르겠지만…. 고린도로 가는 걸 생각해 보겠나?"

"동지여, 고린도 교인들을 때려눕힌다고 문제가 해결될 것 같지는 않네. 나도 선생과 합류하고 싶은 마음이 있네만" 하고 베드로는 공감하듯이 미소를 머금는다.

"갈라디아에 있는 세포는 어떻소? 그들과는 접촉을 계속하고 있나?"

하고 바울이 물을 한 모금 마신 뒤에 묻는다. 베드로는 천천히 머리를 좌우로 흔들고 있다. 바울이 이렇게 말을 잇는다. "갈라디아 교인들의 믿음은, 할례를 필수 요건으로 삼는 유대 그리스도인들의 가르침에 저항할 만큼 강하지가 않아. 그리고 그들은 내가 전한 복음을 의심한다네. 고린도 교인들처럼 나의 권위마저 의심하고 있네."

이런 식으로 대화가 진행된다. 지친 두 사람은 소아시아의 새로운 세포조직들, 유럽의 새로운 개종자들, 그리스에서의 새로운 진전 등에 관해 이야기를 주고받는다.

"베드로 선생, 언제 그대를 다시 보게 될지 모르오…."

"선생은 우리가 만날 때마다 똑같은 말을 하는 걸 아는가?"

"알고 있네. 언제나 상황이 그렇지 않은가. 그러나 우리가 다시 못 만날지도 모르니 그분에 관한 이야기를 한 번 더 들려주겠나?"

베드로는 슬픈 표정으로 미소를 지으며 말한다. "아, 바울 선생, 그대는 그 이야기를 수백 번이나 들었잖소. 이제는 그대가 나보다 이야기를 더 잘하기도 하고."

바울은 친구를 향해 몸을 앞으로 숙이고는 이렇게 말한다. "동지여, 나는 그동안 매를 맞고 버려지고 배신당하고 파선당하고 죽은 자로 방치되는 고난을 겪었네. 내가 개척한 세포조직 가운데 개인적이든 교리적이든 어떤 위기에 빠지지 않은 조직이 거의 없는 것 같아. 나는 몸도 성하지 않았고 굶주릴 때도 적지 않았지. 글쎄, 어떤 친구들은 내가 노인처럼 보인다고 해. 하지만 혁명이 진행되고 있다네. 천천히 그러나 확실히. 아, 우리가 목격한 것들을 생각하면 참로 놀라워. 그런데도 때로는 힘겹게 느껴지네. 나는 밤이 끝나기를 기다리는 파수꾼처럼 주님을 갈망하고 있다네. 작고 연약한 세포조직들이 과연 우리가 꿈꾸었던 변화를 이룰지 확신이 서지 않을 때가 있어. 그래, 참으로 그렇다네. 내가 그 많은 것을 목격하고 행했는데도 말일세. 우리가 직접 눈으로 목격하고 행한 것은…."

그러고는 자기 시선을 베드로의 눈에 고정시키더니 "한 번만 더 들려주시게" 하고 부탁한다.

## / 다시 예수를 붙들라 /

우리는 상상력을 동원하여 그 옛날 여인숙의 문시방에 서서 어둑한 방을 들여다보며, 전투에 지친 두 전사가 그들의 영웅과 표준과 영감에 관해 나누는 이야기를 듣는다. 정말 바울과 베드로가 이렇게 만나서 이런 대화를 나누었을까? 그것을 누가 알랴? 하지만 그들의 일과 사역에 영감을 주고 그들의 사명의 원동력이 된 것은 예수의 이야기였을 것이다. 틀림없다. 사실 바울이 로마 교인들에게 편지를 쓸 때 스스로를 "예수 그리스도의 종 바울은 사도로 부르심을 받아 하나님의 복음을 위하여 택정함을 입었으니"(롬 1:1) 하고 소개하였다. 여기서 바울이 말하는 '하나님의 복음'은 무엇인가? 그것은 예수를 중심으로 하는 믿음과 행습의 집합체, 혁명적인 교의, 일련의 교리적 명제들인가? 아니, 이것들을 훨씬 뛰어넘는 것이다. 복음은 단지 신학적인 이데올로기가 아니다. 그것은 역사적인 사건이다. 바울이 직접 설명하는 내용을 들어보라.

이 복음은 하나님이 선지자들을 통하여 그의 아들에 관하여 성경에 미리 약속하신 것이라. 그의 아들에 관하여 말하면 육신으로는 다윗의 혈통에서 나셨고 성결의 영으로는 죽은 자들 가운데서 부활하사 능력으로 하나님의 아들로 선포되셨으니 곧 우리 주 예수 그리스도시니라. 그로 말미암아 우리가 은혜와 사도의 직분을 받아 그의 이름을 위하여 모든 이방인 중에서 믿어 순종하게 하나니 너희도 그들 중에서 예수 그리스도의 것으로 부르심을 받은 자니라(롬 1:2-6).

바울이 설명하는 복음의 내용은 창조, 죄, 속죄, 구속에 관한 명제적 진술로 구성되지 않는다. 이 복음은 역사적인 예수 이야기를 되찾는 소리이다. 바울에게 복음은 곧 예수이다. 메시아의 자격을 가진 예수, 다윗의 혈통으로 태어난 예수, 하나님의 영에 의해 의인으로 확증된 예수, 죽은 자들 가운데서 부활한 예수가 그분이다. 이런 특징은 마태복음이 전하는 복음과 동일한 듯이 보인다. 사실상 로마서 1장 1-6절의 내용은 네 복음서의 '다이제스트' 판이라고 할 수 있다.

로마서의 뒷부분에 가면 바울이 동일한 메시지를 이렇게 요약한다.

> 그러면 무엇을 말하느냐. 말씀이 네게 가까워 네 입에 있으며 네 마음에 있다 하였으니 곧 우리가 전파하는 믿음의 말씀이라. 네가 만일 네 입으로 예수를 주로 시인하며 또 하나님께서 그를 죽은 자 가운데서 살리신 것을 네 마음에 믿으면 구원을 받으리라(롬 10:8-9).

학자들은 이것이 당시에 잘 알려진 신조의 반복이라고 믿는다. 이것이 단순한 신조를 진술한 것일 수도 있다. 하지만 이 메시지의 궤도를 주목할 필요가 있다. 이는 마태복음, 마가복음, 누가복음을 간추린 탁월한 요약판이다. 이것을 4세기로부터 내려오는 화려한 니케아 신조와 비교해보라. 이 신조는 예수를 "빛으로부터 나온 빛, 참 빛으로부터 나온 참 빛, 만들어진 존재가 아니라 낳은 존재, 아버지와 하나인 존재"로 언급한다. 바울은 이런 우아한 교리적 언어와 아무 관계가 없다. 디모데후서 2장에는 바울이 선호하는 복음의 진술이 나온다. "내가 전한 복음대로 다윗의 씨로 죽은 자 가운데서 다시 살아나신 예수 그리스도를 기억하라"(딤후 2:8). 사건이다. 사실이다. 역사이다. 이것이 나의 복음이다.

바울이 고린도 교인들에게 공적인 만찬의 집행과 관련하여 충고해준 부분에서, 복음이 가장 절실한 어조로 표현되었다.

> 형제들아 내가 너희에게 전한 복음을 너희에게 알게 하노니 이는 너희가 받은 것이요 또 그 가운데 선 것이라. 너희가 만일 내가 전한 그 말을 굳게 지키고 헛되이 믿지 아니하였으면 그로 말미암아 구원을 받으리라. 내가 받은 것을 먼저 너희에게 전하였노니 이는 성경대로 그리스도께서 우리 죄를 위하여 죽으시고 장사 지낸 바 되셨다가 성경대로 사흘 만에 다시 살아나사 게바에게 보이고 후에 열두 제자에게와(고전 15:1-5).

예수는 우리의 죄를 위해 죽었다. 예수는 곧 예언의 성취였다. 예수는 다시 살아났다. 예수는 목격자들에게 나타났다. 이것이 바로 예수의 인격과 사역에 닻을 내리고 있는 우리의 복음이다. 바울이 '내가 너희에게 전한 복음'이라고 부른 그것이다. 사실 바울이 갓 태어난 교회들에게 가르친 내용 대부분이 예수의 죽음과 부활과 나타남을 중심으로 한 예수의 이야기들이다. 이 점을 알려주는 증거는 충분히 있다. 바울의 편지들은 특정한 목회적, 신학적 이슈들을 다루었다. 하지만 그 서신들은, 바울이 전한 복음, 교인들이 푹 잠기기를 바라는 교리가 다름 아닌 그리스도 사건, 즉 예수 이야기였다는 사실을 바탕으로 읽어야 한다. 존 딕슨John Dickson의 말을 들어보라.

> [이 같은] 신조의 진술이 지닌 중요성을 과소평가하면 안 된다. 이 진술은 최초의 그리스도인들이 선교사로서 선포한 메시지, 특히 바울의 선교사들이 선포한 내용을 훑어볼 수 있게 해주기 때문이다. 바울(과 다른 사도들)은 그의 편지들에서 선교사로서 전한 메시지를 길게 반복할 이유가 없었다. '복음'은 언제나 그 편지들의 배경에 있되 전면에는 거의 부상되지 않는 공통분모와 같은 것이다.[1]

오늘날 너무도 많은 그리스도인이 로마서를 마치 복음에 대한 바울의 해설(창조, 죄, 속죄로 이루어진)인 것처럼 읽는다. 그러나 로마서를 비롯한 편지들은 모두 복음의 해설이 아니라 복음의 적용이었다. 바울은 로마 교인들이 자기가 가르친 놀라운 예수 이야기를 기억하고 있을 것으로 가정하고 있다. 사실 바울이 복음을 전하는 모습은 로마서 1-3장이 아니라 사도행전 13장에 더 가깝다고 할 수 있다.

> [사울을] 폐하시고 다윗을 왕으로 세우시고 증언하여 이르시되 내가 이새의 아들 다윗을 만나니 내 마음에 맞는 사람이라. 내 뜻을 다 이루리라 하시더니 하나님이 약속하신 대로 이 사람의 후손에서 이스라엘을

위하여 구주를 세우셨으니 곧 예수라. 그가 오시기에 앞서 요한이 먼저 회개의 세례를 이스라엘 모든 백성에게 전파하니라. 요한이 그 달려갈 길을 마칠 때에 말하되 너희가 나를 누구로 생각하느냐. 나는 그리스도가 아니라 내 뒤에 오시는 이가 있으니 나는 그 발의 신발끈을 풀기도 감당하지 못하리라 하였으니 형제들아 아브라함의 후손과 너희 중 하나님을 경외하는 사람들아 이 구원의 말씀을 우리에게 보내셨거늘 예루살렘에 사는 자들과 그들 관리들이 예수와 및 안식일마다 외우는 바 선지자들의 말을 알지 못하므로 예수를 정죄하여 선지자들의 말을 응하게 하였도다. 죽일 죄를 하나도 찾지 못하였으나 빌라도에게 죽여 달라 하였으니 성경에 그를 가리켜 기록한 말씀을 다 응하게 한 것이라. 후에 나무에서 내려다가 무덤에 두었으나 하나님이 죽은 자 가운데서 그를 살리신지라. 갈릴리로부터 예루살렘에 함께 올라간 사람들에게 여러 날 보이셨으니 그들이 이제 백성 앞에서 그의 증인이라. 우리도 조상들에게 주신 약속을 너희에게 전파하노니 곧 하나님이 예수를 일으키사 … 그러므로 형제들아 너희가 알 것은 이 사람을 힘입어 죄 사함을 너희에게 전하는 이것이며 또 모세의 율법으로 너희가 의롭다 하심을 얻지 못하던 모든 일에도 이 사람을 힘입어 믿는 자마다 의롭다 하심을 얻는 이것이라(행 13:22-39).

여기서 다음 세 가지를 주목하라. 첫째, 이 설교는 예수의 생애에 일어난 사건들에 초점을 맞추고 있는 네 복음서(특히 마가복음과 누가복음)의 요약과 다름없다. 둘째, 예수의 왕적 통치라는 강조점을 가지고, 로마서와 디모데후서의 설교와 신조 진술들을 살펴보면, 이들 사이에는 확실한 추론 관계가 있다. 셋째, 여기에 예수의 메시아적 통치와 삶과 죽음과 부활이라는 역사적 사건에 확고히 뿌리박고 있는, 바울의 이신칭의 교리에 대한 명시적인 언급이 있다.

우리는 교리적 진술이 쓸데없다고 말하고 싶지는 않다. 그러나 교리적 순수성 그 자체를 지키려는 노력이 교회를 갈가리 찢어놓았고 수많은 교단들과 기독교 기관들을 경쟁하듯 생겨나게 하였다. 바울과 베드로에게는 복음이 곧 예수이고, 오직 예수일 뿐이다. 명제적 진술로 정립되는 모든 교리는 예수 이야기 안에 중심을 두어야 한다.

바울과 베드로가 어둑한 여인숙에서 만나 음식을 먹고 이야기를 나눈 적이 과연 있었을까? 우리로서는 알 방도가 없다. 하지만 혹시라도 그런 적이 있었다면, 그들이 나눈 이야기는 결코 하찮은 주제나 과거에 대한 동경은 아니었을 것이다. 그들은 분명, 자신들의 유일한 존재 목적인 복음 이야기에 매달렸을 것이다. 당신의 상상력을 동원하여 그 지친 두 사자들이 서로를 예수 이야기로 새롭게 하는 장면을 그려보라. 그리고 당신 스스로에게 물어보라. 당신은 얼마나 간절히 복음에 매달리고 있는가? 사영리나 '생명에 이르는 다리'나 교리문답이 아니라 예수 그분을 붙들고 있는가? 만일 당신이 그분에게 간절히 매달리고 있다면, 우리와 함께 이 시대 우리 교회에서 예수를 되찾는 프로젝트에 동참하길 바란다.

/ 주 /

### 들어가는 말

1. Don Whitehead, *Attack on Terror: The FBI against the Ku Klux Klan in Mississippi* (New York: Funk & Wagnalls, 1970), p. 4.; Charles Marsh, *God's Long Summer: Stories of Faith and Civil Rights* (Princeton, N.J.: Princeton University Press, 1997), p. 64.에서 인용함.
2. Marsh, *God's Long Summer*, p. 65.
3. 위의 책, p.62.
4. 위의 책 62~63페이지에 인용된 찰스 마쉬에게 보낸 편지. 여기서 바우어스가 예수를 '갈릴리 사람'으로 언급하는 것을 주목하라. 바우어스가 이 용어를 사용한 것은 예수를 옛 갈릴리에 살던 아리안 식민주의자의 비유대인 후손으로 구별하기 위함이었다.
5. 위의 책, p. 63.
6. Alan Hirsch, *The Forgotten Ways: Reactivating the Missional Church* (Grand Raopids, Mich.: Brazos, 2006), 143ff.; Michael Frost and Alan Hirsch, *The Shaping of Things to Come: Innovation and Mission for the 21st-Century Church* (Peabody, Mass.: Hendrickson, 2003), 16ff.
7. Michael Frost, *Exiles* (Peabody, Mass.: Hendrickson, 2006). 에베소서 4장 11절에 나오는 사역을 탐구하는 앨런 허쉬Alan Hirsch, 닐 콜Neil Cole, 볼프강 심슨Wolfgang Simson의 *Igniting Primal Fires*(출간 예정)도 참고하라.
8. Jacques Ellul, *The Subversion of Christianity* (Grand Rapids, Mich.: Eerdmans, 1986), p. 3.
9. 우리는 그렇게 생각하지 않는다. '하나님 아래 있는 한 민족'이란 개념은 교회의 소명이 아니라 이스라엘의 부르심을 가리키는 것이다. 하나님 아래 있는 한 교회

가 그 개념에 더 가깝다. 그리고 교회는 여러 민족 가운데 살면서 복음을 증거하고 영향은 미치되 군림하는 위치에 서지 않도록 부름 받은 공동체이다.
10. 잉글랜드에 있는 'rejesus'라는 기독교 단체는 예수의 '삶, 성품, 가르침, 추종자들'을 탐구하는 훌륭한 웹 사이트(ReJesus.co.uk)를 운영한다. 이 사이트를 여러분에게 추천하고 싶다.
11. J. Kevin Livingston, "David Jacobus Bosch," *The international Bulletin of Missionary Research* 23/1 (January 1999) : pp. 26-32.
12. Adolf von Harnack, *The Essence of Christianity*, Alexander Mens, *Son of Man* (Torrance, Calif.: Oakwood, 1992), p. 5에서 인용함.
13. George Tyrrell, *Christianity at the Cross-Roads* (London: Allen & Urwin, 1963), p. 29.
14. A. Michael Ramsey, *God, Christ and the World: A Study in Contemporary Theology* (London: SCM, 1969), p. 99.


1장 | 어떻게 예수는 모든 것을 바꾸는가
1. Frost, *Exiles*, pp. 28-49.
2. M. Scott Peck, *Further Along the Road Less Traveled: The Unending Journey Toward Spiritual Growth* (New York: Simon and Schuster, 1993), p. 210.
3. Charles Sheldon, *In His Steps* (1896; reprinted, Peabody, Mass.: Hendrickson, 2004), p. 9. 1896년에 처음 출간된 이 책은 1935년에 이르기까지 21개 언어로 번역되었다. 이를 기초로 예수를 안내자요 모델로 삼자는 WWJD 운동이 범세계적으로 일어났다.
4. Terry Eagleton, "Was Jesus Christ a Revolutionary?" *New Internationalist*, May 1, 2008, p. 24.
5. Nick Cave, *The Gospel According to Mark with an Introduction by Nick Cave* (Melbourne: Text, 1998), p.xi

6. 위의 책.
7. Laura Simmons, *Creed Without Chaos: Exploring Theology in the Writings of Dorothy Sayers* (Grand Rapids, Mich.: Baker, 2005), p. 78.
8. Dorothy L. Sayers, *The Man Born to Be King* (London: Victor Gollancz, 1995), p. 21.
9. Simmons, *Creed Without Chaos*, p. 79.
10. Augustine *In John* 35.5; 36.8; 40.6; Chrisostom *In John* 53.2.을 보라.
11. David Jacobus Bosch, *Transforming Mission: Paradigm Shifts in Theology of Mission* (American Society of Missiology 16; Maryknoll, N.Y.: Orbis, 1991), p. 390.
12. Jacques Matthey, "Congress 'Missio Dei' God's Mission Today: Summary and Conclusions(Reflector's Report)," (50th Anniversary of the World Mission Conference, August 16-21, 2002), 3.1. Cited 25 September 2008. Online: http://www.wcc-coe.org/wcc/what/mission/willingen.html.
13. Bosch, *Transforming Mission*, p. 519.
14. Robert McAfee Brown, quoted in "The Meaning of Life," *Life*, December 1988. Cited 25 September 2008. Online: http://www.maryellenmark.com/text/magazines/life/905W-000-037.html.
15. John Eldridge, *Wild at Heart* (Nashville: Thomas Nelson, 2006), p. 34.
16. Willa Cather, *Death Comes for the Archbishop* (1927; reprinted, New York: Vintage, 1990), pp. 206-207.
17. Flannery O'Connor, "Parker's Back," *The Complet Stories of Flannery O'Connor* (New York: Noonday, 1992), p. 519.
18. 위의 책, p. 529.
19. 위의 책, p. 530.

## 2장 | 예수 되찾기와 개인적 갱신

1. Wihelm Visser T' Hooft, *The Renewal of the Church*(London : SCM, 1956), p. 1.
2. Brian J. Walsh and Sylvia C. Keesmaat, *Coloossians Remixed*(Downers Grove, Ⅲ.: InterVarsity, 2004), chs 2-3.
3. Tom Sine, *The New Conspirators* (Downer Grove, Ⅲ.: InterVarsity, forthcoming).
4. Walsh and Keesmaat, *Colossians Remixed*, p. 85.
5. Walter Brueggemann, *Finally Comes the Poet* (Minneapolis: Augsburg Fortress, 1989), p. 23.
6. *V for Vendetta*, Directed by James McTeigue (Burbank, Calif., Warner Bros., 2005).
7. Hirsch, *Forgotten Ways*, p. 113.
8. Louis K. Dupre, *Kierkegaard as Theologian*: *The Dialectic of Christian Existence* (London: Sheed & Ward, 1964), p. 171.
9. Ronald Grimsely, *Kierkegaard: A Biographical Introduction* (London: Studio Vista, 1973), p. 103.
10. Bosch, *Transforming Mission*, p. 67.
11. Hirsch, *Forgotten Ways*, p. 102.
12. Dallas Willard, *The Spirit of the Disciplines*, quoted in R. J. Foster and J. B. Smith, *Devotional Classics*, revised edition (San Francisco: HarperOne, 2005), p. 14.
13. Dietrich Bonhoeffer, quoted in John A. Phillips, *The Form of Christ in the World* : *A Study of Bonhoeffer's Christology* (London: Collins, 1967), p. 100.
14. Ellul, *Subversion of Christianity*, pp. 6-7.
15. Soren Kierkegaard, *Training in Christianity*, quoted in Dupré, *Kierkegaard as Theologian*, p. 172.
16. J. A. Woelfel, *Bonhoeffer's Theology* : *Classical and Revolutionary*

(Nashville: Abingdon, 1970), p. 254.
17. 위의 책.
18. 위의 책, pp. 255-256.
19. Romano Guardini, *The Lord* (London: Longmans, 1954), p. 447.
20. Vernard Eller, *Kierkegaard and Radical Discipleship: A New Perspective* (Princeton: Princeton University Press, 1968). Cited 25 September 2008. Online: http://www.hccentral.com/eller2/part12a.html.
21. 위의 책, e-text.
22. Soren Kierkegaard, journals, November 26, 1834, quoted in David J. Gouwens, *Kierkegaard as Religious Thinker* (Cambridge: Cambridge University Press, 1996), p. 173.
23. Scot McKnight's "Missional Jesus" series can be found online at http://www.jesuscreed.org/?cat=39.
24. Sinéad O'Connor, "Out of the Depths", *Theology* (Koch Records, 2007).


3장 | 교회와 단체를 위한 예수 되찾기
1. "또 내가 네게 이르노니 너는 베드로라 내가 이 반석 위에 내 교회를 세우리니 음부의 권세가 이기지 못하리라. 내가 천국 열쇠를 네게 주리니 네가 땅에서 무엇이든지 매면 하늘에서도 매일 것이요. 네가 땅에서 무엇이든지 풀면 하늘에서도 풀리리라."
2. 이 인용문은 냉장고용 자석에서부터 학교 게시판에 이르기까지 곳곳에서 볼 수 있다. 우리는 http://www.quotationspage.com/quote/33522.html에서 찾았다.
3. Roland Allen, *The Compulsion of the Spirit* (ed. David Paton and Charles H. Long; Grand Rapids, Mich.: Eerdmans, 1983), pp.47-48.
4. Maurice S. Friedman, *Martin Buber: The Life of Dialogue* (Chicago: University of Chicago Press, 1955; repr. New York: Harper's N.Y., 1960), p.

32. Cited 25 September 2008. Online: http://www.religion-online.org/showchapter.asp?title=459&C=337.
5. '종교'라는 단어는 긍정적으로나 부정적으로 사용할 수 있는데, 우리는 거의 언제나 부정적으로 사용한다.
6. From Abraham Heschel, *A Passion for Truth* (New York: Farrar, Straus and Giroux, 1973), pp. 169-170.
7. John V. Taylor, *The Go-between God: The Holy Spirit and the Christian Mission* (London: SCM, 1972), p. 190
8. N. T. Wright, quoted in Bruxy Cavey, *The End of Religion: An Introduction to the Subversive Spirituality of Jesus* (Ottawa: Agora, 2005), p. 62.
9. Martin Buber, *Mamre* (Melbourne: Melbourne University Press, 1946), pp. 103-104.
10. Ellul, *Subversion of Christianity*, p. 55.
11. 위의 책, p. 141.
12. Cavey, *End of Religion*, p. 62.
13. 그는 여인에게 이렇게 말한다. "여자여, 내 말을 믿으라. 이 산에서도 말고 예루살렘에서도 말고 너희가 아버지께 예배할 때가 이르리라 … 아버지께 참되게 예배하는 자들은 영과 진리로 예배할 때가 오나니 곧 이 때라. 아버지께서는 자기에게 이렇게 예배하는 자들을 찾으시느니라. 하나님은 영이시니 예배하는 자가 영과 진리로 예배할지니라."
14. 베버의 사상은 널리 논의되고 있으며 쉽게 찾을 수 있다. 예컨대 다음 책을 보라. H. H. Gerth and C. W. Mills, *From Max Webber: Essays in Sociology* (New York: Oxford University Press, 1958), 262ff.
15. Ichak Adizes, *Corporate Life Cycles* (Englewood Cliffs, N.J.: Prentice Hall, 1988).
16. H. B. Jones, "Magic, Meaning, and Leadership: Weber's Model and the Empirical Literature," *Human Relations* 54/6(2001), p. 753.

17. Thomas F. O'Dea, "Five Dilemmas of the Institutionalization of Religion," *Journal for the Scientific Study of Religion* 1/1 (October 1961), p. 34.
18. 위의 책, p. 32.
19. Edgar H. Schein, *Organizational Culture and Leadership* (San Francisco: Jossey-Bass, 1990), pp. 209-210.
20. Hirsch, *Forgotten Ways*, pp. 114-116.
21. 마이클은 수년 전에 토니 캄폴로의 강연에서 이 이야기를 들었다.
22. 캐나다 저자이자 강사인 Bruxy Cavey가 만든 팟캐스트 노트에서 차용한 것임. 다음 사이트를 보라. http://www.themeetinghouse.ca/podcast/TMH.rss.
23. 기독교 운동에 관한 에디슨의 미출간 원고에서 허락을 받고 사용했다. 그의 블로그도 참고하라. *World Changers* at http://www.steveaddison.net/.
24. Robert E. Quinn, *Change the World* (San Francisco: Jossey-Bass, 2000), p. 61.
25. 위의 책, p.138
26. Lawrence Cada et al., *Shaping the Coming Age of Religious Life* (New York: Seabury, 1979), p. 92.
27. Raymond Hostie, *The Life and Death of Religious Orders* (Washington, D.C.: Center for Applied Reaserch in the Apostolate, 1983), p. 277.
28. 위의 책, p. 278.

## 4장 | 우리가 상상하는 예수의 초상

1. C. S. Lewis, *The Lion, the Witch, and the Wardrobe* (New York: Macmillan, 1981), p. 74.
2. *Talladega Nights: The Ballad of Ricky Bobby*, directed by Adam Mckay (Culver City, Calif., Sony Pictures, 2006).
3. C. Forbes, "Image of Christ in Nineteenth-Century British Paintings in the

Forbes Magazine Collection," *Magazine Antiques*, December 2001, p. 12.
4. Alison Morgan, *The Wild Gospel* (Oxford: Monarch, 2007), p. 36.
5. N. T. Wright, *Who Was Jesus?* (London: SPCK, 1992), 37ff.
6. A. N. Wilson, *Jesus* (London: Sinclair-Stevenson, 1992), quoted in Wright, *Who Was Jesus?* p. 38.
7. "Bono: Grace over Karma," excerpt from *Bono: In Conversion with Mischka Assayas* (New York: Reverhead, 2005). ChristianityToday.com, August 8, 2005. Cited 1 August 2008. Online: http://www.christianitytoday.com/music/interviews/2005/bono-0805.html.
8. C. S. Lewis, *Mere Christianity* (New York: Macmillan, 1952), pp. 55-56.
9. 흥미로운 것은 이 영화가 1995년에 바티칸이 만든 '신자가 볼 만한' 영화 목록에 포함되었다는 사실이다.
10. Jaroslav Pelikan, *Jesus Through the Centuries* (New Haven, Conn.: Yale University Press, 1999), vii-ix.
11. Dan Kimball, *They Like Jesus but Not the Church* (Grand Rapids, Mich.: Zondervan, 2007).


## 5장 | 그리스도 중심의 유일신 신앙

1. "예를 들어 〈길가메시 서사시〉에 나오는 홍수 이야기를 주목해보라. 그 홍수는 엔릴의 변덕으로 인해 생긴 것이고, 오로지 엔키의 선한 성품 때문에 우트나피쉬팀이 미리 경고를 받아 그 대홍수를 피할 수 있었다." D. L. Christensen, *Deuteronomy* 1-11(Word Biblical Commentary 6A; Dallas: Word, 1998; electronic ed., Logos Library System).
2. D. N. Freedman, "God in the New Testament," *Anchor Bible Dictionary* (New York: Doubleday, 1996; electronic ed.).
3. 같은 책의 전자판版에서. 흥미로운 점은 바울이 쓴 편지들의 구조도 하나님을 아는

것과 생활방식 사이의 불가분의 관계를 시사하고 있다는 사실이다. 신약학자들은 바울 서신들의 직설적 구조와 명령적 구조에 관해 논한다. 전반부는 하나님과 구원 등 여러 신학적 이슈들에 관해 가르치고, 후반부는 늘 윤리적인 이슈들을 다룬다.

4. Scot McKnight, *Jesus Creed: Loving God, Loving Others* (Brewster, Mass.: Paraclete, 2004).
5. "오늘의 교회는 신약성경에 나오는 최초의 신학이 명제나 신조의 성격이 아니라 관계적이고 실존적인 성격을 띠고 있음을 잊어서는 안 된다."
6. 이는 우리만의 입장이 아니다. 가령, 마르틴 부버, 쇠렌 키르케고르, 칼 바르트, 헬무트 틸리케, 폴 미니어, 에밀 브루너, 존 맥쿼리 등을 보라.
7. "유일신론은 일원론적 세계관을 얻으려는 인간의 노력으로 생긴 관념적인 가설이 아니라, 여호와의 배타적인 주장에 따른 결과이다." Paul Minear, *Eyes of Faith: A Study in the Biblical Point of View* (Philadelphia: Westminster, 1946), p. 24.
8. 철학자의 경우에는 유일신론을 "오직 한 하나님의 존재를 믿는 믿음 내지는 교리"라고 정의할 수 있다. 이 정의에 따르면 인간은 유일신론자이든 아니든 둘 중 하나이다. 그리고 어느 편인지는 객관적인 기준에 의해 정해질 수 있다. 사람들은 본인이 유일한 하나님과 개인적인 관계를 전혀 맺지 않고도 교리적으로 그분의 존재를 긍정할 수 있다. 그러나 이것은 성경이 말하는 (실존적인) 유일신론이 아니다. 이상한 점은 성경적인 유일신론은 정의할 수 없는 것이며, 어느 성경의 저자도 그것을 정의하려고 하지 않는다는 사실이다. 다만 하나님이 특정한 사람(혹은 공동체)을 찾아왔고 그 방문에 대해 본인(혹은 그 공동체)이 믿음으로 '하나님은 오직 한 분뿐'이라고 반응한 것을 증언하는 대목만 나올 뿐이다. 그 사람이나 공동체는 이런 고백을 하기에 이른다. 오직 하나님만이 우리의 창조주요 구속자라고, 하나님 오직 그분만이 우리의 본분을 정하고 우리의 충성을 요구할 권한을 갖고 계시다고, 우리의 운명은 하나님의 손에만 달려 있다고. 다른 이들은 여러 신을 섬길지 모르지만, 그것들은 모두 우상일 뿐이라고 말이다.
12. 앨런이 2006년에 마크 세이어즈와 나누었던 많은 토론으로부터.
13. 소비주의와 제자도의 관계에 대한 철저한 분석을 보려면 다음 책들을 참고하라.

Hirsch, *Forgotten Ways*, "'Little Jesus' in Disneyland," 106ff., and Frost, *Exiles*, pp. 225-227.
14. Minear, *Eyes of Faith*, p. 21.
15. 특히 다음 책을 참고하라. Bob Roberts Jr., *Glocalization: How Followers of Jesus Engage a Flat World* (Grand Rapids, Mich.: Zondervan, 2007), 40ff 이 사상은 아브라함 카이퍼의 영역 주권론과 비슷하다. 다음 책도 참고하라. Bob Roberts Jr., *Transformation: How Glocal Churches Transform Lives and the World* (Grand Rapids, Mich.: Zondervan, 2006).
16. Roberts, *Transformation*, pp. 37-40.
17. Buber, *Mamre*, pp. 107-108.
18. Minear, *Eyes of Faith*, p. 106.
19. Paul Tillich, quoted in Minear, *Eyes of Faith*, p. 17.
20. Albert Nolan, *Jesus Before Christianity* (Maryknoll, N.Y.: Orbis, 1978), p. 166.
21. Minear, *Eyes of Faith*, p. 16.
22. 위의 책, p. 17.
23. 위의 책.
24. 위의 책, p. 19
25. 위의 책.
26. 위의 책, p. 20.
27. 위의 책, pp. 20-21.
28. 위의 책, p. 22.
29. 위의 책.
30. Glen H. Stassen and David P. Gushee, *Kingdom Ethics: Following Jesus in Copntemporary Context* (Dawners Grove, Ⅲ.: InterVarsity, 2003). p. 11.
31. Dennis F. Kinlaw, *Let's Start with Jesus: A New Way of Doing Theology*(Grand Rapids, Mich.: Zondervan, 2005), p. 20.

32. N. T. Wright, *The Challenge of Jesus* (London: SPCK, 2000), pp. 78-79.
33. Kinlaw, *Let's Start with Jesus*, p. 27.
34. Nolan, *Jesus Before Christianity*, pp.165-167.
35. Martin Luther, *The Bondage of the Will*, in *Luther's Works* (ed. Jaroslav Pelikan et al.; St. Louis: Concordia, 1955), vol. 5, p. 50. 하지만 그는 하나님이 스스로를 숨기는 면도 있다는 것을 시인한다. 이를테면, 인간의 형태로 왔을 때(성육신), 고난을 당할 때, 십자가 위에서 벌거벗은 상태로 있을 때, 핍박을 받을 때가 그러하다. 그런데 그분이 그렇게 하는 의도는 높아진 인간의 이성을 낮추고 그 결과 영리한 머리가 아니라 믿음에 의해 발견되기 위함이다.
36. 위의 책.
37. 위의 책, p. 48.
38. Hirsch, *Forgotten Ways*, p. 93.
39. Wright, *The Challenge of Jesus*, p. 92.
40. "그〔하나님〕의 능력이 그리스도 안에서 역사하사 죽은 자들 가운데서 다시 살리시고 하늘에서 자기의 오른편에 앉히사 모든 통치와 권세와 능력과 주권과 이 세상뿐 아니라 오는 세상에 일컫는 모든 이름 위에 뛰어나게 하시고 또 만물을 그의 발아래에 복종하게 하시고 그를 만물 위에 교회의 머리로 삼으셨느니라"(엡 1:20-23). 또 고린도전서 15장 25-28절에서 바울은 이렇게 말한다. "그〔예수〕가 모든 원수를 그 발아래에 둘 때까지 반드시 왕 노릇 하시리니 … 만물을 그에게 복종하게 하실 때에는 아들 자신도 그때에 만물을 자기에게 복종하게 하신 이에게 복종하게 되리니 이는 하나님이 만유의 주로서 만유 안에 계시려 하심이라." Hirsch, *Forgotten Ways*, p. 93. 참고.
41. "The Barmen Declaration of 1934," quoted from Woelfel, *Bonhoeffer's Theology*, p. 242.
42. 다음 책 3장을 참고하라. Hirsch, *Forgotten Ways*.
43. Jonathan Wilson, *God So Loved the World* (Grand Rapids, Mich.: Baker, 2001), p. 13.

44. 하르나크의 유명한 주장에 따르면, 교의dogma의 착상과 발전은 모두 복음의 토양에서 그리스 정신이 일궈낸 작업이었다. 하르나크가 이런 작업을 약간의 퇴보라고 생각한 것처럼 보이지만, 그 필요성도 분명히 인정하였다. "도그마가 없는 기독교, 곧 그 알맹이를 명백히 표현하지 않는 기독교는 도무지 생각할 수 없다." John Macquarrie, *Existentialism* (Philadelphia: Westminster, 1972), pp. 28-29를 보라.


## 6장 | 예수를 새롭게 만나려면

1. Wilson, *Our Father Abraham*, p. 150., Thomas Cahill, *The Gifts of the Jews: How a Tribe of Desert Nomads Changed the Way Everyone Thinks and Feels* (Oxford: Lion, 1998).
2. Wilson, *Our Father Abraham*, p. 150.
3. R. Martin-Achard, *An Approach to the Old Testament* (trans. J. G. C. Greig; Edinburgh: Oliver & Boyd, 1965), p. 46.
4. Ellul, *Subversion of Christianity*, p. 23. 엘륄의 견해는 유대인 신학자 마이클 위쇼그로드의 지지를 받았다. Michael Wyschogrod, *The Body of Faith: Judaism as Corporeal Election* (New York: Seabury, 1983), chs. 1-3.
5. Ellul, *Subversion of Christianity*, p. 24.
6. Wyschogrod, *Body of Faith*, ch. 2.
7. Ellul, *Subversion of Christianity*, p. 24.
8. 그렇다고 성경이 삶과 신앙에 관한 모든 문제에 대해 권위를 갖고 있지 않다는 뜻은 아니다. 성경이 권위를 갖는 것은 바로 하나님의 말씀이기 때문이다. 나니아의 은유를 생각해낸 사람은 토론토의 브룩시 카비다.
9. 진리에 관련하여 주관성의 위치를 충분히 설명하는 내용을 보려면 다음 책을 참고하라. Soren Kierkegaard, *Concluding Unscientific Postscript 2: Kierkegaard's Writings* (vol. 12,2; Princeton, N.J.: Princeton University Press, 1992).

10. Donald D. Palmer, *Kierkegard for Beginners* (New York: Writers and Readers, 1996), p. 25.
11. Minear, *Eyes of Faith*, p. 16.
12. Jonathan Edwards, *On the Religious Affections*, in *The Works of Jonathan Edwards* (1834; repr., Peabody, Mass.: Hendrickson, 1994), I.II.4, p. 10.
13. 신비주의자는 종종 미지의 것을 신뢰할 수 있는 부정의 길(via negative) 혹은 미지의 길에 관해 얘기한다. 예컨대, "학습할 수 있는 것은 중요하지 않다. 정작 중요한 것은 미지의 것에 자기를 양도하는 일이다." Buber, *Mamre*, pp. 87-88.
14. Martin Buber, *Good and Evil* (Englewood Cliffs, N.J.: Prentice Hall, 1953), p. 56.
15. Kierkegaard, *Concluding Unscientific Postscript*, p. 30.
16. Edwards, *On the Religious Affections*, p. 11.
17. Harold Wells, *The Christic Center: Life-Giving and Liberating* (Maryknoll, N.Y.: Orbis, 2004), p. 122.
18. Frost and Hirsch, *Shaping of Things to Come*, ch. 8.
19. 위의 책, p. 137.
20. Elie Wiesel, *Twilight* (Suffolk: Viking, 1988), p. 69.
21. Martin Buber, *On Judaism* (New York: Schocken, 1967), p. 112.
22. Helmut Thielicke, *The Doctrine of God and of Christ* (vol. 2 of The Evangelical Faith; trans. and ed. Geoffrey W. Bromiley; Edinburgh: T&T Clark, 1977), p. 289.
23. Paul Minear, *Commands of Christ* (Nashville: Abingdon, 1972), p. 10. 이는 우리가 예수를 경배해서는 안 된다고 믿는다는 뜻이 아니고, 오히려 우리로 하여금 예수가 뜻하는 경배가 무엇인지를 깨닫기 위해 애쓰도록 만든다. 이것은 우리의 경배가 찬송으로만 이루어지는 것이 아니라 순종에 바탕을 두어야 한다는 것이라는 의미이다.
24. Dietrich Bonhoeffer, *The Cost of Discipleship* (New York: Macmillan, 1979),

p. 83. 본회퍼는 믿음에 있어서 순종의 역할을 언제나 강조했다. 그래서 "믿는 자만이 순종적이고 순종적인 자만이 믿는다"라고 말했던 것이다. J. A. Woelfel, *Bonhoeffer's Theology* (Nashville: Abingdon, 1970), p. 253.

25. John Calvin, *Institutes of the Christian Religion* (ed. John T. McNeill; Philadelphia: Westminster, 1960), 1.6.3, 73.
26. Ellul, *Subversion of Christianity*, p. 5.
27. Wells, *Christic Center*, pp. 125-126.
28. 이 도표는 우리의 친구요 동료인 스티븐 사이드에게 빚진 바가 크다.
29. Wells, *Christic Center*, p. 121.
30. 첫 번째 '역사적 예수 탐구 운동'은 알베르트 슈바이처의 연구와 연루되어 있으며, 그의 주저서인《역사적 예수 탐구》가 촉매제 역할을 했다. 슈바이처는 일차적으로 예수를, 메시아 시대의 출범을 사명으로 삼았던 종말론적 인물로 주장했다. 불트만과 제2의 탐구 운동은 이런 주장을 반박하고 예수에게 경건한 지혜를 가르치는 지상의 선생 역할을 부여했다.
31. N. T. Wright, *Jesus and the Victory of God* (London: SPCK, 1996), p. 662.


## 7장 | 예수가 세운 교회

1. Jim Henderson, *Jim and Casper Go to Church* (Carol Stream, Ⅲ.: BarnaBooks, 2007).
2. Kimball, *They Like Jesus but Not the Church*, pp. 79-89.
3. 이 도표는 킴볼의 책에 나오는 것이 아니고 인터뷰 대상자들의 응답을 요약한 것이다.
4. 우리가 '가족family'이란 단어를 해석하는 방식과 성경이 말하는 '식구household'라는 뜻 사이에는 엄청난 차이가 있다. 우리는 핵가족 개념을 성경에 적용하는 경향이 있는데, 성경이 말하는 가족 개념은 그보다 훨씬 더 넓고 포괄적이다.
5. Frost and Hirsch, *Shaping of Things to Come*; Hirsch, *Forgetten Ways*; and

Frost, *Exiles*.

6. Moby, "Religion," August 12, 2005. Cited 25 September 2008. Online: http://www.moby.com/node/7007.
7. 위의 웹사이트.
8. See Hirsch, *Forgotten Ways*, pp. 40-42, 235.
9. Rodney Stark, *The Rise of Christianity* (New York: HarperCollins, 1997), pp.209-215.
10. 위의 책.
11. Dan Kimball, David Crowder, and Sally Morgenthaler, *Emerging Worship: Creating Worship Gatherings for New Generations* (Grand Rapids, Mich.: Zondervan, 2004), p. 87.

## 나가는 말

1. John dickson, "Announcing the Christ Event: Aspects of the New Testament Gospel"(unpublished article, 2001).

/ 참고문헌 /

Bell, Rob. *Velvet Elvis: Repainting the Christian Faith.* Grand Rapids, Mich.: Zondervan, 2005.

Bonhoeffer, Dietrich. *Christ the Center.* Translated by Edwin Robertson. New York: Harper & Row, 1978.

Bosch, David Jacobus. *Transforming Mission: Paradigm Shifts in Theology of Mission.* American Society of Missionlogy Series 16. Maryknoll, N.Y.: Orbis, 1991.

Brunner, Emil. *The Mediator: A Study of the Central Doctrine of the Christian Faith.* Translated by Olive Wyon. London: Lutterworth, 1934.

Bryman, Alan. *Charisma and Leadership in Organizations.* Newbury, Calif.: Sage, 1992.

Bultmann, Rudolph. *Jesus and the Word.* New York: Fontana, 1958.

Burke, Spencer, and Barry Taylor. *A Heretic's Guide to Eternity.* San Francisco, Jossey-Bass, 2006.

Cave, Nick. *The Gospel according to Mark* with an Introduction by Nick Cave. Melbourne: Text, 1998.

Cavey, Bruxy. *The End of Religion: An Introduction to the Subversive Spirituality of Jesus.* Ottawa: Agora, 2005.

Chalke, Steve, and Alan Mann. *The Lost Message of Jesus.* Grand Rapids, Mich.: Zondervan, 2003.

Chesnut, Glenn. *Image of Christ: An Introduction to Christology.* Minneapolis: Seabury, 1984.

Clarke, Andrew, and Bruce Winter. *One God, One Lord: Christianity in a*

*World of Religious Pluralism.* Grand Rapids, Mich.: Baker, 1992.

Conger, Jay Alden, and Rabindra Nath Kanungo. *Charismatic Leadership in Organization.* Thousand Oaks, Calif.: Sage, 1998.

Dickson, John. *A Spectator's Guide to Jesus.* Sydney: Blue Bottle, 2005.

Ellul, Jacques. *The Subversion of Christianity.* Grand Rapids, Mich.: Eerdmans, 1986.

Erre, Mike. *The Jesus of Suburbia: Have We Tamed the Son of God to Fit Our Lifestyle?* Dallas: W, 2006.

Frei, Hans W. *The Identity of Jesus Christ: The Hermeneutical Bases of Dogmatic Theology.* Philadelphia: Fortress, 1975.

Frost, Michael. *Exiles: Living Missionally in a Post-Christian Culture.* Peabody, Mass.: Hendrickson, 2006.

_____. *Jesus the Fool.* Peabody, Mass.: Hendrickson, forthcoming.

_____. *Seeing God in the Ordinary: A Theology of the Everyday.* Peabody, Mass.: Hendrickson, 2000.

_____, and Alan Hirsch. *The Shaping of Things to Come: Innovation and Mission for the 21st-Century Church.* Peabody, Mass.: Hendrickson, 2003.

Grempf, Conrad. *Mealtime Habits of the Messiah: 40 Encounters with Jesus.* Grand Rapids, Mich.: Zondervan, 2005.

Gruen, Anselm. *Images of Jesus.* Translated by John Bowden. New York: Continuum, 2002.

Heim, Karl. *Jesus the Lord: The Sovereign Authority of Jesus and God's Revelation in Christ.* Translated by D. H. van Daalen. Philadelphia: Muhlenberg, 1959.

Henderson, Jim, Matt Casper, and George Barna. *Jim and Casper Go to Church: Frank Conversations about Faith, Churches, and Well-*

        *Meaning Christians*. Carol Stream, Ill.: BarnaBooks, 2007.

Hirsch, Alan. *The Forgotten Ways: Reactivating the Missional Church*. Grand Rapids, Mich.: Brazos, 2007.

Houlden, J. Lesie, ed. *Jesus in History, Thought, and Culture: An Encyclopedia*. Santa Barbara, Calif.: ABC-CLIO, 2003.

Kimball, Dan. *They Like Jesus But Not the Church*. Grand Rapids, Mich.: Zondervan, 2007.

Kinlaw, Dennis F. *Let's Start with Jesus: A New Way of Doing Theology*. Grand Rapids, Mich.: Zondervan, 2005.

Men, Alexander. *Son of Man: The Story of Christianity and Christ*. Translated by Samuel Brown. Torrance, Calif.: Oakwood, 1992.

McLaren, Brian. *The Secret Message of Jesus: Uncovering the Truth that Could Chage Everything*. Grand Rapids, Mich.: Nashville: W, 2006.

Miguez Boniño, José, ed. *Faces of Jesus: Latin American Christologies*. Translated by Robert R. Barr. Maryknoll, N.Y.: 1984.

Minear, Paul. *Commands of Christ*. Nashville: Abingdon, 1972.

_____. *Eyes of Faith: A Study in the Biblical Point of View*. Philadelphia: Westminster, 1946.

Moltmann, Jürgen. *The Way of Christ: Christology in Messianic Dimensions*. SanFrancisco: Harper, 1990.

Morgan, Alison. *The Wild Gospel: Bringing Truth to Life*. Oxford: Monarch, 2004.

Phillips, John A. *The Form of Christ in the World: A Study in Bonhoeffer's Christology*. London: Collins, 1967.

Ritschl, Dietrich. *Memory and Hope: An Inquiry Concerning the Presence of Christ*. New York: Macmillan, 1967.

Roberts, Dave. *Following Jesus: A Non-Religious Guide for the Spiritually*

*Hungry*. Lake Mary, Fla.: Relevant, 2004.

Samuel, Vinay, and Chris Sugden, eds. *Sharing Jesus in the Two Thirds World: Evangelical Christologies from the Contexts of Poverty, Powerlessness, and Religious Pluralism*. Papers of the First Conference of Evangelical Mission Theologians from the Two Thirds World. Bangkok, Thailand, March 22-25, 1982. Grand Rapids, Mich.: Eerdmans, 1983.

Sayers, Dorothy L. *The Man Born to Be King*. London: Victor Gollancz, 1955.

Seay, Chris, Brian McLaren, David Capes, Lauren Winner, and Greg Garrett. *The Last Eyewitness: The Final Week*. Nashville: Thomas Nelson, 2006.

Shenk, Wilbert R., ed. *The Transfiguration of Mission: Biblical, Theological, and Historical Foundations*. Scottdale, Pa.: Herald, 1993.

Stark, Rodney. *One True God: Historical Consequences of Monotheism*. Princeton, N.J.: Princeton University Press, 2001.

———. *The Rise of Christianity*. New York: HarperCollins, 1997.

Stassen Glen H., and David P. Gushee. *Kingdom Ethics: Following Jesus in an Contemporary Context*. Dowmers Grove, Ill.: InterVarsity, 2003.

Taylor, John V. *The Christlike God*. London: SCM, 1992.

Taylor, Tom, Paradoxy: *Ciming to Grips with the Contradictions of Jesus*. Grand Rapids, Mich.: Baker, 2006.

Walsh, Brian J., and Sylvia C. Keesmaat. *Colossians Remixed*. Downers Grove, Ill.: InterVarsity, 2004.

Ward, Keith. *Re-Thinking Christianity*. Oxford: Oneworld, 2007.

Wells, Harold. *The Christic Center: Life-Giving and Liberating*. Maryknoll, N.Y.: Orvis, 2004.

Wilson, Jonathan. *God So Loved the World: A Christology for Disciples*. Grand Rapids, Mich.: Baker, 2001.

Winner, Lauren. *The Voice of Matthew*. Nashvill: Thomas Nelson, 2007.

Wright, N. T. *The Challenge of Jesus*. London: SPCK, 2000.
_____. *Jesus and the Victory of God*. London: SPCK, 1996.
_____. *Who Was Jesus?* London: SPCK, 1992.
Yancey, Philip. *The Jesus I Never Knew*. Grand Rapids, Mich.: Zondervan, 1995.

/ Illustration Credits /

마틴 루터 킹 | Martin Luther King, Jr., 1964. Dick DeMarsico. Courtesy of the Library of Congress.

패니 루 해머 | Fannie Lou Hamer at the Democratic National Convention, Atlantic City, New Jersey, August 1964. U.S. News & World Report Magazine Photograph Collection. Courtesy of the Library of Congress.

쉴라 캐시디 | Sheila Cassidy. Reproduced with the permission of Darton, Longman & Todd.

자나니 루붐 | Janani Luwum. Drawing by Ji Hye Song.

디트리히 본회퍼 | Dietrich Bonhoeffer in London, 1939. Photo GNC, Seoul / ⓒ BPK, Berlin / Rotraut Forberg.

쇠렌 키르케고르 | Soren Kierkegaard. Based on a sketch by Niels Christian Kierkegaard(1806-1882).

앨런 워커 | Alan Walker. Drawing by Ji Hye Song.

장 바니에 | Jean Vanier. Drawing by Ji Hye Song.

세상의 빛 | *The Light of the World*. William Holman Hunt. Courtesy of Scala Archives.

신성한 마음 | *Sacred Heart*, Pompeo Batoni. Il Gesu, Rome, Italy. Courtesy of Scala Archives.

컴퓨터로 추정한 예수의 모습 | Film still from *Son of God*, directed by Jean Claude Bragand. British Broadcasting Company. April 2001. Courtesy of BBC Photo Library.

피에르 파올로 파솔리니 감독의 〈마태복음〉의 한 장면 | Jesus. Film still from *Il Vangelo secondo Matteo*. directed by Pier Paolo Pasolini. Arco Film, 1964.

체 예수, 1999년 영국국교회 포스터 | *Meek, Mild. As If*. Church of England poster, 1999. Church's Advertising Network(CAN).

전능자 그리스도 | *Christ Pantocrator*. St. Catherine's Monastery, Sinai. Photograph by Peter Brubacher. Reproduced with permission.

윌리엄 윌버포스 | William Wilberforce with His Signature. Reproduced with the permission of North Wind Picture Archives.

마더 테레사 | Mother Teresa. Evert Odekerken. Licensed under Creative Commons Attribution 2.5.

리고베르타 멘추 | Rigoberta Menchu. Drawing by Ji Hye Song.

에바 프라이스 | Eva Price. Reproduced with the permission of the Oberlin College Archives, Oberlin, Ohio.

해리엇 비처 스토 | Harriet Beecher Stowe. Reproduced with the permission of the Ohio Historical Society.

도로시 데이 | Dorothy Day. Milwaukee Journal. Reproduced with the permission of the Marquette University Archives.

몰로카이의 다미앵 | Damien of Molokai. Drawing by Ji Hye Song.

시몬 베유 | Simone Weil. Drawing by Ji Hye Song.

ReJesus